21 世纪高职高专财经类专业规划教材

市场调查与预测

主　编　刘　锋
副主编　王晓明
参　编　林宗卿　叶丹丹　胡丕强

机械工业出版社

本书比较全面和系统地阐述了市场调查与预测的基本理论和方法，全书共分为认知市场调查与预测、市场调查方案的设计、市场调查技术方法的选择、市场调查资料的整理与分析、市场调查报告的撰写、市场预测六个项目。每个项目既相互独立，又由一个真实项目的工作过程为基础贯穿全篇，学生学完后就能够熟悉并完成了一个完整的市场调查，真正使学生学以致用。

本书适合作为高职高专院校市场营销专业的教学用书，同时也适合社会调查工作者以及广大营销人员阅读、使用。

本书配套授课电子课件，需要的教师可登录 www. cmpedu. com 免费注册、审核通过后下载，或联系编辑索取（QQ：1239258369，电话：010 - 88379739）。

图书在版编目(CIP)数据

市场调查与预测/刘锋主编．—北京：机械工业出版社，2015. 1（2018.2重印）
21世纪高职高专财经类专业规划教材
ISBN 978 -7 -111 -48674 -9

Ⅰ.①市… Ⅱ.①刘… Ⅲ.①市场调查 - 高等职业教育 - 教材 ②市场预测 - 高等职业教育 - 教材 Ⅳ.①F713.5

中国版本图书馆 CIP 数据核字(2014) 第 276302 号

机械工业出版社（北京市百万庄大街22 号 邮政编码 100037）
责任编辑：鹿 征 曹帅鹏 责任校对：张艳霞
责任印制：常天培
唐山三艺印务有限公司印刷
2018 年 2 月第 1 版 • 第 2 次印刷
184mm×260mm • 12.5 印张 • 309 千字
3001 -4200 册
标准书号：ISBN 978 -7 -111 -48674 -9
定价：28.00 元

凡购本书，如有缺页、倒页、脱页，由本社发行部调换

电话服务
服务咨询热线：(010)88379833
读者购书热线：(010)88379649

网络服务
机 工 官 网：www. cmpbook. com
机 工 官 博：weibo. com/cmp1952
教育服务网：www. cmpedu. com
金 书 网：www. golden - book. com

前　言

市场调查与预测是企业经营决策的起点，是企业制定营销策略及进行营销策划的基础。本书是与专业的市场调查公司合作开发的教材，遵循职业教育规律，重视学生实践能力和创新意识的培养，以真实职业工作过程为内容设计主线，以工作领域中的工作任务为中心组织内容，提供与职业岗位相同的实践活动场景，让学生在完成具体项目过程中学会构建相关理论知识，掌握职业岗位要求的市场调查与预测技能，为今后的创业实践活动打下基础。

本书比较全面和系统地阐述了市场调查与预测的基本理论和方法，全书共分为认知市场调查与预测、市场调查方案的设计、市场调查技术方法的选择、市场调查资料的整理与分析、市场调查报告的撰写、市场预测六个项目。每个项目既相互独立，又由一个真实的项目、以工作过程为基础贯穿全篇，学生学完后就能够熟悉并完成了一个完整的市场调查，真正使学生学以致用。

本书的特点是借鉴和吸收了国内外市场调查与预测的最新研究成果，既有理论性阐述，又有较强的实用性和可操作性，结构新颖，内容全面。书中还介绍了 Excel 软件的数据分析功能在市场调查与预测中的应用。

本书由刘锋负责整体规划，并担任主编，参加编写的人员有王晓明、林宗卿、叶丹丹、胡丕强。本书参考了大量的文献，主要文献已经在文中标注或在后面参考文献中标出，但是难免有疏漏，在此谨向广大作者表示感谢！

由于编者水平有限，书中难免有不足之处，敬请读者批评指正。

编　者

目　录

绪　论

一、课程现状

市场调查与预测是研究经济领域中数据收集、整理和分析方法的一门学科。据了解，我国的大中型企业都开展过不同类型的市场调查，调查的内容涉及市场和企业的方方面面。随着我国社会主义市场经济体制的进一步健全和发展，市场调查与预测也越来越成为企业的一项经常性活动，引起人们越来越多的关注。

“市场调查与预测”是高职高专市场营销专业的一门主干课程，也是一门应用性很强的专业技能课程。但是，目前本课程的教学模式多采用灌输式、填鸭式教学，以教师讲授知识为主，并辅以必要的作业练习，不够注重调动学生学习的积极性和主动性，不够注重培养学生分析和解决问题的能力。随着经济和管理现象日益复杂。市场情况的瞬息万变及知识经济的到来，社会对人才素质的要求越来越高，而目前本课程的教学模式培养的学生却难以适应社会的需要，必须进行改革。目前存在的主要问题如下。

（一）教学方法生硬，缺乏启发性

在市场调查与预测教学过程中，教师在课堂上将重心放在讲授概念、原理，教学方法主要是以课堂讲授为主，过于强调知识的传授而不关心学生的学习兴趣和学习情感的激发。这种只注重教师的“教”而忽视学生的“学”的教学方式，使学生处于被动的学习状态，只把精力投放于理解、记录、背诵课堂内容，很少主动思考和独立分析问题，学生严重缺乏学习的主动性、积极性和创造性，直接影响教学效果。这种封闭式的教学方法，使学生只能停留在抽象的理论思维上，缺乏生动直观的实践感受，学生应变能力、解决实际问题的能力较差。

（二）教学手段陈旧，效率低

目前该课程教学手段陈旧，利用计算机软件对调查资料进行编码、分组、统计、展示、建模、案例的分析等现代化教学手段应用不充分，再加上“市场调查与预测”课程中包含有大量的公式和复杂的数据计算，学生在做练习时往往感到单调乏味，计算工作量大、效率低，相互之间抄袭现象严重。这就导致既浪费了大量的课时，无法按时完成教学任务，又丧失了师生交流、讨论的时间，造成教学信息量少、课堂气氛不活跃、理论联系实际不足等问题。

（三）考核方法单一

“市场调查与预测”这门课程的考核方式比较简单，期终考试以书面理论考试为主，占总成绩的70%，平时成绩分成作业和考勤，占总成绩的30%，平时成绩主要指考勤。这种考核方式只注重理论的掌握程度，忽视学生的实践能力，不利于反映学生的综合素质和能力。

二、课程设计目标

（一）根据学科能力培养目标，科学构建课程内容体系

“市场调查与预测”课程主要培养学生独立完成调查项目的能力，因此本课程内容应包

括六大不可分割的环节，每个环节又具有相对的独立性与完整性，对应一项专门的能力，将其最终组合就是市场调查与预测的一个综合能力，以上六个环节是“661 能力链”的专项能力。所谓“661”是指“六大内容”“六项专项能力”“一个综合能力培养”，见表 0–1。

表 0–1 “661 能力链”教学内容体系

	六大内容	六项专项能力	一个综合能力培养
项目 1	认知市场调查与预测	培养学生的市场认识能力	市场调查与预测综合实际应用
项目 2	市场调查方案的设计	培养学生的调查设计能力	
项目 3	市场调查方法的选择	培养学生的信息搜集能力	
项目 4	市场调查资料的整理与分析	培养学生的资料整理与分析能力	
项目 5	市场调查报告的撰写	培养学生的报告撰写能力	
项目 6	市场预测概述	培养学生市场预测能力	

（二）根据高职学生特点，精心设计实践教学内容

学生是接受教育的对象，更是教学过程中的主体，在整个教学过程中要发挥学生的主体作用，发挥老师的主导作用，教学相长，共同进步。实践教学内容的设计一定要考虑学生的基础和学校目前的实践教学环境。

（三）课程实践教学实施环节与方法设计

通过提高对这门课程的认识，培育学生学习的信心；通过分组进行，能发挥团队作用，培养学生集体主义精神。

（四）结合本专业特点，找准课程面向产业实际的切入点

通过对产业的整体分析，结合专业特点，把真实项目作为课程实施的载体。

三、研究设计

（一）教学模式整体设计

根据课程的培养目标，结合现状，本课程的教学设计如下。

（1）教学项目设计。本课程的教学设计保持学生在校学习与实际工作的一致性，以工作过程为中心线索，项目驱动为导向，学习情境为载体，项目小组合作、工作任务驱动、课堂与实习地点一体化为工学交替思路，对课程教学进行项目导向式的课程教学模式设计；合理选择多媒体教室、计算机房、校内实训室、校外实践基地四类教学场所，有针对性地实现工学交替，完成市场调查能力培养的项目导向式课程教学模式。如图 0–1 所示。

（2）项目导向式的课程教学模式运作。

1）组建市场调查项目团队。在第一次上课的时候，教师首先给学生介绍课程的整体实施方案，然后每 3 ~ 5 名学生自由结合为项目小组，并推举组长。

2）接受市场调查任务。调查项目来源于实际问题，一是接受企事业单位委托的调查项目，二是在教师指导下学生自选的社会热点问题调查项目。近几年，学生调查项目涉及居民消费现状及需求、企业经营现状与竞争力、大学生行为及就业能力和社会热点问题等方面近百个调查项目。

3）确定行动领域，构建学习情境。教师对于完成市场调查项目需要开展的工作，确定行动领域，并通过案例、资料、典型成果等建构学习情境，确保课程学习处于工作场景与氛围中。

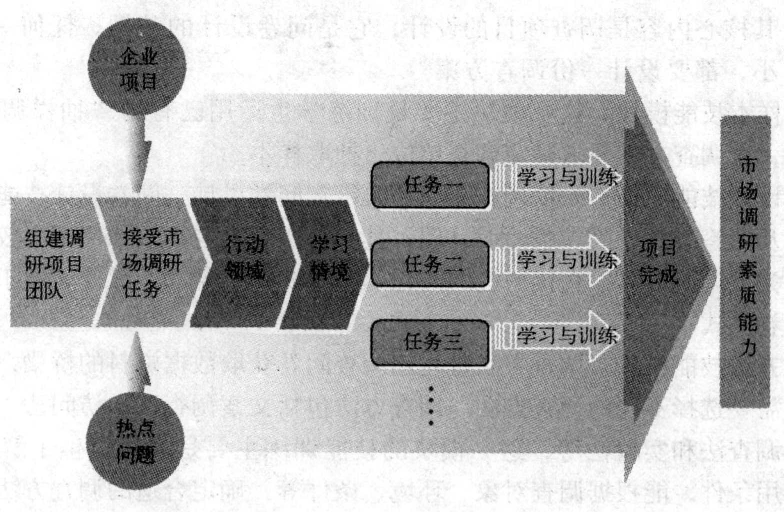

图 0–1 项目导向式课程教学模式

4）提出完成调查项目的阶段性学习与工作任务。教师在创设的学习情境中，带领学生剖析阶段性工作过程，提炼学习与工作任务。

5）学习与训练结合，完成项目。上课时学生按项目组集中就座，在了解课程学习任务和工作任务之后，分阶段完成小组调查项目的企划方案和调查问卷，完成 200 份问卷访谈，完成调查资料整理和编码录入、数据分析、调查报告撰写，从而实现学习与训练的有机融合。

6）伴随着教学进程，学生协作完成一个完整项目的调查任务，实现了培养市场调查素质与能力的预期目标。

（二）工作过程分解与技能模块设计

所谓工作过程，是指为完成工作任务并获得工作成果而进行的一个完整的工作程序，在这个完整的工作程序中可细分为若干个子环节，也就是技能模块。其设计思路为：基于市场调查与预测工作过程知识、能力的要求，以工作过程为参照系，以完成职业工作应具备的专业技术能力项目为依据。本课程各个模块都应遵循如图 0–2 所示的教学活动整体设计。就企业营销调研活动过程来看，一般可分为以下几项技能模块。

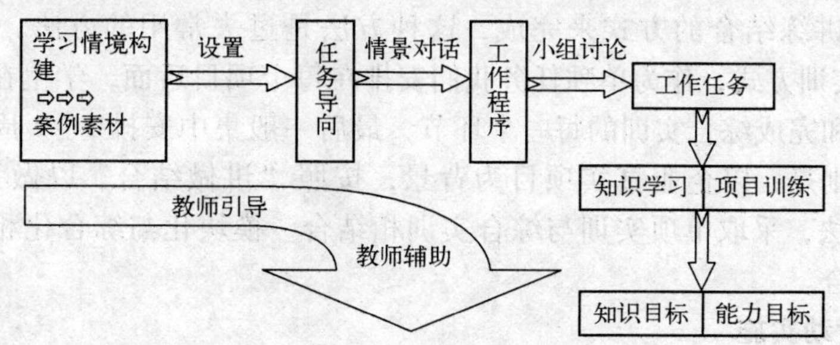

图 0–2 教学活动整体设计

（1）方案制定技能模块。调查方案是对某一具体调查项目所做的安排，如《顾客满意度调查方案》。一般包括调查目的、调查对象及单位、调查项目、调查时间安排、组织实施计划等，其核心内容是调查项目的设计，它是问卷设计的基础。任何一项调查活动，无论其规模大小，都要设计一份调查方案。

（2）抽取样本技能模块。这一模块主要是训练学生运用已有的“抽样调查”知识，学会编制抽样框，按调查方案要求确定调查单位，抽取样本。

（3）问卷设计技能模块。一项调查活动的关键在问卷设计，问卷设计技能包括根据调查项目设计问句及回答方式、问卷版面设计等，其中关键的问题在于如何把比较笼统、抽象的调查指标转化为被调研者可以直接回答的问句，并以调查对象易于接受、便于回答的作答方式一并构成问卷格式。

（4）调查方法技能模块。调查方法是运用调查问卷获取数据资料的桥梁，不同的调查主题、调查对象需要选择不同的调查方法。调查方法包括文案调查法、访问法、观察法、网络调查法、电话调查法和实验法等，这一模块的技能训练主要是要让学生了解各种方法的涵义、特点、运用条件，能根据调查对象、环境、条件等，确定合适的调查方法。

（5）数据处理技能模块。这一模块的技能训练包括对调查资料的整理和分析能力。数据资料的整理，是提高数据资料价值和调查报告的基础和关键，包括统计分组、设计整理表和计算汇总等，应训练学生如何根据研究目的和调查对象特点正确分组、设计整理表，并根据整理表进行归类整理。数据分析是运用统计方法对数据进行计算分析，在训练过程中，不仅要训练学生掌握统计方法，更重要的是训练学生如何有针对性地选用合适的分析方法，并能够把各种方法结合起来进行分析，挖掘出数据的深刻内涵。这一模块的训练，还应包括学生运用 Excel 或 SPSS 分析软件上机进行数据资料整理分析的训练。

（6）调查报告技能模块。调查报告是整个调查活动的最终结果，调查效果都是通过调查报告体现出来的。这一模块不仅要进行调查报告撰写格式的训练，更为重要的是要训练学生如何用数字说话，包括如何选择最能反映所说明问题的数据；采取哪一类型的数据表达方式：如何在报告中恰当地使用图表等。

（7）市场预测模块。市场预测就是以市场调查所获得的信息资料为基础，运用科学的方法和手段对事物未来的演变规律和发展趋势进行预测和推断。本模块重点是要掌握市场预测的基本理论和基本方法，包括市场预测的基本原则及程序、预测的内容及方法等。

（三）进程设计

教学既可以采取单项实训，也可以采取集中综合实训。单项实训，是将六个项目在课堂学习过程中通过讲练结合的方式来完成，这种方法是过去常用的方法。综合实训是一种“单独设置”的实训方式，作为单独任务我们安排在每个项目后面，学生在学习完一个项目后，就开始思考和完成综合实训的每一个环节，最后一般集中安排 1 ~2 周进行调查报告的撰写，其设计原则是：以企业真实项目为背景，按照“讲做结合、以做为主，分块推进、逐步合成”的做法，采取单项实训与综合实训相结合、模块化与综合化相结合、教师指导与学生操作相结合。

（四）教学活动实施

教学活动的实施，可以引入行动导向的教学观，即按照学生是学习过程的中心，教师是学习过程的组织者与协调人，在教学中与学生互动，让学生通过“独立地获取信息、独立地制订计划、独立地实施计划、独立地评估计划”的指导思想实施。按照“讲做结合、分步推进”的思路逐步展开，指导教师应做好专业指导和进程控制，实施全过程管理。重点把握好以下几个环节。

(1) 教学文件制定。教学文件是对整个教学活动应完成的教学内容、实践活动所作的设计和规定，一般包括教学大纲、教学方案。

1) 教学大纲。教学大纲是以专业教学计划为依据，对教学所要完成的技能训练内容所做的规定和要求，一般包括教学目标、教学内容和要求、实践教学学时分配、成绩考核与评定等。其核心是实训内容，由技能模块所组成。

2) 教学方案。教学方案是对整个教学活动各方面、各环节的组织所做的通盘考虑，是教学活动有序、高效开展的指导性文件。教学方案一般包括教学目标、调查主题、调查活动要求、实训安排、成绩评定和注意事项等内容。

(2) 过程组织。

1) 计划安排。在每个阶段实施之前，指导教师要做出计划安排和提出具体要求，强调必备知识和技巧。例如实地访问前，要进一步强调个别访问的技巧和注意事项等。

2) 信息反馈。在调查进行过程中要及时了解同学们有什么问题，遇到什么困难等，以便随时给予指导和帮助，及时解决调查过程中遇到的困难和问题。

3) 进程控制。整个实训过程虽然已有教学方案，但由于信息的获取都是在校外进行的，会受到许多不可控因素的影响，使各个小组的进程可能会出现不平衡的情况，所以每天的一早一晚同学们最好要集中，由各小组汇报情况、交流经验，指导老师及时给予指导和适时调整。整个进程按照“PDCA”模式进行，即“计划安排（plan）——实际操作（do）——检查（check）——总结讲评（action）”有序实施，如图 0-3 所示。

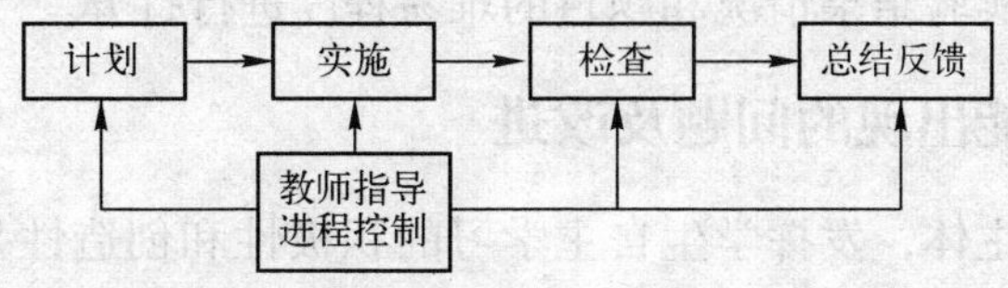

图 0-3 进程控制的“PDCA”模式

4) 阶段讲评。阶段讲评是在每一个模块完成基础上进行的指导式讲评。一是对前一阶段存在的问题进行修正；二是对下一步提出要求和应注意的事项。阶段性讲评可以起到承上启下的作用，是实训中各个模块之间的链接点。

5) 实训总结。重视实训结束阶段的总结交流，对学生技能训练具有十分重要的意义。这一阶段要做好以下四项：

① 调查报告交流。调查报告的交流可采取小组交流和班级交流两级，在小组交流的基础上推荐小组代表参加班级交流，在班级交流的基础上形成总的调查报告。

② 实训体会交流。实训体会是学生在实训活动过程中的体验，既包括同学们对知识掌握、方法技巧运用的体会，也包括同学们在参加实际调查活动过程中所遇到的人和事的体验，这种交流活动可以使同学们相互启发，对进一步巩固所学的知识、促进技能的掌握具有很重要的意义。

③ 教师讲评交流。指导教师做总结性评讲，包括对学生实训行为的评价、学生知识和技能掌握程度的评价、教学情况总结评价以及对问题的指正等，通过讲评进一步促进同学们知识的巩固。

④ 校企交流。由于实训项目是根据企业要求选定的，故指导教师应对同学们所撰写的调查报告进行修改，形成调查成果交企业参考，以发挥其实际经济效果和社会效果。

⑤ 以赛促教。对优秀的课程成果，我们进一步修改和完善后，组织相关学生小组参加各级各类竞赛，这样可以有效地提高作品质量和学习效果。

四、考试内容与模式

加强平时课堂监督与检查，包括课堂出勤、课堂表现、完成作业情况、完成实验报告情况等，这些都是能否最终完成了综合考试的基础。通常“市场调查与预测”课程一般采用笔试，现针对具体的学习模块改为综合测试，学生团队通过合作完成计划，最后进行答辩考核。

它分为以下三个部分。

首先，每个同学都要提交一份市场调查报告，报告在小组报告的基础上更多地融入自身的研究成果，防止部分同学不动脑筋，照搬照抄别人的成果。

其次，报告讲解演示，报告演示由小组派代表进行，避免有些同学滥竽充数。每个小组汇报过程中，教师会根据报告对小组成员随机提问，给出自己的分数，同时进行现场综合点评。

再次，每个同学都要综合实践操作，将 Excel 或者 SPSS 实验课上的常见操作设计成 50 道备选操作题目，发给学生下去练习，根据题目的难易程度，分为 A、B、C 三类，学生现场进行随机抽签，并按照题目要求进行现场操作，每个学生只有 1 次机会，时间控制在 5 分钟内。最终根据完成的实验结果情况和题目的难易程度进行打分。

五、实施过程可能出现的问题及改进

学生是实践活动的主体，发挥学生自主学习的积极性和创造性是搞好实践教学的关键。但个别学生存在着自主学习的习惯没有养成、学习不主动、缺少自信心等问题，特别是对调查分析中遇到的统计学问题和 SPSS 软件中遇到的英文专业词汇，有畏难情绪，遇到困难就往后退。由于是分组进行调查，他们把很多问题交给组长和其他组员来完成，而自己没得到锻炼。针对以上情况我们主要采取了以下措施。

(1) 要给学生以信心，及时肯定他们所取得的每一点进步，多表扬，多鼓励，多采用正激励的方式，激发学生的学习动机。

(2) 理论教学、实验课和实践项目相结合，进行理论教学时，以必须够用为度，由浅入深，尽量结合实例来展开，同时注意课外知识的补充，增加同学们的知识面，实验课上注意对统计软件 SPSS 的使用方法和结果解读，对学生在实验课上没明白的问题，结合理论教学和实践项目加以解释。

(3) 在理论教学环节，为了培养学生的自信心和对工具的熟练程度，上课前邀请学生安装统计软件、教学过程中邀请学生用统计软件解决实际问题，慢慢培养学生的自信心。

(4) 针对个别学生存在“等”和“靠”态度，在调查报告制作和汇报环节中加强对各组的项目抽查，使每个同学都有紧迫感。

(5) 最后在学生汇报环节，通过组与组之间的竞争以及多种形式的奖励，在培养集体荣誉感的同时，也使一些不太积极的同学能够受到感染而增强学习兴趣。

六、效果评价

（一）通过改革，能引导学生改进学习方法

长期的基础知识考核形式，使学生形成了只注重教材知识的掌握，所有知识都通过教师讲授的被动学习方法。写一份调查报告，课堂认真听讲、学习理论知识是基本，实际的操作是关键，老师未提到的相关知识需要自学，各门学科必须融会贯通，学生间的讨论交流也必不可少，学生在完成调查报告的过程中，不知不觉地使用了这些行之有效的学习方法，这对他们今后的学习和工作具有很大的帮助。

（二）通过改革，能锻炼和提高学生的各种能力

通过项目化教学，学生参与了市场调查活动的全过程，从开始的熟悉企业状况、预调查、设计调查方案、设计调查问卷、实地收集资料、处理统计资料，到最后对资料进行分析判断，推出结论给出建议，各环节对学生的观察、自学、创作、资料搜集、整理归纳、分析判断、推理、应用文写作能力等多项能力都是一种锻炼，反复的创作、讨论、修改、总结经验在一定程度上使得这些能力得到提高。

（三）通过改革，能提高学生的学习积极性

课堂上教师单纯的知识讲授，学生被动接受知识，容易使学生厌倦学习，职业能力训练的实战性和为撰写报告而进行的各种实践活动极大地激发了学生的学习兴趣，进行真正意义上的实践、真正参与企业的经营活动，提交给企业一份有参考价值的调查报告，对学生而言很新鲜，也富于挑战性，这些工作使学生觉得能够学以致用，自然学习热情也就提高了。

（四）改革有助于新的教学方法的探索

行之有效的教学方法是经过不断发现、创造、实验、修正而来的，本次教学改革源于职业能力训练和课程学习的结合，改革是探索有效的高职教学方法的产物，也是新的一个起点。为了完成调查报告，学生需要更多的指导，有更多的问题提出讨论，这就需要我们想尽办法进行引导，学生的一些新奇的想法，对我们已具有思维定势的头脑颇有启发。这些都有助于教学方法的革新和教学水平的提高。

项目1　认知市场调查与预测

任务1.1　认知市场调查

任务目标

1. 知识目标

(1) 了解市场调查的概念，市场调查机构；

(2) 掌握市场调查的内容；

(3) 熟悉市场调查的作用和步骤。

2. 能力目标

(1) 能区分不同市场调查概念的异同；

(2) 会辨析不同市场调查机构的结构。

任务导入

康师傅方便面的成功之道

中国台湾顶新食品公司打算进入大陆方便食品市场，但不知道大陆市场究竟需要哪一种方便食品。当时大陆方便面食品工厂已有上千家，竞争比较激烈。顶新公司没有贸然投资，而是委托大陆市场调查机构进行方便食品需求调查。调查分两个方面：一个是消费者对方便面的需求情况；一个是生产者生产的品种、规格和口味情况。结果发现，消费者对方便面食品除非不得已，并非感兴趣。其主要原因是口味较差，食用又不方便；而生产者生产的方便面大都是低档的，调料基本上是味精、食盐和辣椒面等原料。根据这些情况，该公司大胆预测，大陆下一个方便面食品市场将是高档、注重口味、更为方便的产品，于是在天津经济开发区投资500万美元，成立了顶新食品公司，生产高档方便面食品。结果一炮打响，尤其是碗式包装更为方便，人们食用方便面不再是一种权宜之计，而是快餐食品中一种优先选择的品种。小小的方便面硬是卖出了70亿元的销售价额。

(资料来源：刘登辉，韩千里，等. 市场调查与预测 [M]. 北京：中国经济出版社，2008.)

问题：

(1) 顶新公司的市场调查分几个方面，为什么这样分？你是怎样理解市场调查的作用的？

(2) 在市场调查之后，康师傅方便面做了怎样的预测？

任务分解

一、市场调查的含义

市场调查有广义和狭义的说法，广义的市场调查是从整个市场的角度定义市场调查，认为市场调查是运用科学的方法和手段收集产品从生产者转移到消费者手中的一切与市场活动有关的数据和资料，并进行分析研究的过程。广义的市场调查将调查范围从消费和流通领域扩展到生产领域，包括产前调查、产中调查、产后和售后调查。

狭义的市场调查是从市场营销的角度定义市场调查，认为市场调查就是对消费者进行调查研究，是以科学的方法和手段收集消费者对产品购买及其使用的数据、意见、动机等有关资料，通过分析研究，以识别、定义市场机会和可能出现的问题，制订和优化市场营销组合策略，并评估其效果。

美国市场营销协会对市场调查的定义为：市场调查是一种通过特定信息将消费者（顾客、客户和公众）与营销者（生产商、销售商）联系起来的手段。这些信息被用来识别、确定营销问题或机会，构思、改进和评估营销举措，监测营销绩效，增强人们对营销过程的了解。市场调查将规定解决这些问题所需的信息，设计搜集信息的方法，管理、实施信息搜集程序，分析结果，并将结论与调查信息使用者沟通。根据美国市场营销协会的解释，广义的市场调查不仅包括消费者调查，还包括市场分析、销售分析、广告研究、营销环境研究等多方面的调查研究。

本书认为，所谓市场调查，是以系统的科学方法（比如抽样设计）搜集市场资料，并运用统计方法分析这些市场资料，以得到所需有用信息的过程。

市场调查不同于那种随意的、偶然的、事先没有计划的市场信息搜集行为，它是一种系统的市场信息搜集活动，既有深思熟虑后确定的明确目标，又有为实现这些目标精心设计的规范的方法与步骤，也有配合这些方法与步骤的周密的资源配置安排，而其结果又可以得到重复验证。

市场调查的对象通常是消费者，即那些购买和消费商品的个人或机构等，通过调查可以了解特定时间、特定地域范围内的消费者群体有关购买、消费商品的各种情况、意见以及动机。

为了保证赢利或减少亏损，企业必须在激烈竞争的条件下，在适当的时间、适当的地点、以适当的价格、通过适当的方式把适当的产品或服务出售给适当的消费者，这就是市场营销追求的目标。

二、市场调查的作用

市场调查对企业的作用主要表现在以下几个方面。

(1) 市场调查是市场营销活动的重要环节。通过市场调查，企业能够识别目标、细分市场需求、发现市场机会、评估与优化营销组合、监测市场环境的变化、测评产品或服务质量以及预测经营业绩等。正确的决策来源于正确的判断，正确的判断来源于正确的调查。

(2) 通过市场调查，能够让生产产品或提供产品服务的企业了解消费者对其产品或服务质量的评价、期望和想法。实践证明，哪个企业的市场调查做得好，哪个企业的产品或服务就更适合消费者的需要，就更能赢得消费者好评，并最终赢得顾客。

(3) 市场调查给消费者提供一个表达自己意见的机会，使他们能够把自己对产品或服务的意见、想法及时反馈给生产企业或产品供应商。事实证明，哪个地区的消费者积极配合市场调查，毫无保留地将自己的意见提供给市场调查机构，哪个地区的消费者就能得到更好的产品和服务。

市场调查信息的使用者主要是企业（包括产品或服务供应商以及广告代理商），具体来说则是企业的外部合作者（外部用户群）与内部的相关人员（内部用户群），外部用户群由企业上游的供应商和下游的特许经营商构成，内部用户群由高级管理者（如董事、CEO、其他高级管理人员）、各职能部门的授权人士以及营销系统的各下属部门的授权人士等构成。

三、市场调查的步骤

任何社会调查研究都是针对社会领域中的实际问题，有目的、有计划、有步骤进行的，一般来说，社会调查的一般程序通常是指对实际问题进行调查、研究和解答的全过程。

1. 准备阶段

准备阶段是明确市场调查主题和目标，并进行事先的分析研究的阶段，这一阶段的工作主要集中于项目的可行性研究与分析上。对市场调查与预测机构来说，无论是外部委托的调查与预测项目，还是内部组织的调查与预测项目，事前都需要做严谨的可行性分析与研究。分析与研究的主要内容有四个方面：一是调查主题的性质，调查要了解什么、调查的意义和用途；二是调查活动从技术角度看是否具有可行性；三是市场调查与预测机构在人力、物力、财力上是否具备承担活动的能力和条件；四是相关主题的调查活动是否有法律保障和是否有违社会道德准则。

2. 设计阶段

在选定市场调查主题和目标后，市场调查就进入设计策划阶段。一般来说，市场调查与预测机构会按项目管理方式组织落实调查活动，即每一项市场调查，机构会组成对应的项目工作小组，指定项目小组负责人和项目小组参与成员，由项目小组全权负责调查与预测对应项目的活动。市场调查设计阶段就是由项目小组负责人协同有关人员完成项目的整套计划设计，为整个项目活动制定详细的、内容完整的策划书。

3. 实施阶段

这一阶段的工作重点是资料收集，这是整个市场调查过程最重要的环节，对市场调查的成败有决定性的影响。其具体工作主要有五个方面：一是人员选拔与培训；二是人员权力与责任；三是准备调查物资；四是实地调查；五是回收和复核资料。

4. 分析报告总结阶段

这一阶段主要是做好资料的分类、整理、统计和分析等工作。当统计分析研究和现场直接调查完成后，市场调查人员拥有大量的一手资料。对这些资料首先要进行编辑，选取一切有关的、重要的资料，剔除没有参考价值的资料；然后对这些资料进行编组或分类，使之可供备用；最后把有关资料用适当的表现形式展示出来，以便说明问题或从中发现某种典型的模式。经过对调查材料的综合分析整理，便可根据调查目的写出一份调查报告，得出调查结论。

四、市场调查的内容

市场调查的内容十分广泛。但每次市场调查的内容又不能包罗万象，面面俱到，只能根据市场调查的目的，有区别地进行选择，为市场预测与经营决策提供资料。消费者市场作为最终产品的市场，必然成为市场调查的最重要的内容，具体包括以下几个方面。

1. 环境调查

环境调查包括政治环境、经济环境和社会文化环境三方面的调查。其中政治环境调查是指对政府有关的政策、法令的调查，如国家的税收政策、金融政策、外贸政策、价格政策等各项政策，还包括专利法、商标法、广告法、保险法、环境保护法等各项法律法规。经济环境调查主要包括国民生产总值、人均国民收入、人口总数、家庭收入、个人收入、能源资源状况、交通运输条件等方面的调查。社会文化环境调查主要包括国民教育程度、文化水平、职业构成、民族分布、宗教信仰、风俗习惯、审美观念等方面的调查。

2. 技术发展水平调查

技术发展水平的调查主要是指各个时期新技术、新工艺、新材料、新能源的状况，技术的先进水平，新产品开发速度与发展趋势等。

3. 需求容量调查

需求容量的调查主要包括商品市场最大、最可能的需求数量和潜在的需求数量，现有与潜在的购买人数，现有与潜在的供应数量，不同产品的市场规模与特征，以及不同地域的销售机遇，本企业产品的市场占有率，相关企业同类产品的市场竞争态势等。

4. 消费者及其消费行为调查

消费者调查主要是指消费者个人的年龄、性别、职业、民族、文化水平、居住地、消费水平、消费习惯等方面的调查。消费者购买行为的调查包括购买方式的调查，即经常性购买、选择性购买、试探性购买的调查；购买动机的调查，即感情动机、理智动机和惠顾动机的调查。

5. 商品调查

商品调查的内容涉及以下几个方面。一是商品效用调查，包括商品形态、大小、重量、色彩、美观程度，使用方便性、耐久性、可靠性以及安全性等。二是顾客对商品的意见调查，包括顾客对商品及服务的要求、意见与评价等。三是商品寿命周期调查，包括商品在寿命周期的哪一阶段，其销量或销售增长率发生了哪些变化，老产品应如何改进，有无新的销售领域。四是新产品调查，包括市场需要何种新产品，新产品如何发展，是向多功能化、多样化还是向微型化和简单化的方向发展等。五是商品品牌、商标调查，包括本企业商品品牌、商标是否容易记忆，是否引人注意，是否富于联想。六是商品包装外观调查，包括本企业商品包装是否美观，是否轻便、安全，是否符合环境保护要求，是否过度包装。

6. 价格调查

商品价格调查包括老产品调价、新产品定价、本企业与竞争企业同类商品价格差距以及企业实行浮动价格、赊销价格、优惠价格与竞销价格的最佳时机等。

7. 销售方式和服务调查

商品销售方式和服务调查包括人员促销与非人员促销（包括广告、折扣、电视）哪种方式好，广告设计的内容及效果如何，怎样搞好销售服务咨询，怎样搞好售后服务等方面的调查。

8. 销售渠道调查

企业销售渠道调查包括企业采用直接销售还是中间商（批发商与零售商）销售，中间商服务的顾客是否是企业希望的销售对象，中间商能否提供商品的技术指导、维修服务与运输存储，顾客对批发商、代售商、零售商的印象如何等。

9. 竞争对手调查

竞争对手的调查内容，一方面是竞争单位调查，包括竞争对手数目，竞争对手商品市场占有率，竞争对手的生产能力、生产方式与生产成本，竞争对手的技术水平、产品特性与服务项目，竞争对手的促销方式、营销策略、地理位置与运输条件等；另一方面是竞争产品调查，包括竞争产品的特性、品质、用途、功能、包装、价格、商标与交货期等内容。

10. 其他调查

除上述调查内容之外的其他调查内容。

五、市场调查的机构和人员

（一）市场调查机构

市场调查机构是受需要信息的单位（主要是企业）或个人委托，专门从事市场调查的单位或组织。他们在接受客户委托后，针对委托人提出的调查范围，制定调查方案，然后开展工作。市场调查机构有些是综合性的，即调查的范围较广，可以承担多种类型和行业的调查；有些是专业性的，它精通某一专业或行业的知识，并有一定的联系渠道和某一专业的大量信息资料，它主要承担涉及相关行业或专业的调查任务；还有咨询公司的调查机构、广告公司的调查机构等。总体来看，市场营销调查机构的行业结构主要可以用表 1–1 来描述。

表 1–1　市场营销调查机构的行业结构

机构		功能与服务
层次 1	企业营销调查部门	企业中的营销部门或广告代理、策划部门，他们有时候自己独立完成一些营销调查工作，但更多的是委托专业公司进行调查并进行控制。国外大多数企业都设有独立的营销调查部门，国内部分企业也设有独立的营销调查部门或在营销策划部门中由专人负责营销调查
层次 2	广告代理公司	广告代理公司是市场营销调查的主要用户。他们接受企业委托进行广告策划和代理，其中必要的营销调查则委托或转包给专业调查机构
层次 3	辛迪加服务公司	辛迪加（syndicate）企业定期提供数据收集和报告服务，出售给众多感兴趣的用户，而不是特别针对某一家企业。著名的 AC 尼尔逊公司和信息资源公司（IRI）都是辛迪加服务企业，国内的许多调查机构，如央视调查等都提供此类服务。辛迪加服务一般集中在媒体受众领域和提供消费品零售数据领域
	定制或专项调查公司	此类营销调查公司是市场调查行业的主体，他们针对具体客户的特定问题展开专项市场调查，一般辛迪加服务公司也同时提供定制或专项调查服务
层次 4	现场服务公司	一般限于现场调查的数据收集工作，通常接受企业营销部门、广告代理公司或其他调查公司的转包合同
	专业服务提供者	此类服务提供者为营销调查行业提供专门的辅助服务，如市场调查咨询或设计、定量分析服务等。这些提供者既包括服务企业，也包括政府机构、大学或科研院所中的调查机构或人员等。他们的服务对象主要是前三个层次

目前，中国的市场调查公司已有 1500 家，其营业额的年增长速度都在 20% 以上。经过 20 年的发展演变，中国的市场调查基本形成了三大类机构三足鼎立的格局。

第一类是国外市场调查公司，代表性公司有盖洛普、GFK、AC 尼尔森。

第二类是有政府背景的国有持股公司，代表性公司有央视市场研究、华通现代。

第三类是民营专业调查公司，代表性公司有零点、华南国际、勺海、新华信。

（二）市场调查行业的从业人员

1. 业务岗位及其职责

（1）研究总监。这是调查公司的一个高级职位，负责指导和监督整个调查公司的研究计划，以及研究项目的设计和执行。

（2）研究助理。协助高级研究人员指导和参与项目的研究工作。

（3）高级项目经理。在研究总监的指导下，全面负责调查项目的设计、执行和管理。

（4）高级分析师。负责与上级和分析师等其他人员一起参与项目的开发、设计和执行，通常要设计调查问卷，确定使用适宜的研究技术，对资料进行处理和分析，撰写数据分析报告和最终的研究报告。

（5）现场调查部主任。负责选拔、培训、监督和评价调查员及其他现场实施人员。

（6）座谈会主持。负责小组座谈会的人员挑选、提纲准备和会议主持，并与其他研究人员一起完成小组座谈会的报告。

2. 基本素质要求

（1）系统学习并掌握市场营销学、市场营销调查等相关知识。

（2）熟悉统计学和定量分析方法方面的知识。

（3）熟悉心理学和消费者行为方面的知识。

（4）熟悉计算机基本操作和统计分析的应用软件。

（5）有较强的文字和口头表达能力。

（6）有责任心，头脑灵活，具有创造性思维。

任务小结

市场调查是根据市场预测的目的与要求，运用各种市场调查的方法，有计划、有组织地搜集市场信息资料的过程。市场调查是市场预测必不可少的步骤。一方面，从宏观经济管理的角度看，搞好市场调查，对于加强宏观管理，提高宏观经济管理水平具有重要意义。另一方面，从微观经济管理的角度看，搞好市场调查，对于改善企业生产经营，改善服务质量，提高企业管理水平，增加经济效益都具有十分重要的意义。

市场调查的内容十分广泛，主要包括环境调查、技术发展水平调查、需求容量调查、消费者及其消费行为调查、商品调查、价格调查、销售方式和服务调查、销售渠道调查及竞争对手调查等。市场调查从不同的角度有不同的分类方法。大致有：狭义市场调查与广义市场调查；消费者市场调查与生产者市场调查；批发市场调查与零售市场调查；经常性市场调查、定期性市场调查与临时性市场调查。

在进行市场调查时必须坚持一定的原则，主要有：坚持实事求是的原则；坚持准确、及时、全面、系统的原则；坚持勤俭节约的原则。在这些原则下进行的市场调查也必须遵循一定的步骤，主要有预备调查阶段、正式调查阶段、提出报告阶段三个阶段。

巩固与提升

课堂研讨

(1) 影响消费品市场的因素有哪些？你认为目前中国居民消费结构的最大特点是什么？

(2) 案例：肯德基立足中国市场之市场调查。

自从1987年进入中国市场在北京开设第一家分店以来，肯德基就开始在国内迅速扩张，目前已有1700多家的餐厅。比较同行竞争对手麦当劳，目前只有约900多家餐厅。但麦当劳在全美快餐行业排名第一，而肯德基只排名第七。麦当劳是全球最具价值商业品牌排名前十，而肯德基甚至无法排进50强。但在中国市场肯德基是名副其实的老大。

肯德基公司在中国生存的原因是什么？

课后自测

(1) 什么是市场调查？开展市场调查有何意义？

(2) 市场调查的作用是什么？

(3) 简述市场调查的步骤。

实操演练

上网查询、收集五个市场调查机构的资料，搜集市场调查机构业务范围；分析各调查机构的主营业务、擅长的领域、声誉、业务水平和资历；了解委托事宜、付款条件、签订合同等程序；根据以上内容撰写一篇调查报告（不少于1000字）。

任务1.2 认知市场预测

任务目标

1. 知识目标

(1) 了解市场预测的含义、类型、作用；

(2) 掌握市场预测的程序。

2. 能力目标

(1) 能区分市场预测的类型；

(2) 能正确按照市场预测的步骤进行预测工作。

任务导入

有一位家电厂负责销售的副厂长，听人说某地区人民的生活水平提高了，当地的电力事业发展很快，居民的消费购买热点是空调，而又以分体式和柜式为主。于是这个副厂长加大生产数量，结果市场并没有预期的那样火热，望着积压在仓库里的空调，那一年他没有过好年。一年一度的春季订货会更令他失望。从订货会回厂之前，他让厂里放慢生产节奏，又给供应商打电话说不要急于送货，还让销售主任拟定一个鼓励销售人员的计划，把销售任务落实到每个人身上，而且取消基础工资，实行收入与销售额全面挂钩，包括他自己在内，他要背水一战了。因为对销售情况感到悲观，他让大家坐火车回家。而他自己下了火车后却没有回家，直接接去厂里，打算向厂长汇报情况。可是，厂里的情况让他莫名其妙，几辆重型汽车停在厂里等着装货。生产线全面开动，人人眉开眼笑、干劲十足。没等他询问，厂长告诉他说："××地区气候反常，夏天未到，天气突然热了起来，广场上的温度到了40℃，要货的人和车已经招待不了啦。"厂长接着说："你回来太好了，他们都认识你，你去给他们解释一下，我们保证供货，但是要等一等。"副厂长感叹地自言自语说："哎，以为有销路却没有，以为没有销路却大有销路，市场呀，真是个魔鬼。"

（资料来源：廖进球，李志强．市场调查与预测［M］．长沙：湖南大学出版社，2009.）

思考题：

（1）你认为副厂长说的是什么意思？你同意他的说法吗？

（2）你认为该厂过了这一阵子生意还会好吗？为什么？

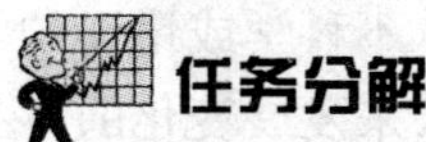

任务分解

一、市场预测的含义

"人无远虑，必有近忧""凡事预则立，不预则废"，正是对科学预测重要性所作的经验总结。

科学地把握市场预测的含义是正确进行市场预测的前提，理解市场预测含义的关键是弄清预测的概念。预测是根据过去和现在推测未来，由已知推测未知，即在调查研究的基础上，根据过去和现在的已知因素，运用已有的知识、经验和科学方法，去预计和推测事物未来可能的发展趋势，并对这种发展趋势做出定量化的估计和判断。目前，预测的研究范围已经非常广泛，几乎涉及人类社会生活的各个领域，如经济、社会发展、科学技术、气象、军事、生态环境等领域，值得注意的是各个领域进行预测的方法和手段有所不同。总之，科学的预测不是任意的猜测，而是依据对事物客观规律的认识，去分析、预见和推断未来的发展变化。

在明确了预测的含义之后，市场预测的含义就非常容易理解了。市场预测是预测在市场空间里的表现，或者说，以市场为分析对象的预测就是市场预测。

所谓市场预测是在对影响市场供求变化的诸多因素进行系统的调查研究的基础上，运用科学的方法，对未来市场的供求发展趋势以及有关的各种变化因素进行分析、预见和推断，并做出一种合乎逻辑的解释说明。

二、市场预测的作用

随着人类自身生产、实践活动的不断深入，人们更加坚定了"科学的预见是正确行动的先导"这一科学的论断。市场预测是一个设计、收集、分析和报告市场信息的过程，其主要作用是提供信息、分析和研究市场，并在此基础上进行经营决策，其重要性是无法替代的。

进入21世纪以来，在市场经济与国际市场接轨日益深入的形势下，上至一个国家、地区或行业主管部门，下至企业乃至个人，都需要用科学的预测结果来指导自身的实践。市场预测越来越受到管理者的重视，作为一门方法论学科也越来越广泛地应用于各种市场问题的分析与研究。其作用主要体现在以下几个方面。

（一）市场预测为科学计划与政策的制定提供依据

我国要实现经济的又好又快发展，计划仍然是一种重要的经济与社会管理手段。国民经济和社会发展计划及规划的制订，必须依据各方面的统计资料。统计资料的来源主要有两个方面。一方面，国民经济和社会发展计划及规划的制订必须依据统计调研的资料，即必须根据反映我国过去与现在国民经济和社会发展的各种统计指标，结合经济与社会发展的实际来制订计划和规划，否则计划与规划将会脱离实际，缺乏科学性与可行性。另一方面，国民经济和社会发展计划及规划的制订，还必须依据经济预测的资料，即通过对社会与经济未来一定时期内情况的估计与推断，来制订各项计划和规划，否则也会使计划与规划的制订脱离实际，降低其科学性与可行性。

（二）市场预测是企业从事经营决策的前提和营销活动的起点

管理的核心是决策，正确的管理决策能够使企业的经营活动取得成功；不科学或错误的决策会使企业的经营活动陷入困境。而正确决策的前提之一，就是对市场未来发展变化的科学预测。没有科学的预测结果或者对市场未来估计不充分，必然会导致决策的盲目性，最终导致企业整个经营活动的失败；有了科学的市场预测，才能使决策有基础、有依据，使决策趋于科学，用科学的决策来指导实践，企业的生产经营才能够立于不败之地。

（三）市场预测对满足和促进消费需求具有显著作用

无限拓展性是消费者市场比较重要的特点之一。消费者需求的无限拓展，为企业生产经营提出了新的更高的要求。为满足人民不断增长的物质和文化生活需求，市场预测正在发生着重要的作用。消费者的需求体现在社会生活的方方面面，在市场经济条件下，需求量集中体现在市场上，通过市场预测，可以在市场调查的基础上全面、系统地了解市场未来的需求状况，具体包括市场潜在需求数量、需求结构及需求量和需求结构的发展变化规律等信息。在此基础上及时地制订和调整企业的生产与经营计划，在产品品种、数量、结构等方面都以更好地满足市场需求为前提，这样才能使消费者的各种需求得到最大限度的满足，实现生产与消费的对接，在真正意义上实现以销定产的目标。另外，通过市场预测反映出的市场需求并不是单纯对已有水平的需求，还可以反映出消费者对新产品或新功能、新样式、新概念等的需求，所有这些在很大程度上促进了企业的不断创新，开发生产新的产品，以满足市场的需求。

三、市场预测的类型

市场预测的种类很多，内容十分丰富，有各种各样的分类标准，归纳起来大致有以下几种。

（一）按预测的范围可分为宏观市场预测和微观市场预测

宏观市场预测，是从宏观经济管理角度出发，对整个国民经济发展趋势进行预测，如对社会商品需求预测、社会商品供给预测、社会商品购买力预测、劳动力供需预测等，对企业来说宏观市场预测是外部不可控因素的预测。微观市场预测，是从企业的角度对影响企业生产、经营的市场环境以及企业本身的生产、经营活动的预测，如产品销售预测、经济效益预测、产品市场占有率预测等。在实际工作中，宏观市场预测与微观市场预测相辅相成，紧密结合。

（二）按预测期长短可分为近期预测、短期预测、中期预测和长期预测

近期预测是指以日、周、旬、月为单位，预测期在一个季度之内的预测，为企业确定短期内的生产经营任务和落实实施方案及措施提供依据，讲究预测结果的时效性。短期预测是指以月或季为学位，对两个月以上一年以内的预测，为制订年度计划、季度安排、组织货源、安排本年度市场提供依据。中期预测是指以年为单位，对一年以上五年以下的预测，一般是对政治、经济、技术、社会等对市场发展起长期影响作用的因素进行调查分析，做出未来市场发展趋势预测，为企业制订中期规划提供依据。长期预测是指对预测期在五年以上的预测，为制订长期发展计划、远景规划提供依据。预测的准确性会受到预测期长短的影响，一般来说，预测期限长，误差就大些，预测期限短，误差就小些。在实际工作中，企业比较侧重于近期、短期预测，而经济管理部门比较侧重于中长期预测。

（三）按市场预测的目的可分为单项商品预测、同类商品预测、对象性商品预测和商品总量预测

单项商品预测是对某一种具体商品或具体品牌商品的市场前景所进行的预测，如对手机、电脑等单项产品的预测。同类商品预测是对某一类商品所进行的市场需求趋势预测。商品的分类标志一般有用途、档次、生产工艺、主要成分等，比如按商品的用途可分为食品类、服装类、日用品、家电产品等。对象性商品预测是指对某一类消费对象进行预测，如对服装的预测，不仅要分男装、女装、童装，还应按老年、中年、青年或胖、中、瘦体型分别进行预测。商品总量预测是指对消费者未来一定时期内所需求的各种商品的总量进行预测。

（四）按预测地域可分为国际市场预测和国内市场预测

国际市场预测是指对某种商品国际市场的供求状况、价格趋势、经济政策等进行的预测，国际市场既包括国际统一市场，也包括个别国家的国内市场。国内市场预测包括国内统一市场预测、地域性市场预测以及地方性市场预测等，地域性市场预测如华南市场预测、东北市场预测等，地方性市场预测如北京市场预测、江西市场预测等。

（五）按市场预测方法的性质可分为定性预测和定量预测

定性预测是指凭借预测者的知识、判断力和主观经验进行的预测，侧重于对事物的性质进行分析和预测，对数量不需要太多要求，只需要大致估计即可。定量预测是指根据相关数据，应用经济数学方法，在对未来情况变动方向进行说明的基础上，还提供其变动大小的数值。定量预测也可分为点值预测和区间值预测，点值预测的表现形式是预测结果为单个数值，区间预测是通过预测事物数量变化的上限和下限，揭示预测结果可能的区间范围。定性预测与定量预测只是分析的侧重点不同而已，不能主观地割裂开来，两者是互为补充的。定性预测是定量预测的前提，定量预测是定性预测的深化，两者紧密结合能获得全面客观实际的预测结果，发挥市场预测应有的作用。

（六）按市场预测结果的实现条件可分为条件预测和无条件预测

条件预测是指预测结果的实现需要具备某种条件，比如某些农产品货源的预测，以无重大自然灾害为实现条件。无条件预测是指预测结果的实现不需要附加任何条件。

以上是从不同的角度对市场预测的种类进行划分。值得注意的是这些划分都不是绝对的，在具体运用中可以同时使用多种类型的预测。根据研究目的，多种预测结合使用，能全面地对现象进行预测分析。

四、市场预测的步骤

1. 确定预测目的和预测对象

进行市场预测，事先必须知道为什么要进行预测，预测什么，希望取得什么预测效果，也就是要确定本次预测工作的目的和对象。预测目的的确定直接影响着预测对象、范围、内容，以及预测方法的选择等一系列工作的安排。没有明确的预测目的，整个预测工作将会陷入盲目的境地。所以，预测目的不能含糊、抽象，应当尽量详细具体，这样才有利于根据预测目的来组织力量，协调各方，共同为实现预测目的而努力。

2. 制订预测计划

制订预测计划是顺利开展预测工作的保证，预测计划包括以下主要内容：承担预测任务的组织、成员及分工；预测对象、范围、内容；预测准备工作；资料来源及其搜集方法；预测结果的要求；预测工作的时间进度和经费预算等。计划应当尽可能做到详细、周全，以保证预测工作的顺利进行。预测计划一经确定就应照其执行，在具体执行过程中如果发现问题，应及时调整和完善预测计划。

3. 收集与整理相关预测资料

收集与整理相关预测资料是预测准备阶段的基本工作，占有资料的多寡以及资料的可靠程度对预测结果有直接的影响。占有的资料越充分，分析就越详细、越深刻，预测的准确程度就越高。但是，也不是资料收集得越多就越好，漫无目的地收集资料，不仅浪费时间、人力和经费，而且资料过多，又无系统性，还会给预测工作带来麻烦，增大预测误差，降低预测质量。因此，必须根据预测目的筛选出最有价值的资料，把它缩减到最基本、最必要的限度。筛选的原则为：①相关性，即该资料是最直接有关的有用资料；②可靠性，即从资料来源等方面保证准确可靠的资料；③最近性，即保留下来的资料是最新、最有用的资料。对收集到的、打算用以进行预测分析的资料，一定要认真审核，对完整的不适用的资料、特别是历史统计资料，要做必要的推算、插补和删除，以保证该统计资料的完整性和可比性。

4. 选择恰当的预测方法

预测方法的准确性和科学性很大程度上取决于预测方法的选择是否恰当。在相同条件下，对同一预测对象，往往可以使用不同的预测方法，采用不同的参数估计方法，得出不同的参数估计值，它们的预测结果和准确度也不尽相同。因此，正确选择预测方法是预测过程中极为重要的一个环节，在预测实践中，往往先对数据进行描述性统计分析，例如画出数据资料的各种统计分布图，对其分布形式和性质有一个直观和整体的把握，这样有利于帮助我们选择合适的预测模型和预测方法。

预测方法的选择一般应考虑以下一些因素。

(1) 预测期长短不同，选择的方法也不相同。如长期预测可采用专家预测法、百分比率递增法、回归分析法等，短期预测可采用经验判断法、平均数法、移动平均数法、指数平滑法等。

(2) 根据预测的范围来选择。对市场形势的宏观预测，宜采用德尔菲法、相关因素分析法等。对企业具体商品的微观预测，可采用市场因子推演法、直线回归法、经验判断法等。

(3) 根据数据资料状况来选择。在资料充足、信息准确可靠的条件下，可采用定量分析方法；在资料缺乏的情况下，宜采用定性分析方法。

（4）根据预测期限和费用来选择。进行市场预测一般都有时间、精度等方面的要求，选择方法时应考虑这些要求。时间充足，精度高，误差少，预测的参考价值就大，同时预测费用也会随之上升。因此，应比较几个条件和因素来决定选择何种预测方法。

（5）根据商品供求形态来选择。不同的商品供求形态应选择不同的预测方法：当商品供求处于稳定形态时，一般可采用平均数法、平均递增率或递减率法、类推法等；当商品供求处于趋势形态时，可用回归分析法等；当商品供求处于季节性形态时，可采用季节指数分析、移动平均数季节指数法等；当商品供求处于随机形态时，要采用定性分析与定量分析相结合的预测分析方法，用概率来判断未来变化，有专家预测法、主观概率测算法、类推法等。

为了更准确地选择预测方法，还需进行必要的预测评价与误差分析。预测评价是对各种预测方法的优缺点进行比较评论，评价其预测能力和适用范围、适用条件等。误差分析是对各种预测方法准确度的一种评价，以减少预测差错程度。

5. 分析、评价、确定预测值

运用选定的预测方法及构建的预测模型，对各种变量数据进行具体计算，计算出预测对象的点估计值和区间估计值，确定预测误差范围，并将获得的结果进行分析、检验和评价。预测误差愈大，预测准确度就愈小，失去了预测应有的作用。此时，应具体分析产生误差的原因，并及时加以修正、重新测算和预测。修正或重新预测的常用方法是：增加样本容量；增加解释变量个数；改变预测模型；改变预测方法等。

6. 撰写预测报告

预测报告是预测结果的文字表述，不仅是对预测全过程的总结，而且是预测全过程的综合反映。预测结果能不能对决策产生影响，与能否写好预测报告有很大关系。预测报告的主要内容有预测目标、预测时间、参与人员、主要资料来源、预测方法与模型、实际预测结果以及分析评价等。

7. 追踪验证预测结论

预测结果的得出，预测报告的撰写，并不意味预测工作已经全部结束，还必须对预测对象未来各期的实际结果进行追踪，将未来各期的实际结果同对应的预测值进行比较，计算其差异程度。一般来说，预测值与实际值的误差在±(10%～15%)范围内，就是一项成功有效的预测；误差在±(5%～10%)范围内，就是一项优良的预测；误差小于±5%的，就属于高精度预测。如果预测值与实际值误差很大，则应进一步收集补充资料，重新选择预测方法进行预测，追踪验证预测结论，不仅为进行下一次预测做好准备工作，而且能不断地提高预测水平。

任务小结

预测是指根据客观事物的发展趋势和变化规律，对特定对象未来发展的趋势或状态做出科学的推测与判断。市场预测作为预测之一，是对商品生产、流通、销售的未来变化趋势或状态进行的科学推测与判断。市场预测是随着商品生产的发展、社会分工的日趋专业化、技术的日新月异、市场需求的多变及由此带来的激烈市场竞争而逐渐产生和发展起来的。市场预测的内容非常丰富，主要有市场需求趋势预测和市场供应趋势预测。在分类上，可以从方法、对象、时间和空间等多个角度对市场预测进行分类。市场预测遵循一定的步骤，概括起来，主要有确定预测目的和预测对象、制订预测计划、收集与整理相关预测资料、选择恰当的预测方法、撰写预测报告等七个步骤。

课堂研讨

多种预测方法在市场销售中的应用

奥伯梅尔公司是美国流行滑雪服市场上的主要供应商。它的产品是由远东、欧洲、加勒比海地区以及美国的一些企业加工的。该公司几乎所有的产品，每年都要重新设计，以适应款式、面料和颜色变化的需求。直到20世纪80年代中期，公司的设计和销售周期都是相对简单的，包括设计产品，生产样品。每年3月份向零售商展示样品；接受零售商订货后，在3、4月份预订供应商供货；10月份在奥伯梅尔公司的本部中心收货；然后立即向零售商店送货。这种方法有效地运用了30多年。加工合同是以确认的订单为依据签订的，而秋季交货又为有效的生产提供了充分的时间。

然而，20世纪80年代中期，这种方法不再有效。首先，随着公司销售量的增加，在生产高峰期生产能力受到制约。在夏季关键的几个月中，它无法从高质量的滑雪服加工厂预订到足够的生产能力，以保证加工出满足全部订货要求的产品。结果，它只得根据对零售商订货的预测，在上一年的11月份，或者在商品销售之前大约一年，就开始预订加工能力。

其次，降低生产成本和增加产品品种的压力，迫切要求公司建立更加复杂的供应链。为了克服供应链变长、供应商能力限制以及零售商要求尽早交货的困难，奥伯梅尔公司采用各种方法来缩短交货期。然而，这些努力并未解决缺货和不断降价的问题。公司生产仍有约一半是根据需求预测安排的。在生产高度复杂多变的时尚产品的行业，这具有很大的风险。奥伯梅尔公司依靠一个由其各个职能部门经理组成的专家小组，对公司每一种产品的需求进行一致性预测。但是，这项活动并不特别有效。例如，在1991~1992年度销售期，有几款女式风雪大衣比原先预测的多销售了200%，同时，其他款式的销售量比预计销售量低了15%。

为了改进预测，奥伯梅尔公司责成专人来考察这些问题，由此提出了“正确响应”（Accurate Response）的方法。他们认识到，问题在于公司不能预测人们将买什么。生产风雪大衣的决策，实质上是就“风雪大衣会有销路”这一判断在打赌。为了规避这种风险，必须寻求一种方法，来确定在“早期订货”之前生产哪些产品是最安全的，哪些产品应该延期到从“早期订货”收集到可利用的信息后再生产。

同时，他们发现，专家小组的初步预测尽管有些是不符合实际的，但约有一半是相当准确的，与实际销售量的误差不到10%。为了在获得实际订货之前确定哪些预测可能是准确的，他们考察了专家小组的工作方式。专家小组传统上是对每一种款式和颜色都通过广泛的讨论达成一致性预测。于是，该公司对德尔菲法进行改进。公司决定请专家小组的每一位成员对每一种款式和颜色做出独立预测。采用这种方法，个人要对自己的预测负责。

这种改革非常有价值。首先，一致性预测往往并非真正意义上的一致。小组中的主要成员，如资深经理，常常过度地影响集体预测的结果；如果每个人都必须提出自己的预测，就可消除这种过度的影响。其次，也是更重要的，新方法有利于对预测结果进行统计处理，以得出更精确的预测结果。

通过独立预测过程确实获得了重要发现。例如，虽然对两种款式大衣预测的平均趋势可能是一样的，但个人预测值的离中趋势却截然不同。例如，每个人对 Pandro 大衣的预测值都接近平均值，面对 Entice 宽松大衣的预测值却是分散的。因此，对 Pandro 大衣的预测可能比对 Entice 宽松大衣的预测更可行。1992～1993 年度销售期末，公司验证了上述假设——当专家小组每位成员所作的预测相类似时，所获得的一致性预测将更加精确。因此，利用个人预测之间的差异，可以有效地估计预测精度。

对于如何处理零售商需求的问题，公司也获得了重要发现，即尽管零售商需求是不可预测的，从而使精确预测成为不可能，但是，奥伯梅尔公司零售商的总体购买模式却惊人地相似。例如，只要根据最初的 20% 的订货来修正专家小组的预测，预测精度就能显著提高。随着订货的增加，预测精度会不断改善。

接着，他们开始着手设计一种能够识别和利用上述信息的生产计划方法。设计这种方法关键是要认识到，在销售初期，当公司还未接到订货时，所预订的加工能力是“非反应性”的，即生产决策完全是根据预测而不是根据实际市场需求做出的。以“早期订货程序”为起点，随着订货信息的渗入，所确定的加工能力变得具有“反应性”了。这时，公司可以根据市场信息提高预测精度，从而做出生产决策。

最后要重视由于预测失误所造成的机会损失。预测失误将导致库存过少或过多。库存过少导致缺货可能失去潜在的顾客，造成销售额损失；库存过多可能导致不得不降价促销，减少企业的利润。因此，必须估计缺货和降价所造成的损失。但是，我国企业通常缺乏这方面的信息，特别是由于缺货所造成的销售额损失的信息。然而，估计销售额外负担损失是非常重要的。例如，美国的狄拉德百货公司提供了一个很好的范例。当顾客在该公司的一家商店没有买到所需的商品时，公司就从它的另一家商店把那种商品邮寄给顾客，而且不增加额外的费用。公司起初的目的只在于改进顾客服务，从而增加销售额。然而，它却附带得到了一个重要的收获——更好地了解到每一家商店的真实需求，从而能更好地估计销售额损失和预测需求。

（资料来源：小卡尔·迈克丹尼尔. 当代市场调研 [M]. 范秀成，等译. 北京：机械工业出版社，1999.）

讨论题：奥伯梅尔公司采用了不同的预测方法，分别取得了怎样的结果？

课后自测

（1）什么是市场预测？

（2）市场预测有哪些类型？

（3）市场预测的作用是什么？

实操演练

到图书馆或者通过网络查找因为进行了市场调查活动而取得成功的实例（个人或企业的均可，但要注意是关于市场调查的实例）；或者查找一个因为没有进行科学的、系统的市场调查而导致失败的例子。不论是哪一类，都要求总结和分析成功或失败的原因，字数不限。

任务1.3　项目综合实训

学生在教师指导下分成若干小组，查阅相关资料，思考当前的热点经济话题，并结合学校生活的实际情况，提出一两个你比较关心的产品或市场问题，经过讨论，最终形成统一的意见，以此确定本学期小组调查项目。

项目2　市场调查方案的设计

任务2.1　认识市场调查方案策划

任务目标

1. 知识目标

(1) 了解市场调查方案策划的含义；

(2) 了解市场调查方案策划的特点；

(3) 了解市场调查方案策划的作用。

2. 能力目标

(1) 能进行市场调查方案流程的设计；

(2) 能把握市场调查方案策划的特点并运用到方案设计中。

任务导入

××休闲服装市场调查背景资料

地处广州的某服饰公司欲开发一种新的休闲服装，但是面对国内休闲服装市场品牌众多，市场竞争激烈的局面，公司决策层认为要取得产品开发与市场推广的成功，需要对目前的市场环境有一个清晰的认识，从现有市场中发现机会，做出正确的市场定位和市场策略。

因此，决策层决定委托市场调查机构开展市场调查与预测分析，通过对市场进行深入的了解，确定如何进行产品定位、如何制订价格策略、渠道策略、促销策略以及将各类因素进行有机的整合，发挥其资源的最优化配置，从而使新开发的服饰成功介入市场。

问题：现在，某市场调查公司接受了该服饰公司的委托，欲承担项目的市场调查任务，调查公司应当首先开展哪些工作呢？

提示：市场调查是一个科学性很强、工作流程系统化很高的工作。它是由调查人员收集目标材料，并对所收集的材料加以整理统计，然后对统计结果进行分析以便为决策提供正确的方法。在实际中，面对一个调查项目，需要工作人员做的第一项工作是明确市场调查的任务，科学设计调查方案。需要关注以下几个问题。

(1) 一个好的市场调查方案设计的思路。

(2) 一份书面的市场调查项目规划书的一般格式和内容。

(3) 案例资料显示的项目规划书的主要特点。

在此基础上，学习项目内容之后，学生应当选择一个市场调查的项目，制作一份项目规划书，并提交指导老师。

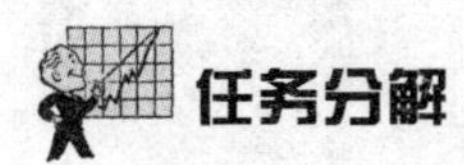

一、市场调查方案策划的含义

市场调查方案策划，就是根据调查研究的目的和调查对象的性质，在进行实际调查之前，对整个调查工作的各个方面和全部过程进行的通盘考虑和总体安排，以做出相应调查实施方案，制定合理的工作程序。

【小资料】现代市场调查是一项十分复杂且技术性较强的调查研究活动。为了保证圆满完成市场调查任务，达到预期目的，在进行实际调查之前，必须对整个市场调查工作的各个方面和各个阶段进行通盘考虑和安排，对调查工作的内容、对象、时间、方法和组织等做出统一的规定和部署，使整个市场调查工作有计划、有组织、有领导地按统一协调的步骤进行。

市场调查的范围可大可小，但无论是大范围的调查，还是小范围的调查，都会涉及相互联系的各个方面和各个阶段。这里所讲的调查工作的各个方面，是指要考虑到调查所要涉及的各个组成项目。

市场调查方案策划所指的全部过程，是指调查工作所需要经历的各个阶段和环节，即调查资料的搜集、记录、整理和分析等。只有对此预先做出统一考虑和安排，才能保证调查工作有秩序有步骤地顺利进行，减少调查误差，提高市场调查工作质量。而依据市场调查方案策划形成的书面文件就是市场调查方案，它详细地描述了获得信息和分析信息所必须遵循的程序，包括调查目的、对象、内容、方法、步骤和时间安排等，这一程序是顺利和高效地完成营销调查课题的前提和保证，其流程见图 2-1。

二、市场调查方案策划的特点

（1）可操作性。这是决定市场调查方案实践价值的关键环节，也是任何一个实用性方案的基本要求。如果不可操作，市场调查策划就是一个失败的策划，市场调查方案就失去了它存在的价值。

（2）全面性。市场调查方案策划本身就具有全局性与规划性的特点，它必须像指挥棒一样统领全局、直指调查目标，保证调查目的的实现，因此全面性是其又一个显著特征。

（3）规划性。市场调查方案策划本身正是对应整个调查统筹规划而出台的，是对整个调查工作各个环节的统一考虑和安排。

（4）最优性。调查方案的最后定稿是多方反复协调磋商，多次修改和完善的结果，这样可以保证调查方案的效果最好而费用较少。有时客户还会要求专业调查机构同时拿出两个以上的方案供其最后选择定案。

三、市场调查方案策划的作用

市场调查是市场预测和决策的基础。市场调查方案是市场调查工作的起点，如果对整个市场调查工作没有一个统一的考虑和安排，目的不明，对象不清，方法失当，组织不力，那收集到的调查资料势必残缺不全，不真实可靠。根据这样的调查资料进行市场预测和经营决策，势必会给企业带来巨大的市场风险和不可挽回的经济损失。为了在调查过程中统一思想，统一认识，统一内容，统一方法，统一步调，圆满完成调查任务，必须制订出一个科学、严密、可行的工作计划，以使所有参加调查工作的人员都步调一致、有章可循。因此，市场调查方案策划是顺利完成市场调研工作的首要环节，其重要作用主要表现在以下两个方面。

（1）市场调查方案策划是调查项目委托人与承担者之间的合同或协议。由于一些主要的内容已明确写入报告，例如调查目的、范围和方法等，使得有关各方都能保持一致的看法，有利于避免或减小后期出现误解的可能性。专业市场调查机构的调查方案设计流程如图 2–1 所示。

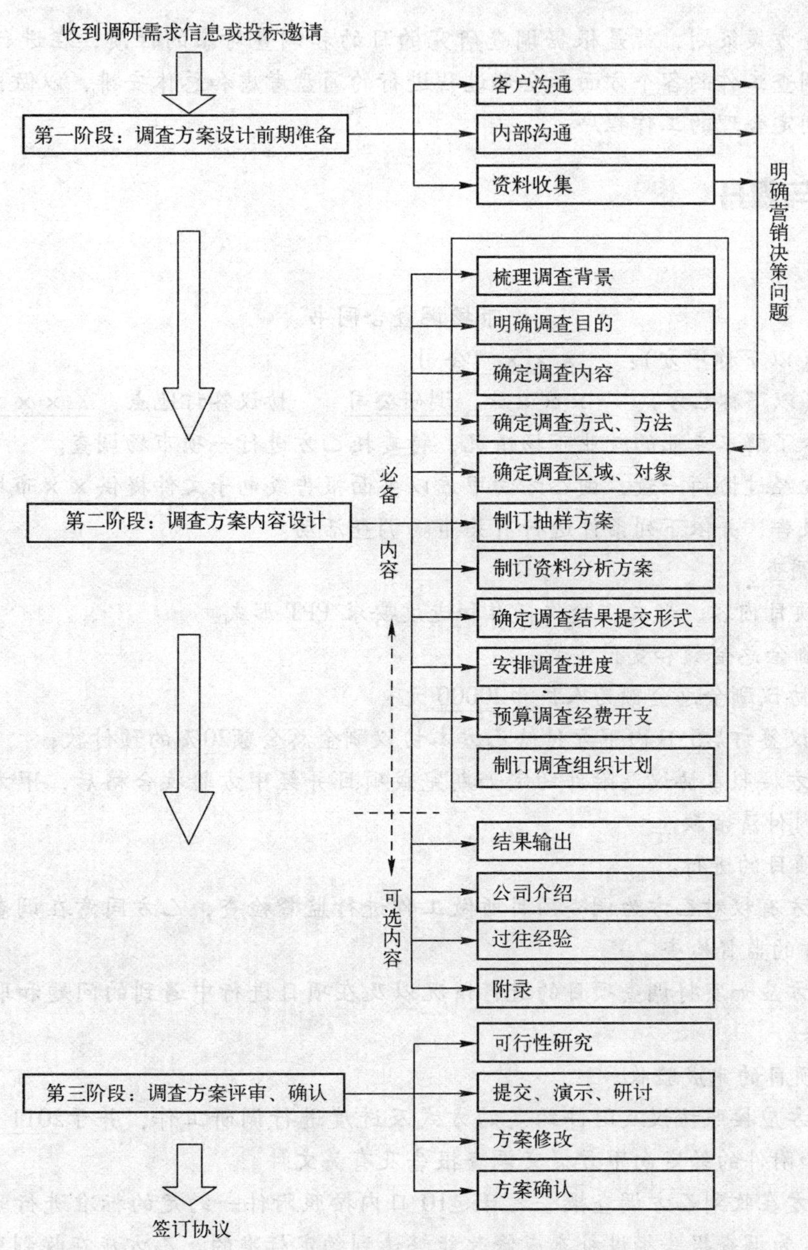

图 2–1　专业市场调查机构的调查方案设计流程

（2）市场调查方案策划是市场研究者对市场从大量定性认识到大量定量认识的连接点。任何调查工作都是先从问题的定性认识开始的，比如在具体调查之前，首先要对该单位经营活动状况、特点等有一个详细的了解，然后要明确调查什么和怎样调查，调查谁，解决什么问题，应该如何解决等，所有这些考虑都是研究者的定性认识。在此基础上设计相应的指标以及收集、整理资料的方法，然后再去实施。所以说，市场调查方案策划是从定性认识到定量认识的过渡。

任务小结

市场调查方案策划，就是根据调查研究的目的和调查对象的性质，在进行实际调查之前，对整个调查工作的各个方面和全部过程进行的通盘考虑和总体安排，以做出相应的调查实施方案，制定合理的工作程序。

巩固与提升

课堂研讨

市场调查合同书

委托方（以下称甲方）：××× 公司

受托方（以下称乙方）：×××× 调研公司　　协议签订地点：×××

为了充分了解本专业的就业市场情况，特委托乙方进行一项市场调查。

甲乙双方经过协商一致，由乙方向甲方以书面报告或电子文件提供××市场营销就业市场××研究报告，并依下列条件进行有关市场调查活动。

1. 抽样调查。

2. 调查项目内容、形式、验收标准和进度要求 PPT 形式。

3. 协议酬金总金额和支付方式。

3.1　本协议酬金总金额为人民币20000 元；

3.2　协议签订后5 日内甲方付给乙方本协议酬金总金额20% 的预付款；

3.3　乙方按照本协议及附件约定如期完成项目并经甲方验收合格后，甲方于验收合格之日起15 日内付清余款。

4. 调查项目的进行。

4.1　甲方有权对乙方为调查项目所做工作进行监督检查，乙方同意在调查项目进行过程中接受甲方的监督检查。

4.2　乙方应如实将调查项目的进行情况以及在项目进行中遇到的问题和取得的进展及时向甲方报告。

5. 调查项目的完成验收。

5.1　乙方应按照协议及附件约定的方式及进度进行调研工作，并于2011 年11 月25 日前按照协议和附件的约定向甲方提交调查报告及有关文件。

5.2　甲方在收到乙方调查报告之日起10 日内按照附件一约定的标准进行验收，验收不合格但甲方认为调查报告经过补充或修改能够达到约定标准的，乙方应在收到甲方通知之日起7 工作日内按照甲方要求修改完成并提交甲方，否则乙方应承担违约责任。

6. 知识产权及保密条款。

6.1　本调查项目的成果特指乙方因完成本协议项下市场调查工作而形成的所有分析报告、分析数据、分析结论归乙方所有，乙方对于报告中所涉及的基础数据享有再次使用并提供第三方的权利。甲方不得将上述报告、数据、结论向第三方提供并从中获利，但甲方有权自行使用。

6.2 本条所约定之保密期限为一个月；自本协议签订之日起计算，保密期限不受本协议有效期的限制。在该保密期限届满后，乙方仍应尊重并保证不侵犯甲方因本调查项目获得之成果及其所附的一切权益。

6.3 乙方应告知并以适当方式要求其参与本调查项目之雇员遵守本条规定，若参与本调查项目之雇员违反本条规定，乙方应承担连带责任。

7. 保证条款。

7.1 乙方保证在为甲方提供服务时，未经甲方书面同意，不把该服务项目的全部或部分工作委托第三方。

7.2 乙方保证提交甲方之数据、资料及任何信息没有侵犯任何第三方的知识产权其他权益。

8. 违约责任。

8.1 乙方未按照约定日期完成调查项目并向甲方提交有关文件的，每逾期一天乙方应向甲方支付本协议酬金总金额20%的违约金。

8.2 超过协议约定时间15日（宽限期）仍未完成项目的，甲方有权解除协议，乙方除退还甲方已付酬金外，还应向甲方支付本协议酬金总金额15%的违约金。

8.3 乙方虽按期完成任务，但提交的结果不符合双方所约定的标准时，若甲方认为调查报告经过补充或修改能够达到约定标准的，乙方应在收到甲方通知之日起14日（宽限期）内按照甲方要求修改完成并提交甲方，每延期一天，乙方应向甲方支付本协议酬金总额20%的违约金。

8.4 乙方虽按期或在宽限期内完成任务，但提交的结果不符合双方所约定的标准时，视乙方违约，甲方有权解除协议，乙方除退还甲方已付酬金外，还应向甲方支付本协议酬金总额10%的违约金。

8.5 甲方未按照约定向乙方支付调查项目酬金的，每逾期一天，向乙方支付本项调查工作酬金总值25%的违约金；逾期超过15日，甲方除继续履行协议外，应向乙方支付本协议酬金总金额20%的违约金。

9. 争议的解决：因本协议引起的一切争议，双方首先应当友好协商解决，协商不成，可向本协议签订地法院提起诉讼。

10. 生效及其他事项。

10.1 本协议一式两份，甲乙双方各执一份。

10.2 本协议签订于2011年11月25日，于签订之日生效，任何于协议签订前经双方协商但未记载于本协议之事项，对双方皆无约束力。

10.3 本协议及其附件对双方具有同等法律约束力，但若附件与本协议相抵触时以本协为准。

10.4 未尽事宜由双方友好协商解决。

甲方（盖章）：________ 乙方（盖章）：________

代表（签字）：________ 代表（签字）：________

问题：仔细研读上述资料，总结归纳市场调查合同的要点和注意事项。

课后自测

(1) 市场调查方案策划的含义和作用是什么?

(2) 市场调查方案策划的步骤有哪些?

实操演练

根据自己小组选定的调查题目，画出调查方案设计流程。

任务2.2 市场调查方案的主要内容、可行性分析

任务目标

1. 知识目标

(1) 掌握市场调查方案的主要内容;

(2) 了解调查方案可行性分析的方法;

(3) 了解调查方案的总体评价。

2. 能力目标

(1) 会撰写市场调查方案;

(2) 能对市场调查方案进行可行性分析。

任务导入

【小资料】美国一代管理宗师彼得·德鲁克有一次进行企业调查咨询时，一开始老板就对他这样说:“我不知道你在研究些什么，也不想知道。你自己看着办吧!”在这种情况下，根据企业的背景准确地界定调查目的显得极为重要，因为老板是不会白白扔钱的。而企业工作有一个永恒的主题，那就是减少投入，提高产出。因此，当我们遇到调查项目太抽象或范围太大时，不妨多从这个角度对调查项目进行理解。

思考题：如何确定市场调查的目的?

任务分解

一、市场调查方案的主要内容

市场调查方案的设计应包括整个调查工作的全部内容，是对市场调查工作各个方面和全部过程的通盘考虑。调查方案是否科学、可行关系到整个调查工作的成败。

市场调查方案的主要内容包括确定调查目的、调查对象和单位、调查内容和调查表、调查方式和方法、调查项目定价和预算、调查资料整理和分析方法以及调查工作的组织等。

(一) 确定调查目的

市场调查是具有很强目的性的科学调查活动，进行市场调查的第一步就是确定调查目的，这是市场调查的首要问题。确定调查目的，就是指在市场调查中要解决什么问题、取得哪些资料。调查目的决定调查对象和单位、调查内容和方法。衡量市场调查方案是否科学，

主要是看调查方案是否能够体现调查目的和要求。每次组织市场调查，必须有很强的针对性，目的十分明确：为什么要进行这次市场调查？通过市场调查解决什么问题？收集哪些资料？有什么用途？对这些问题都必须有明确答复，否则不能叫调查目的明确。如果市场调查目的不明确，在进行实际调查中势必出现盲目性和混乱状态，不该调查的进行了调查，不该收集的资料进行了收集，而应该调查的反而没有得到调查，应该收集的资料反而没有收集，既浪费了人力、物力、财力，又达不到市场调查的目的，无法完成市场调查的任务。因此，市场调查目的的确定十分重要，是关系到市场调查是否有用和成功的第一步。

（二）确定调查对象和调查单位

确定了市场调查目的之后，接下来的工作就是要确定调查对象和调查单位，其目的在于解决向谁调查及由谁来具体提供相关资料的问题。调查对象是指依据市场调查的任务和目的，确定本次调查的范围及涉及的调查对象总体。它是由某些大体性质相同的调查单位组成的。调查单位指所要调查的社会经济现象总体中的个体，是我们在调查中要进行调查研究的各个调查项目的一个个具体的承担者。

（三）确定调查内容和调查表的设计

（1）调查项目如何转化为调查内容，是调查项目的概念化和操作化。将调查项目转化为调查内容是非常专业的问题。

（2）调查内容如何转化为调查表。如何根据调查内容设计调查问卷，这一问题在任务4中会有专门介绍。

（四）确定调查方式与采用的调查方法

采用的调查方法是否适当，会直接影响到调查结果的精确度。调查方式有普查、典型调查、重点调查、抽样调查等。采用何种调查方式，主要视其调查目的而定。为了准确、及时、全面地收集市场调查资料，应注意多种调查方式的综合运用。

（五）调查项目定价与预算

调查的开支费用会因调查项目的不同而不同。在制定预算时，应当制作较为详细的工作项目费用计划。通常调查前期——计划准备阶段的费用安排应占到总预算的20%左右，具体实施调查阶段的费用安排占总费用的40%左右，后期分析报告阶段的费用安排也将占总费用的40%。因此，我们必须全面考虑各个阶段的费用支出情况，并避免出现节外生枝，影响我们调查工作的进行。

（1）用户指定课题的定价。包括调查员劳务费、被访者礼品费、交通费、材料费、资料印刷费、办公费用和一定的利润等。

（2）调查机构选择调查项目的预算编制。包括调查经费的来源以及经费开支预算。

（六）确定调查资料整理和分析方法

通过市场调查收集的原始资料一般零星、分散、不系统，对这些资料无法进行分析研究，无法认识其本质和规律。因此，必须对其进行加工整理，使之成为系统的、条理化的、全面反映总体特征的资料。目前这种工作大多采用计算机进行，所以还应确定采用何种软件，使用何种统计技术等。

调查资料的分析方法主要有定性分析和定量分析，每种分析方法都有自身特点和适用性，在调查方案中应事先确定，应根据市场调查的目的和要求选择适当的分析方法。

（七）确定调查工作的组织

市场调查是一项有计划、有组织的调查活动，为保证市场调查有计划、有秩序地进行，取得预期成果，必须有一定的组织保障。根据市场调查目的和任务要求，建立专门的市场调查组织领导机构，配置相应的工作人员，组织、指挥、协调市场调查工作，检查调查工作进度，确保完成调查任务。选择合适的市场调查人员，这是完成市场调查任务的关键。调查人员的素质高低关系到市场调查工作的成败，因此，一定要选择业务素质高、敬业精神强、热爱市场调查工作和有一定市场调查经验的人担任市场调查工作。还要注意对市场调查人员的培训，以统一要求，统一行动。对市场调查人员要规定必要的调查期限和调查工作进度，加强调查工作的协作配合，提高调查工作效率。

二、市场调查方案的撰写

（一）市场调查方案撰写的基本要求

市场调查方案是市场调查工作的行动指南，直接关系到市场调查工作的成败，其撰写是否科学，对做好市场调查工作十分重要。因此，在市场调查方案的撰写中应该做到以下几点：①调查方案的撰写切忌闭门造车；②调查方案内容力求全面完整，为调查工作提供全方位指导；③市场调查方案的撰写要做到科学性与经济性相统一。

（二）市场调查方案的格式

市场调查方案有两个作用：一是用来提供给雇主即调查委托方审议检查，以作为双方的执行协议；再者就是用来作为市场调查者实施执行的纲领依据。作为一个完整的市场调查方案，必然有一定的格式。我们不妨从市场调查方案所涵盖的主要内容谈起。

市场调查方案的格式一般包括以下六个部分。

（1）前言部分：简明扼要地介绍整个调查项目出台的背景原因。

（2）调查项目目的和意义：较前言部分稍微详细，应指出项目的背景，想研究的问题和可能的几种备用决策，指明该项目的调查结果能给企业带来的决策价值、经济效益、社会效益，以及在理论上的重大价值。

（3）项目调查的内容和范围界定：指明课题调查的主要内容，规定所必需的信息资料，并列出主要的调查问题和相关的理论假说，明确界定此次调查的对象和范围。

（4）调查研究将采用的方法介绍：指明所采用的研究方法的主要特征，抽样方案的步骤和主要内容，所取样本量的大小和要达到的精度指标，最终数据采集的方法和调查方式，调查问卷设计方面的考虑和问卷的形式，数据处理和分析的方法等。

（5）课题的研究进度和有关经费开支预算：计划应该设计得有一定的弹性和余地，以应付可能的意外事件之影响。

（6）附件部分：列出课题负责人及主要参加者的名单，并可扼要介绍一下团队成员的专长和分工情况，抽样方案的技术说明和细节说明，如调查问卷设计中有关的技术参数、数据处理方法、所采用的软件等。

（三）撰写市场调查方案策划报告时应注意的问题

（1）一份完整的市场调查方案，上述六个方面的内容均应涉及，不能有所遗漏。否则就是不完整的。

（2）具体格式方面，如编辑排版上并不是唯一的。中间内容的适当合并或进一步的细分亦不是不可以的。总之应根据具体的案例背景加以灵活处理。

（3）应该特别指出的是，市场调查方案的书面表达，是一项非常重要的工作。一般来说，方案的起草与撰写应由课题的负责人来完成。

三、调查方案可行性分析的方法

针对市场调查方案进行的可行性研究的方法有很多，常见的有经验判断法、逻辑分析法和试点调查法等。

（一）经验判断法

经验判断法是指通过组织一些具有丰富市场调查经验的人士，对设计出来的市场调查方案进行初步研究和判断，以说明调查方案的合理性和可行性。

（二）逻辑分析法

逻辑分析法是指从逻辑的层面对调查方案进行把关，考察其是否符合逻辑和情理。例如对于学龄前儿童进行问答调查，这就有悖于常理和逻辑，也是缺乏实际意义的。

（三）试点调查法

即小范围内选择部分单位进行试点调查，对调查方案进行实地检验，以说明调查方案的可行性。具体来说，试点的用意在于以下两点：

（1）试点调查目的在于对调查方案进行实地检验。

（2）试点调查还可以理解成实战前的演习，可以让我们在大规模推广应用之前及时了解我们的调查工作哪些是合理的，哪些是薄弱环节。

四、调查方案的总体评价

市场调查方案的总体评价将涉及以下几个方面，即方案是否体现了调查目的，方案是否具有可操作性，方案是否科学和完整。

任务小结

市场调查方案的主要内容包括确定调查目的、调查对象和单位、调查内容和调查表、调查方式和方法、调查项目定价和预算、调查资料整理和分析方法以及调查工作的组织等。

市场调查方案的格式一般包括以下六个部分：前言部分；调查项目目的和意义；项目调查的内容和范围界定；调查研究将采用的方法介绍；课题的研究进度和有关经费开支预算；附件部分。

针对方场调查方案进行的可行性研究的方法有很多，常见的有经验判断法、逻辑分析法和试点调查法等。

市场调查方案的总体评价将涉及以下三个方面：方案是否体现了调查目的；方案是否具有可操作性；方案是否科学和完整。

巩固与提升

课堂研讨

如何科学安排市场调查的费用？

课后自测

(1) 市场调查方案策划的内容有哪些，步骤是什么？

(2) 市场调查方案的格式一般包括哪几部分？

实操演练

根据自己小组选定的调查题目，拟定调查方案的主要内容。

任务 2.3　市场调查问卷的设计

任务目标

1. 知识目标

(1) 理解市场调查问卷的基本概念；

(2) 掌握调查问卷的类型与结构；

(3) 掌握调查问卷设计的原则与程序；

(4) 理解和掌握调查问卷设计技术。

2. 能力目标

(1) 具备设计整体调查问卷的能力；

(2) 具备设计询问问句和合理安排问句顺序的能力；

(3) 学会问卷设计技术。

任务导入

A 休闲服装调查问卷设计

目前，温州某服饰公司与市场调查机构达成共识，围绕 A 休闲服装市场调查项目制定了市场调查方案，明确了调查目的、调查对象、调查时间、调查时限及相关的调查内容，现在，调查公司的项目组需要草拟一份消费者个体调查问卷，问卷设计需要充分考虑调查方案中确定的调查主体与内容，以符合调查目的的需要及下一个过程市场信息资料的整理需要。

讨论题：针对 A 休闲服装市场调查方案中所涉及的消费者调查，项目组在调查问卷设计中需要考虑哪些技术性的问题？

任务分解

一、市场调查问卷的含义

现代市场调查中，应有事先准备好的询问提纲或调查表作为调查的依据，这些文件统称为市场调查问卷。它系统地记载了所需调查的具体内容，是了解市场信息资料、实现调查目的和任务的一种重要书面文件。采用市场调查问卷进行调查是国际通行的一种市场调查方式，也是我国近年来推行最快、应用最广的一种市场调查手段。

市场调查问卷，是询问调查中使用的、以问题的形式系统地记载所需要调查的具体内容，让调查者向被调查者获取市场信息，以搜集第一手市场信息资料的书面文件。

问卷设计，是设计人员在明确某项调查目标，确定询问调查的方法之后，将需要调查的内容细化为具体的问题，采用与调查内容、调查方式、调查对象相适应的提问方式和问句形式，并按照一定的逻辑顺序将问句系统地排列组合，并最终印制成书面的文件所进行的一系列工作。

设计完整、规范的调查问卷，是从事市场调查工作相关专业人员所必须掌握的基本技能。

二、市场调查问卷的格式

不同的调查问卷在具体结构、题型、措词、版式等设计上会有所不同，但在结构上一般都由开头部分、甄别部分、主体部分和背景部分组成。

1. 开头部分

开头部分一般包括问候语、填表说明和过程记录项目等内容，不同的卷开头部分所包括的内容会有一定差别，见图 2–2。

一审：__________　　　　　　　　问卷编号：__________

二审：__________　　　　　　　　访问员编号：__________

漂白剂概念使用测试问卷

女士：

您好，我是环球市场研究社的访问员，我们正在进行一次有关家用清洁用品的访问，您是否愿意回答下面一些问题呢?

多谢您的合作！

姓名：__________　　　　　　电话：__________

地址：______________________________

时间：____月___日___时____分至____时____分。时间共计：　　分

访问员保证：我保证本问卷所填写的各项资料皆由我本人依照作业程序规定访问所得，绝对真实无欺，若有一份作假，我所完成的全部问卷一律作废，并赔偿公司损失。

图 2–2　调查问卷开头部分示例

2. 甄别部分

甄别也称为过滤，它是先对被调查者进行过滤，筛选掉不合格的被调查者，然后针对特定的被调查者进行调查。

通过甄别或过滤，一方面可以筛选掉与调查事项有直接关系的人，以达到避嫌的目的；另一方面，也可以确定哪些人是合格的被调查者，哪些人不是。甄别的目的是确保被调查者

合格，能够作为该市场调查项目的代表，从而符合调查研究的需要，见图 2-3。

甄别问卷

因我们的问题只是针对某一部分人，故先提问以下几个问题：

S1. 请问您是本地居民吗？（单选）

是---1

不是--2 终止

S2. [出示卡片]请问您或您的家人是否从事下列职业？（单选）

市场研究、广告、公共关系公司-------------------------1 终止

市场调查、咨询公司----------------------------------2 终止

新闻媒介（电台、电视台、报社、杂志社等）-----------3 终止

清洁用品生产销售部门-------------------------------4 终止

以上均无---5

图 2-3 甄别问卷示例

3. 主体部分

该部分是调查问卷的核心内容，包括了所要调查的全部问题，以及这些问题的所有可供选择的答案。问卷的这部分内容，通常在数据分析中承担因变量的角色，最为市场调查研究人员所关注，也是后面讨论的焦点，见图 2-4。

主体问卷

访问员：出示概念板及瓶子，大声读出概念。此后，收起所有的概念板及瓶子。

Q1：假设您必须向您的朋友解释刚才您看到的产品，您会说些什么？

____

____

____

Q2：根据您的理解，在我刚刚给您读出的产品介绍中，产品制造商想传达的主要信息或者最重要的内容是什么？

第一提及：______________________________

____

还有吗？（记录所有答案）

图 2-4 主体问卷示例

4. 背景部分

背景部分通常放在问卷的最后，主要是有关被调查者的一些背景资料。这部分所包含的各项问题，通常在数据分析中承担自变量角色，可使研究者根据背景资料对被调查者进行分类比较分析，见图 2-5。

背景情况问卷

B1：[出示卡片]请告诉我您的职业？（单选）

专业/技术人员/教师/医生-- 1

党政机关干部/机关事业单位工作人员------------------------------ 2

企业管理人员 -- 3

企业单位职工/雇员--- 4

离退休人员 --- 5

个体户 -- 6

待业人员 --- 7

家庭主妇 --- 8

其他 --- （ ）

B2：[出示卡片]请问您的教育程度？（单选）

初中或以下---1

高中或技校---2

大专---3

大学或以上---4

图 2-5 调查问卷背景部分示例

【典型案例】

大学生精神文化消费调查的问卷

1. 你经常逛书店吗？（ ）

A. 经常 B. 有时 C. 很少 D. 从不

2. 你订阅报纸吗？（ ）

A. 有 B. 无

3. 你喜欢看报纸的哪一类文章？（ ）（可多选）

A. 时事政治 B. 体育 C. 娱乐 D. 文艺 E. 其他

4. 你喜欢看书吗？（ ）

A. 喜欢 B. 不喜欢

5. 你喜欢看的书有：（ ）。

A. 文艺百科 B. 科幻 C. 中外名著 D. 漫画 E. 言情

F. 武侠 G. 其他

6. 你所看的书的来源有：（ ）。

A. 朋友借的 B. 图书馆借的 C. 买的 D. 学校发的 E. 租的

F. 其他

7. 你是否常因为学习而不得不放弃读课外书的时间？（ ）

A. 是 B. 否

8. 你以为书的价格如何？（ ）

A. 贵 B. 较贵 C. 一般 D. 便宜

9. 你一周花费在书、报上的钱（　）。

A. 低于10元　　B. 介于10~30元

C. 介于30~50元　　D. 在50元以上

10. 你经常上网吗？（　）

A. 经常　B. 有时　C. 很少　D. 从不

11. 你一周的上网时间（　）。

A. 低于3小时　B. 5小时内　C. 10小时内　D. 20小时　E. 更多

12. 你在哪儿上网？（　）

A. 网吧　B. 家中　C. 学校　D. 其他

13. 你上网做什么？（　）（可多选）

A. 聊天　B. 查资料　C. 游戏　D. 购物　E. 其他

14. 你觉得上网费用如何？（　）

A. 贵　B. 较贵　C. 一般　D. 便宜

15. 你觉得上网会影响学习吗？（　）

A. 会　B. 不会　C. 不一定

问题：请指出上述调查问卷需要改进的地方。

点评：

(1) 调查问卷要有前言。

(2) 要让每个被调查者都只需回答适合自己的问题。

(3) 调查内容设计是否完善，精神文化消费包括哪些内容？

(4) 是否有必要了解被调查者的背景（性别、年龄阶层、职业的情况不同）？

修改后的前言设计：这是一份关注中学生精神文化消费的问卷，请在每道题后的括号里填上最适合你实际情况的选项号码。本次调查不记名，请勿担心它会给你带来任何的麻烦，请你与我们配合，我们将不胜感激！

设计跳跃式选题：

10. 你经常上网吗？（　）（本项选D者，请跳过11~13题，从第14题开始作答）

A. 经常　B. 有时　C. 很少　D. 从不

11. 你一周的上网时间（　）。

A. 低于3小时　B. 5小时内　C. 10小时内　D. 20小时　E. 更多

12. 你在哪儿上网？（　）

A. 网吧　B. 家中　C. 学校　D. 其他

13. 你上网做什么？（　）（可多选）

A. 聊天　B. 查资料　C. 游戏　D. 购物　E. 其他

三、问题的类型及答案设计

理想的问句设计应能使调查人员获得所需的信息，同时被调查者又能轻松、方便地回答问题。这就要求市场调查人员能依据具体调查内容要求，设计选用合适的问句进行调查。

（一）按照标题内容划分

按问题的内容可分为事实性问句、意见性问句、阐述性问句等。

1. 事实性问句

事实性问句是要求被调查者依据现有的客观事实来回答问题，不必提出主观看法。如“您使用的电视机是什么牌子的”“您家庭的人均年收入是多少”“您的职业是什么”等。这类问题常用于了解被调查者的特征（如职业、年龄、收入水平、家庭状况、居住条件、教育程度等）以及与消费商品有关的情况（如产品商标、价格，购买地点、时间、方式等），从中了解某些商品消费的现状。这类问题对调查人员确定某类产品的目标市场有很大的帮助。

事实性问句的主要特点是问题简单，回答方便，调查覆盖面广，调查结果便于统计处理，但也存在着不足，如由于时间长等原因，被调查者对某些事实记忆不清，或由于受某些被调查者的心理因素影响，而使回答的结果在一定程度上失真。

【例】 Q. 您的家庭月收入是：

(1) 1500 元以下　　(2) 1500 ~ 2000 元

(3) 2001 ~ 2500 元　　(4) 2501 ~ 3000 元

(5) 3000 元以上

2. 意见性问句

意见性问句又称为态度性问句，主要是用于了解被调查者对有关问题的意见、看法、要求和打算。例如“您希望购买哪种品牌的电视机”“您打算何时购买液晶电视机”等。这类问题可以帮助调查人员了解被调查者对商品的需求意向，使企业能够根据消费者的需求不断改进产品设计，经营对路的商品，从而增强企业的生存能力。

意见性问句的主要特点是从这类询问中可以广泛地了解消费者对需求的要求、打算、意见，为决策者提供未来需求情息，但它也存在着不足。其一，这类询问仅能了解被调查者的意见、看法，而无法了解产生这些意见、看法的真正内在原因。如上面提到的问题“您希望购买哪种品牌的电视机”，通过询问这一问题，调查者只能知道消费者喜欢哪种品牌的电视机，但并不能了解消费者究竟喜欢这种牌子的哪些方面，是质量、样式、价格、还是其他；其二，这类问题在一定程度上受心理因素影响，如在了解消费打算等问题时，被调查者会因涉及家庭财产问题而不愿说真话等。

【例】 Q. 您对所品尝的饮料口味评价情况是：

(1) 很好　　(2) 较好

(3) 一般　　(4) 较差

(5) 很差

3. 阐述性问句

阐述性问句（又称动机性问句）主要是调查者用来了解被调查者消费的行为、意见、看法等产生的原因。根据询问是否给出问题的选择答案，相应地可分为封闭式阐述询问和开放式阐述询问。这类询问可以在一定程度上弥补事实询问存在的不足。如前面提到的事实询问“您希望购买哪种品牌的电视机”，若想进一步了解购买行为的原因，可提出“您为什么希望购买这种品牌的电视机”，这就是阐述性询问。

阐述性问句的主要特点是能够较为深入地了解消费者的心理活动，从而找到问题及其产生的原因，为解决问题提供依据。但是这种询问也存在不足：其一是结果统计较为复杂，尤其是开放式的阐述性问句，答复的结果不易整理；其二是此类问题涉及被调查者的主观因素较前面两种询问多，被调查者因各种原因而回避问题，或只讲问题的次要方面，从而使调查结果的真实性受到影响。

【例】 Q. 您选用高露洁牙膏的原因是什么？______

还有呢？______

(二) 按照受访者的回答形式划分

按照受访者回答的形式，可以把各种型式的问题归纳为两类：一类是开放性问题，一类是封闭性问题。如图 2-6 所示。

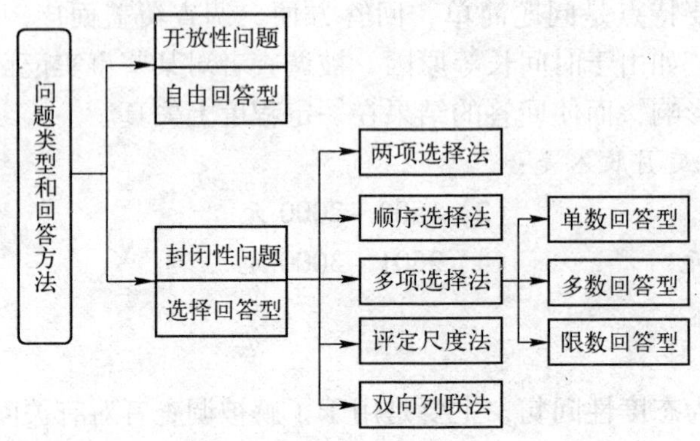

图 2-6 问题类型和回答方法

1. 开放性问题

开放性问题是指对问题的回答未提供任何具体的答案，由被调查者根据自己的想法自由做出回答，属于自由回答型问题。开放式问题的主要形式见表 2-1。

表 2-1 开放式问题的主要形式

型　式	解　释	例　如
完全同意	任意发挥	您对本旅行社有何意见或建议？
连字式	提供相应的字词让对方发挥	当听到下列词时，您想到的是什么？旅行社；九寨沟；旅行。
完成句子	请对方完成一个未完成的句子	我出去旅行时，选择旅行社的标准是：______。
续成故事	请对方发挥想象，完成一个未完成的故事	我来到旅行社前，走下出租车，……（请您完成下面的故事）
看图说话	提供一幅画请对方做描述	（略）

开放性问题的优点：气氛轻松，应答者不会感到拘束，能搜集更深层次的信息，特别适用于那些尚未弄清各种可能答案或潜在答案类型较多的问题，适合于某些意愿调查；可以使被调查者充分表达自己的意见和想法，有利于被调查者发挥自己的创造性。

开放性问题的缺点：由于不给应答者任何限制，所以可能出现各种各样的答案，变异很大，范围很广，给调查后的资料整理带来一定困难；资料难以量化，因此无法作深入的统计分析；最大的缺点是容易“跑题”，尤其是碰到健谈的应答者，可能把问题引得很远，因而会延长调查时间，导致成本提高。

开放式问题一般只用于文化程度较高的顾客、对本企业产品较喜爱的忠诚顾客的调查。

如果对一般性顾客，采用这种提问形式，回收率一般不会高。

【例】

Q. 您服用这种中药制剂后，对它的感觉怎么样？

Q. 请您说出（写出）您在听到（看到）下列词语时最先联想的词语。

微波炉：________

Q. 请您在听到“摩丝”这一词语后按提示的词语说出引发的相关联想。

联想提示：硬扎、服帖、蓬松、________

2. 封闭性问题

封闭性问题是指事先列出了各种可能答案由被调查者从中选择。这种问题的优点在于非常简明，一下就深入到问题的实质，比较经济。但由于封闭式的答案是固定的，所以答案也就比较简单。

封闭性问题的答案标准化，这有利于被调查者对问题的理解和回答，同时也有利于调查后的资料整理。但封闭性问题对答案的要求较高，对一些比较复杂的问题，有时很难把答案设计周全。一旦设计有缺陷，被调查者就可能无法回答问题，从而影响调查的质量。因此，如何设计好封闭性问题的答案，是问卷设计中的一项重要内容。

封闭性问题的答案是选择回答型，所以设计出的答案一定要穷尽和互斥。穷尽是要求列出问题的所有答案，不能有遗漏。对有些问题，当答案不能穷尽时，则加上“其他”一类，以保证被调查者能有所选择或回答。互斥是要求各答案间不能相互重叠或包容。

根据提问项目或内容的不同，封闭性问题设计方法主要有两项选择法、多项选择法、顺序选择法、评定尺度法和双向列联法、配对比较法和语意差别法七种。

(1) 两项选择法。

两项选择法又称为是否式问句，两项选择题的答案只有两项，要求被调查者选择其中之一来回答。

【例】 您是否打算在近三年内购买住房？是（　　）否（　　）

【例】 您以前是否看到过免费换赠活动？(1) 看到过 (2) 没看到过

这种问句回答简单，调查结果易于统计归类。但这种问句也有一定的局限性，主要是被调查者不能表达意见程度差别，回答只有“是”与“否”两种选择。若被调查者还没有考虑好这个问题，即处于“未定”状态，则无从表达意愿。

(2) 多项选择法。

多项选择法是在设计问卷时，对一个问题给出三个或三个以上的答案，让被调查者从中选择进行回答。根据要求选择的答案多少不同，多项选择题有以下三种选择类型。

1) 单数回答型。要求被调查者对所给出的问题答案选择其中的一项。

【例】 如果给你人民币200元，下列哪一项商品是你的首选？（　　）

A. 旅游券　　F. 自行车

B. CD碟片　　G. 滚筒滑冰鞋

C. 衣服　　H. 外出进餐

D. 体育用具　　I. 其他________

E. 书籍

2）复数回答型。要求被调查者从所给出的问题答案中，选出自己认为合适的答案，数量不受限制。

【例】 请问您平常接触较多的是哪种媒体广告？（ ）

A. 报纸广告　　B. 电视广告

C. 网络广告　　D. 灯箱广告

E. 杂志广告　　F. 其他

3）限数回答型。要求被调查者在所给出的问题答案中，选出自己认为合适的答案，但数量受一定限制。

多项选择式问句保留了是否式问句回答简单、结果易整理的优点，避免了是否式问句的不足，能有效地表达意见的差异程度，是一种应用较为广泛、灵活的询问形式。使用这种问句有一点值得注意，即在设计选择答案时，应结合调查实际考虑所有可能出现的答案，否则，会使得到的信息不够全面、客观。

(3) 顺序选择法。

顺序选择法的问题答案也有多个，要求被调查者在回答时，对所选的答案按要求的顺序或重要程度加以排列。其中，对所选的答案数量可以进行一定的限制，也可以不进行限制。

【例】 您在选购电视机对，对下列各项，请按照您认为的重要程度以1，2，3，4为序号进行排序：

A. 图像清晰（ ）　　B. 音质好（ ）

C. 外形漂亮（ ）　　D. 使用寿命长（ ）

【例】 下列牌号牙膏中，请根据您的喜爱程度，以1，2，3，4，5，6为序号进行排序：

A. 佳洁士（ ）　　B. 高露洁（ ）　　C. 中华（ ）

D. 两面针（ ）　　E. 康齿灵（ ）　　F. 云南白药（ ）

这种询问方式回答较为简单，易于归类统计。但需注意避免可供选择的答案的片面性。

(4) 评定尺度法。

评定尺度法中的问题答案，由表示不同等级的形容词组成，并按照一定的程度排序，由被调查者依次选择。

【例】 你对我厂生产的自行车质量有何看法？请在相应的（ ）中打√。

很好（ ）	较好（ ）	一般（ ）	较差（ ）	很差（ ）
2	1	0	−1	−2

将全部调查表汇总后，通过总分统计，可以了解被调查者的大致态度。若总分为正分，表明被调查者的总体看法是肯定的；若总分为零分，表明肯定与否定意见持平；若总分为负数，则表明总体上是持否定看法。

评定尺度法又称为量表法，量表是一种工具，旨在将一些主观的、抽象的概念定量化，前面我们稍微提到过，例如温度计就是一种测量冷热程度定量化的工具。在市场调查中，量表通常是将态度量化的工具，故很多文献干脆视量表为态度量表的简称。

根据所测量的四种级别变量，量表也从低级到高级有四种水平，分别是"定类量表""定序量表""定距量表""定比量表"，每个量表都有各自不同的统计分析方法。

1）定类量表可对研究客体进行平行的分类或分组，使同类同质，异类异质。例如，按照性别将人口分为男、女两类；按照经济性质将企业分为国有、集体、私营、混合制企业等。这里的“性别”和“经济性质”就是两种定类尺度。定类尺度是最粗略、计量层次最低的计量尺度，利用它只可测度事物之间的类别差，而不能了解各类之间的其他差别。

【例】“您家里的空调机是什么牌子?”(　　)

A. 科龙　　B. 美的　　C. 海尔　　D. 春兰　　E. 三菱

F. 松下　　G. 开利　　H. 珍宝　　I. 惠而浦　J. 其他

【例】 请问你所在单位属于哪种行业?(　　)

A. 农产品加工工业　　B. 生物制药业　　C. 信息产业　　D. 教育

2）定序量表是一种排序量表，它比定类量表的水平高，不仅指明了各类别，同时还对个体给出数字表示其具有某种特征的相对程度，如销量的顺序、质量等级等。这里给出的只是相对的程度，并不能指明其绝对差距。定序量表一般是关于看法或态度的问题。普通的等级有：

A. 非常重要/重要/一般/不重要/不知道

B. 很好/好/一般/不好/很不好

C. 非常同意/同意/无所谓/不同意/非常不同意

例如“产品等级”就是一种测度产品质量好坏的顺序尺度，它可将产品分为一等品、二等品、三等品和次品等；“考试成绩”也是一种顺序尺度，它可将成绩分为优、良、中、及格和不及格等；“对某一事物的态度”作为一种顺序尺度，可将人们的态度分为非常同意、同意、保持中立、不同意、非常不同意等。

3）定距量表比定序量表又进了一步，它不仅指明大小，而且还给出距离，以表示对应个体在所测量特征之间距离的相同数值，即可以让我们比较个体之间的实际差值，它就等于定距量表上对应值之差，但它没有绝对零点。量表上 1 与 2 之差等于 3 与 4 之差。在调查中，用得分给出的态度数据、满意度数据等也常按定距数据来处理。可以运用定距量表测量数据的统计方法除了适用于定类量表和定序量表的全部方法之外，还可以计算算术平均值、标准差、积距相关系数、T 检验和 F 检验等。

例如收入用人民币“元”度量，考试成绩用“百分制”度量，温度用摄氏或华氏的“度”来度量，重量用“克”度量，长度用“米”度量等。区间尺度的计量结果表现为数值。区间尺度的数值可做加、减法运算，例如，考试成绩 80 分与 90 分之间相差 10 分，一个地区的温度 20℃与另一个地区的 25℃相差 5℃。但不能做乘、除法运算。而且，区间尺度没有绝对的零点。

4）定比量表具有定类量表、定序量表和定距量表所有属性，还具有绝对零点。例如“您家平均每月收入________元人民币”“您家每月购买________瓶××品牌的洗发水”，等。定比量表常见的例子还有对出生率、性别比例、工资增长速度等反映两个数值之间的比例或比率关系的测量。定比量表的数量化程度比定距量表更高了一个层次。其测量结果不仅能进行加、减运算，而且可以进行乘、除运算，并能作各种统计分析。

（5）双向列联法。

这种方法是将两类不同问题综合到一起，通常用表格来表现，表的横向是一类问题，纵向是另一类问题。这种问题结构可以反映两方面因素的综合作用，提供单一类型问题无法提供的信息，同时也可以节省问卷的篇幅。

(6) 配对比较法。

这种方法是设计一组具有两个不同选项的问题，要求受访者从每个问题的一对选项中选择一项作为答案，由于问题的选项是成对的，且每对选项彼此相异，分布平衡，可以消除单项设计所难免的偏向。使用配对比较法的结果与顺序选择法相当，但提供了较多的两两比较的详细内容。

【例】 请您从下列每一对牌子的碳酸饮料中选择最喜欢喝的一种：

可口可乐□　　百事可乐□

雪　碧□　　百事可乐□

可口可乐□　　非常可乐□

非常可乐□　　百事可乐□

美年达□　　芬　达□

(7) 语意差别法。

语意差别法是设计一组具有两个相反选项的问题，并将其作为极端情况，在两个极端之间指定等距分值（例如1～5或1～10等），要求受访者从每个问题的两个极端之间中选择一个分值作为答案，与配对比较法相似是由于问题的选项是成对的，且每对选项彼此相异，分布平衡，可以消除单项设计所难免的偏向。不同的是语意差别法采用的是打分来刻画差别，而不是直接选择答项。

【例】 请您以打分形式发表对超市的看法（表2–2）：

表2–2　调查消费者对某超市的看法

	−3	−2	−1	0	1	2	3	
服务不周								服务周到
店址不便								店址方便
等候过长								等候不长
环境不佳								环境良好

（三）问题顺序的设计

设计问题的顺序时，应注意以下几点。

1. 问题的安排应具有逻辑性

设计问卷时，问题的安排应具有逻辑性，以符合被调查者的思维习惯，使之能够顺利地提供确切答案。

2. 问题的安排应先易后难

把简单的、受人关注的、有趣的和容易回答的问题放在前面，而复杂的、平淡寡味的和较难的问题放在后面。使被调查者开始时感到轻松有趣，有意愿有信心继续回答下去。如果让被调查者一开始就感到很难回答，就会影响他们回答的情绪和积极性。

3. 问题排列的一般顺序

构成问卷的一系列问题不能随意排列，前面介绍的关于问卷四个部分的顺序，可以看成四类问题的总顺序，但是每个部分特别是主体部分内部的问题排列顺序是另外的事情。主体部分内部的问题排列顺序要具有逻辑性，要有助于与受访者的沟通。

四、市场调查问卷设计应注意的问题

对问卷设计措辞总的要求是：问卷中的问句表达要简明、生动，注意概念的准确性，避免提似是而非的问题，具体应注意以下几点。

1. 避免提一般性的问题

一般性问题对实际调查工作并无指导意义，如“您对某百货商场的印象如何?”这样的问题过于笼统，很难达到预期效果，可具体提问：您认为某百货商场商品品种是否齐全、营业时间是否恰当、服务态度怎样等。

2. 避免用不确切的词

不确切词语如“普通”“经常”“一些”等，以及一些形容词如“美丽”等，这些词语，每个人理解往往不同，在问卷设计中应避免或减少使用。如“你是否经常购买洗发液?”，回答者不知道“经常”是指一周、一个月还是一年，可以改问“你上月共购买了几瓶洗发液?”。

3. 避免使用含糊不清的句子

例如“你最近是出门旅游，还是休息?”，出门旅游也是休息的一种形式，它和休息并不存在选择关系，正确的问法是：“你最近是出门旅游，还是在家休息?”。

4. 避免提断定性的问题

例如“你一天抽多少支烟?”，这种问题即为断定性问题，被调查者如果根本不抽烟，就会造成无法回答。正确的处理办法是在此问题前加一条“过滤”性问题。即“你抽烟吗?”，如果回答者回答“是”，则可继续提问，否则就可终止提问。

5. 避免提令被调查者难堪的问题

如果有些问题非问不可，也不能只顾自己的需要、穷追不舍，应考虑回答者的自尊心。如直接询问女士年龄是不太礼貌的，如果非问不可，可列出年龄段：20 岁以下，20 ~ 30 岁，30 ~ 40 岁，40 岁以上，由被调查者挑选。

6. 问句要考虑到时间性

时间过久的问题易使人遗忘，如“您去年家庭的生活费支出是多少？用于食品、衣服分别为多少?”，除非被调查者连续记账，否则很难回答出来。一般可问：“您家上月生活费支出是多少?”，显然，这样缩小时间范围可使问题回忆起来较容易，答案也比较准确。

7. 拟定问句要有明确的界限

对于年龄、家庭人口、经济收入等调查项目，通常会产生歧义的理解。例如，年龄有虚岁、实岁；家庭人口有常住人口和生活费开支在一起的人口；收入是仅指工资，还是包括奖金、补贴、其他收入、实物发放折款收入在内。如果调查者对此没有很明确的界定，调查结果也很难达到预期要求。

8. 问句要具体

一个问句最好只问一个要点，一个问句中如果包含过多询问内容，会使回答者无从答起，给统计处理也带来困难。防止出现此类问题的办法是分离语句中的提问部分，使得一个语句只问一个要点。

9. 不要过多假设

过多假设是一个相当普遍的错误。问题撰写者默认了人们的一些知识、态度和行为。例如，“您对总统关于枪支控制的立场倾向于同意还是反对?”，这一问题假设了应答者知道总统对枪支控制有一个立场并知道立场是什么。

10. 避免引导性提问

如果提出的问题不是“执中”的，而是暗示出调查者的观点和见解，力求使回答者跟着这种倾向回答，这种提问就是“引导性提问”。例如，“消费者普遍认为××牌子的冰箱好，您的印象如何?”。引导性提问会导致两个不良后果：一是被调查者不加思考就同意所引导问题中暗示的结论；二是由于引导性提问大多是引用权威或大多数人的态度，被调查者考虑到这个结论既然已经是普遍的结论，就会产生心理上的顺向反应。此外，也会出现被调查者对于一些敏感性问题，在引导性提问下，不敢表达其他想法等情况。因此，这种提问是调查的大忌，常常会引出和事实相反的结论。

11. 穷尽性原则

该原则是指每个问题中所列出的备选答案应包括所有可能的回答。这是为了使所有被调查者都能在给定的备选答案中至少选择出一项适合自己回答的答案，不至于因所列出的答案中没有合适的答案可选而放弃回答。

【例】 您家目前的收支情况是：(　　)

① 较多节余　② 略有节余　② 收支平衡

对该问题若只设计以上三个备选答案就违背了穷尽性原则。这三个答案反映的都是“顺差”的情况，而对于“逆差”的情况却没有反映。因此，必须加上第四个备选答案“入不敷出”，这时答案才算穷尽。

12. 互斥性原则

该原则是指每个问题中所有备选答案必须互不相容、互不重叠。互斥性是为了避免被调查者在选择时出现双重选择的现象。

【例】 您平均每月支出中，花费最多的是哪项？(　　)

① 食品　② 服装　③ 书籍　④ 报刊　⑤ 日用品

⑥ 娱乐　⑦ 交际　⑧ 饮料　⑨ 其他

各选答案中食品和饮料、书籍和报刊等都不是互斥的。

五、市场调查问卷设计的几类常见错误及纠正

问卷调查法是目前在市场调查中的一种常用方法，它是通过所设计的调查问卷，直接对单位或个人进行调查的一种方法。由于它具有简明、通俗、客观、真实、反馈快、保密性好等特点，已被越来越多的企业（公司）、市场研究与咨询机构等所采用。如何通过问卷调查活动获取准确、全面而又有价值和符合要求的资料，关键在于能否设计出一份高质量的调查问卷表。然而，问卷设计需要很高的技巧，它是一门科学，也是一种艺术。缺乏理论和经验往往不能设计出完美的调查问卷，从而使调查无法搜集到准确而全面的资料，不能正确地分析和说明市场的变化情况。

（一）问题定义不准确

例如“您使用哪个牌子的洗发液?”，这个问题表面上有一个清楚的主题，但仔细分析

会发现很多地方含糊不清，假如被调查者使用过一个以上的洗发液品牌，则他对此可能会有四种不同的理解或回答：①回答最喜欢用的洗发液品牌；②回答最常用的洗发液品牌（最常用的并不一定是最喜欢用的，例如受支付能力的影响）；③回答最近在用的洗发液品牌；④回答此刻最先想到的洗发液品牌。另外，在使用时间上也不明确，是上一次？上一周？上一月？上一年甚至更长时间？都可由被调查者随意理解，这样的问题显然无法搜集到准确的资料。因此明确定义问题极其重要，需注意以下几点。

（1）采取六要素明确法，即在问题中尽量明确什么人，什么时间，什么地点，做什么，为什么做，如何做这六要素。如上面的问题在明确几个要素后可改为："在过去的一个月中，你在家中使用什么牌子的洗发液？如果超过一个，请列出其他的品牌名称。"这样定义的问题显然明确多了。

（2）避免使用含糊的形容词、副词，特别是在描述时间、数量、频率、价格等情况的时候。像有时、经常、偶尔、很少、很多、相当多，几乎这样的词，不同的人有不同的理解，因此这些词应用定量描述代替，以做到统一标准。在下面这个例子中，②显然比①精确得多。

【例】 在普通的一个月中，你到百货商店的采购情况如何？(　　)

① A. 从不　　B. 偶尔　　C. 经常　　D. 定期

② A. 少于一次　　B. 1～2 次　　C. 3～4 次　　D. 超过 4 次

（3）避免问题中含有隐藏的选择和选择后果，使隐藏的选择和后果明晰化。无论是是非式问题还是选择式问题，都是在几个备选选项中作出选择，因此必须使被调查者清楚所有的备选选项及其后果，否则不能全面地搜集信息。如下面这个例子，②显然比①好得多。一家航空公司想分析旅客对短途飞机旅行的需求量，①"在进行 300 km 以内的短途旅行时，您喜欢乘飞机进行吗?"；②"在进行 300 km 以内的短途旅行时，你喜欢乘飞机呢，还是喜欢坐汽车，或者其他方式?"。同样，问题中有些新的结果也应该尽量明晰，以便被调查者进行合理的选择。如"你喜欢喝纯净水吗?"（纯净水中缺乏人体所需的微量元素）。这个问题中有无括号内的部分，结果大为不同。

（二）问题形式不妥当

问题的形式多种多样，大致可分为开放式、是非式、选择式、排序式、评分式、联想式等，并涉及一些语言技巧的运用和处理。问题形式的选择具有相当的艺术性，合理的形式选择与处理应使被调查者愿意，并且以最小的努力就能提供客观真实的答案。不恰当的形式选择会导致被调查者不愿意或不能够提供问题所要求的信息。例如，①"请问你家每人平均每年的食品支出是多少?"；②"请问你个人每月的工资收入是多少?"；③"人们都说 A 牌电视机比 B 牌电视机好，您是不是也这样认为?"。这三个问题都存在形式运用不当的问题。第一个问题要求被调查者付出额外的努力，进行复杂的计算，首先把每月的食品支出估算出来，然后乘以 12，最后再除以家庭成员数以得出结果。这样烦琐的计算可能使被调查者单方面结束访问。第二个问题涉及敏感的个人隐私，直接的提问容易遭到拒绝。第三个问题则带有引导性倾向，会影响被调查者的选择。问题形式的选择应注意以下几点。

（1）避免问题中包含过多的计算。问题的设计应着眼于取得最基本的信息，计算应在数据处理阶段通过计算机程序进行，这样可以减少被调查者的负担。例如上面第一个问题可以改为"请问你家每月食品支出大概是多少"和"请问你家有几口人"两个小问题。取得这两个数据后，计算人均年食品支出也就容易多了。

（2）避免单纯依靠被调查者的记忆回答问题，应提供一定的提示或选择。在当今信息过度的时代，遗忘和记忆的差错导致被调查者无法提供全面和准确的资料。例如，很多人都不能直接回答“昨天晚上你看了哪个牌子的洗发液广告”这个问题，但如果提供可供选择的选项，回答则容易并准确得多。因此这类问题应采用选择式，而非填空式。

（3）避免直接提问窘迫性问题。窘迫性问题指应答者不愿在调查人员前作答的某些问题，如私人问题、不为一般社会道德所接纳的行为或态度以及有碍声誉的问题等。这类问题直接提问往往会遭到拒绝，因此应改为采用非直接、联想式提问。如上面第二个问题，可以提供几个收入段“1000 元以下”“1000～2000 元”“2000～3000 元”“3000 元以上”作为选项，在一定程度上会降低窘迫性。此外还可通过说明信息的正当用途以降低敏感性。

（4）避免出现诱导性倾向，提问尽量客观。在有外界压力存在的情况下，被调查者提供的是符合压力施加方偏好的答案，而不是他自己真正的想法。因此，提问应创造被调查者自由回答的气氛，避免诱导性倾向。如上面第三题的结果会夸大 A 牌比 B 牌好的比例，应改为“您认为 A 牌和 B 牌电视机哪个更好”，这样更为客观。

（三）问题顺序不正确

问题顺序的安排有一定的规律可循。正确的排序应该合乎问题之间的逻辑，前后连贯，先易后难，避免因顺序安排不当而导致访问中止。现在有很多问卷在顺序安排上存在错误，比如问卷开始就要求被调查者填写姓名、性别、年龄、婚否、职业等等，好像在填申请表，而不是调查问卷，这样很容易招致被调查者的反感和拒绝。这就是明显的顺序安排上存在的错误。在进行问题顺序安排时可参考以下几点。

（1）基本信息问题应安排在最前面，分类信息问题居中，鉴别性信息问题放在最后。调查信息主要包括了三种信息类型：一类是基本信息，是达到研究目标所必须的信息，如对产品、价格、分销、促销信息的调查；一类是分类信息，即将被调查人按年龄、性别、职业等予以分组归类的资料；第三类是鉴别性信息，如被调查人的姓名、住址等。一般来说，应将最主要问题（基本信息问题）置于最前面，然后列举后两类问题，只要前面的问题得到回答，那么后面的问题如果被调查者不愿回答或因事中止也就无关大局了。

（2）先易后难。容易、直观、清楚的问题置前，困难、复杂、敏感、窘迫的问题置后。随着调查的进行，调查人员与被调查者交流的深入，被调查者可能降低或消除原有的戒备心理，愿意回答一些复杂、敏感的问题，从而使调查获得尽可能多的信息。这一点的目的与第 1 点目的相同，它可作为第 1 点的补充。

（3）总括性问题应先于特定性问题。总括性问题指对某个事物总体特征的提问。例如，“①在选择冰箱时，哪些因素会影响你的选择？”，就是一个总括性的问题。特定性问题指对事物某个要素或某个方面的提问。例如，“②您在选择冰箱时，耗电量处于一个什么样的重要程度？”。总括性问题应置于特定性问题之前，否则特定性问题会影响总括性问题的回答。如把②放在①的前面，则①的答案中“耗电量”选择会偏大。

（四）问题取舍不合理

问题的数量必须合理，应该既能保证搜集到全面的资料，又尽量保持问卷的简短，同时也尽量使问卷整体连贯、和谐、生动，能调动被调查者的积极性。现在有的问卷过于冗长，其中充斥着一些与调查主题毫不相关的问题；有的虽然短小，却不能全面搜集所需资料，而且过于严肃、死板，全文贯穿一问一答的形式，压抑被调查者的主动性。问题的取舍应注意以下几点。

（1）按调查主题组织问题，每个问题都应有益于调查信息的取得。首先要明确调查的主题是什么，这是整个调查的基础，也是问卷设计的灵魂和核心所在。应绝对避免为节省费用而附带调查主题之外的问题。问题东拉西扯，会使被调查者产生调查组织不严密的印象，影响他们的答卷态度。

（2）为了融洽调查气氛，不至于过于严肃、呆板，可以设置一些表面上与调查主题无关，但实质上有益于调查的问题。当问卷的调查主题较为敏感时，这点尤其有效。如在问卷开始时，设置一些轻松的开放式问题，请被调查者畅述自己的看法，有利于调动被调查者的积极性；在各类信息的连接处，设置一些过渡性问题，有利于顺畅被调查者的思维。

（3）为节省调查时间，保证被调查者符合调查对象的标准，可以在问卷开始设置一个过滤性问题，检查被调查者的合格性。如想调查现有掌上电脑的不足之处，则必然要调查掌上电脑的使用者。可以在问卷开始提问“您使用过掌上电脑吗?”，这样就可检查被调查者是否合格，及时“过滤”不合格者了。

（五）问卷排版装订不雅观

问卷的排版装订也是问卷设计的重要内容。排版应做到简洁、明快、便于阅读，装订应整齐、雅观、便于携带，便于保存。现在的一些调查问卷，卷面排版凌乱，为了节省用纸或为了使问卷显得简短，压缩了一切可以压缩的空间，使卷面显得异常复杂和凌乱，容易使被调查者产生反感情绪；有些问卷用纸粗糙低劣，装订混乱，类似街头小广告，也易遭到拒绝。问卷的排版装订可参考以下几点。

（1）应避免为节省用纸而挤压卷面空间。如多项选择题的选项，应采用竖排形式。竖排虽占用一定的空间，但能使卷面简洁明快，一目了然，便于阅读和理解。下面的例子可对选项的两种排版形式作一比较。

您的月工资收入是（　　）?

横排形式：A. 1000元以下　B. 1000~2000元　C. 2000~3000元　D. 3000元以上

竖排形式：A. 1000元以下
B. 1000~2000元
C. 2000~3000元
D. 3000元以上

显然竖排形式比横排形式更为直观、明快。多题累加之后，此点更为明显。

（2）同一个问题，应排版在同一页。避免翻页对照的麻烦和可能出现的漏题的现象。

（3）问卷的问题按信息的性质可分为几个部分，每个部分中间以标题相分，如第一、二、三、四部分形式。这样可以使整个问卷更为清楚，也便于后面阶段的数据整理与统计。

（4）调查问卷用纸尽量精良。超过一定的页数，应把它们装订成小册，配上封皮和封底，而不应仅仅用订书钉订在一起而已。这样既可利用纸的双面进行排版，节省用纸，还便于携带和保存；更可使问卷显得庄重、专业，让被调查者以更认真的态度对待调查。

市场调查问卷的设计是一个比较复杂的过程，在设计的时候要遵循相关的原则和注意事项，只有这样才能设计出合格的问卷，才能够得到符合或者接近事实的满意答案。

任务小结

通过学习市场调查问卷的基本概念，明确市场调查问卷设计的原则，掌握市场调查问卷设计技术，最终达到会灵活运用市场调查问卷设计技巧，恰当设计市场调查问卷的目的。

巩固与提升

课堂研讨

某班级两个不同的研究小组A、B都选择了《如何利用音乐调节人的情绪》作为研究课题，在选择研究方法时也都确定了问卷调查为其中一项重要方法。两组同学经过认真设计，拿着打印好的调查问卷分别深入到同学中进行调查。可在收回问卷、整理分析后，两组的调查结果却产生了很大差距，以至于最后研究成果的水平也相差很远。问题究竟出在哪里呢？后来经过老师和同学的比较与分析发现，原因就出在两个小组设计的这两份不同的调查问卷上。

实训要求、步骤：

(1) 分组（自由组合，4~6人为宜）。请仔细比较一下问卷A、B的区别，并结合“调查问卷的主要组成”和“遵循原则”两部分的学习，以小组合作的形式，讨论哪份问卷设计得更好，好在哪里。

(2) 通过比较问卷A、B的差别，探讨问卷设计的类型、程序和原则，谈谈设计一份科学合理的调查问卷应该注意哪些问题？

(3) 完成一份改进的问卷。通过项目策划训练，要求学生掌握问卷设计的技巧和方法。

问卷A：

音乐对情绪的调节作用调查问卷

亲爱的同学：

你好！为了让大家能很好地利用音乐调节自己的情绪，更为了找到一把开启快乐之门的钥匙，让我们的生活变得更加和谐美好，我们“跳跃音符”调查小组设计了此次调查问卷。希望拿到这份问卷的朋友用心填写，您的回答对我们的研究会很有价值，谢谢！

1. 当你情绪低落时会听什么音乐？

A. 流行　B. 民族　C. 经典（老歌）　D. 其他

2. 当你心情烦躁时会听什么音乐？

A. 抒情　B. 劲爆　C. 欢快　D. 其他

3. 你认为听自己喜欢的音乐能让情绪变得好一点吗？

A. 可以　B. 不一定　C. 没有效果

4. 为了舒缓内心的压力，排解压抑的情绪，你会听哪种类型的音乐？

A. 轻音乐　B. 抒情音乐　C. 流行　D. 其他

5. 课余时间，你喜欢听哪种音乐来放松和娱乐？

A. 爵士乐　　B. 古典音乐　C. 流行音乐　　D. 其他

6. 你认为不同类型的音乐对人的心情有什么不同的影响？(简答题)

"跳跃音符"研究小组

问卷 B：

音乐与情绪的调查问卷

你好！请配合填写此次调查问卷！谢谢！

1. 你经常听音乐吗？

A. 经常　　B. 有时　　C. 偶尔　　D. 极少　　E. 从不

2. 你认为中学生听音乐的利弊关系是怎样的？

A. 利大于弊　　B. 弊大于利　C. 没关系

3. 人开心的时候一定很喜欢听欢快的音乐？

A. 是　　B. 否

4. 你喜欢的音乐方面的明星是哪个地区的？

A. 中国大陆　B. 中国港台　C. 日韩　　D. 欧美

5. 你经常是哪种情绪多一些？

A. 喜　　B. 怒　　C. 哀　　D. 恐惧

6. 你认为音乐与人的情绪有关系吗？

A. 关系密切　　B. 有点关系　C. 毫无关系　D. 不清楚

7. 你认为情绪低落时人会喜欢听伤感的音乐吗？

A. 是　　B. 否

8. 请你准确地说出音乐的分类。

9. 请你准确地说出人的情绪的分类。

10. 你喜欢听什么类型的音乐？

11. 你认为什么样的音乐对人的心情有什么样的影响？

12. 请你对本次问卷调查进行评价。

"跳跃音符"研究小组

课后自测

（一）案例分析

根据下列问卷回答有关问题。

房产电话问卷（房主）

电话号　　日期　　时间

你好，我是在和男主人/女主人讲话吗？　（如果不是，请求跟他/她谈话）

我叫××，为 MRI——一家营销调查公司工作，我们正在进行一项针对当地居民的营销调查项目；这项调查要解决的是房产评估服务问题。您可不可以帮助我们，回答几个问题？您的答复将是保密的，并且只用于连同其他人答复的综合分析。

1A. 您是住自己家还是租房？

自己家（跳到 1C）　　租房（继续 1B）

1B. 如果租房，您计划下一年买房吗？

是　　否（终止）

1C. 您家里有人为房产评估商或房产经纪人工作吗？

是（终止）　　　　否

1D. 您家里最近有人买房吗？

是　　　　否

2. 您清楚可以获得的房产评估服务吗？

是　　　　否

如果是，有什么看法？

如果否〔解释〕，在房产评估时，一个房产经纪人到您要买或卖的房子，评估它的损害程度或存在的问题，如电、水、房顶、地基，以及很多小的问题。

3. 选择这项服务时，哪个因素对您影响最大？（可以多选）

房产经纪人的推荐　　朋友的推荐　　口头传言

好的声望　　服务价格　　是否省钱

评估商资历　　其他

4. 您计划买房时，下列哪个是您了解房产评估最有效的途径？〔可以多选〕

房产经纪　　电视广告　　报纸广告

名片　　邮寄　　广告/宣传品

车牌　　房地产杂志　　其他

5. 请评估您对下列房产评估服务的兴趣点？

A. 构造

________很感兴趣　　________有点兴趣　　________没有兴趣

B. 电

________很感兴趣　　________有点兴趣　　________没有兴趣

C. 地基

________很感兴趣　　________有点兴趣　　________没有兴趣

D. 供热和空调

________很感兴趣　　________有点兴趣　　________没有兴趣

E. 地势（从院落到房子的坡度）

________很感兴趣　　________有点兴趣　　________没有兴趣

F. 一氧化碳测试

________很感兴趣　　________有点兴趣　　________没有兴趣

G. 易燃瓦斯测试

________很感兴趣　　________有点兴趣　　________没有兴趣

H. 每月家庭能源排序和评估

________很感兴趣　　________有点兴趣　　________没有兴趣

I. 自来水检验

________很感兴趣　　________有点兴趣　　________没有兴趣

J. 室内空气污染检验

________很感兴趣　　________有点兴趣　　________没有兴趣

6. 您住在：________。

7. 您住在当地多久了？

________0 ~ 2 年　　________3 ~ 5 年　　________6 ~ 12 年

________13 ~ 20 年　　________超过 20 年或拒答

8. 现在还有一些关于您的问题。您是：

________单身且没有孩子　　________已结婚且没有孩子

________已结婚且孩子在家　　________单身且孩子在家

________已结婚且孩子不在家　　________单身且孩子不在家

9. 您在哪一年龄段？

________18 ~ 24 岁　　________25 ~ 34 岁　　________35 ~ 44 岁

________45 ~ 54 岁　　________55 ~ 64 岁　　________65 岁及以上或拒答

10. 您的家庭收入属于哪一级别？

________少于 $ 15000　　________$ 15000 ~ 24999

________$ 25000 ~ 34999　　________$ 35000 ~ 49999

________$ 50000 ~ 64999　　________$ 65000 ~ 79999

________$ 80000 ~ 94999　　________$ 95000 ~ 109999

________$ 110000 以上　　________不知道，拒答

11. 您是：

________高中毕业生　　________高中毕业生读过大学

________大学毕业生　　________大学毕业生读过研究生

________研究生毕业　　________拒答

12. 性别：

________男　　________女

非常感谢您的支持与合作！

根据上述问卷，在设计问卷时应该注意哪些方面？

（二）问卷设计

请为母校的毕业生跟踪调查设计两份调查问卷，分别针对毕业生本人和毕业生的就业单位。

实操演练

【演练内容】调查以下内容。

（1）大学生应该有怎样的衣着形象。

（2）大学生衣着攀比心理带来的危害。

（3）现阶段大学生衣着观念和状态。

（4）现阶段流行的大学生穿着与正确的大学生衣着观。

（5）过夸张的服饰对大学生的影响。

【演练目的】

（1）了解目前大学生的衣着观念存在哪些认识上的误区。

（2）让大学生明白我们现阶段的衣着应注重整洁、得体、协调和舒服，端正以前不正确的认识取向。

(3) 消除大学生从衣着反映出的攀比心理。

(4) 让大学生认识到不同性格、不同地域乃至不同国情造成了不同的着装风格，最主要的是寻找适合自己的衣着服饰。

(5) 通过我们的研究，让大学生更加明确自己对穿着的认识，更好地塑造大学生形象。

【演练要求】

(1) 自由组合调查小组，5～8名同学为1组。

(2) 根据以上提供的内容设计调查问卷。

(3) 提交导师，由导师和学生共同对问卷进行评价。

任务2.4　态度量表的设计

1. 知识目标

(1) 了解测量量表的基本原理；

(2) 了解测量量表的类型及应用。

2. 能力目标

(1) 能对测量量表进行分类；

(2) 学会测量的基本技术。

BBDO是一家广告代理商，研制出一个度量系统，可以评价消费者对广告的情绪反应。这种情绪度量系统采用了一种专有技术，这种技术使用参与者的脸部照片帮助消费者选择其对广告的反应。BBDO的研究人员认为，这个过程从实质上消除了传统文本测试的固有偏差。在传统体系中，消费者通常会低估他们的情绪反应，因为他们感觉将情绪反应用语言表达出来会显得很傻，而且语言可以有不同的解释方法。这样，传统的文本测试就倾向于度量思想而不是感觉，因此也就不能充分度量消费者在情绪上的反应。

BBDO代理商设计了53张照片——是从1800张照片中挑选出来的，代表了BBDO所谓的“情绪世界”，而不只是让消费者从简单的列表中挑选或者是用自己的语言书写。每一张照片代表着6名参与者各自不同的表情，从高兴（顽皮）到厌恶（反感），共包含了26个类别的情绪。使用情绪度量系统时，如大部分的文本测试一样，先向参与者展示某个单一的广告或一组场景，然后再给出一份问卷，测试他们是否记住品牌名称或者文本要点。在这一过程中的任何一个环节，调查人员都要分发照片，并要求所有参与者不要写出或者谈论广告场景，而是迅速地将照片进行分类，留下任何或者所有能够反映出他或她在看过广告之后的感受的照片。

讨论题：根据你的理解，请你谈谈上述测量方法的优缺点。

一、测量量表

（一）态度测量基本原理

在营销研究中，“态度”主要有三方面的含义：一是指对某事物的了解和认识；二是指对某事物的偏好；三是指对未来行为或状态的预期和意向。态度测量是指根据预先确定的规则，用一些数字或符号来代表事物的某些特征或属性。

消费者在购买商品时内心的尺度，在心理学中称为量表。运用量表反映消费者对商品需求心理的评价尺度，便是态度测量表法。

量表的设计包括两步：第一步，设定规则，并根据这些规则为不同的态度特性分配不同的数字；第二步，将这些数字排列或组成一个序列，根据受访者的不同态度，将其在这一序列上进行定位。

（二）测量量表

1. 测量量表的类型

基本的测量量表主要有四种，包括类别量表、顺序量表、等距量表和等比量表，见表2-3。

表2-3　测量量表的四种类型

类　型	规则描述	基本操作	应用实例	统计计算
类别	用数字识别对象，对其分类	判断相等或不等	品牌编号、商店编号、受访者性别分类	频数、百分比、卡方检验、二项检验
顺序	除识别外，数字表示对象的相对顺序，但不表示差距的大小	判断较大或较小	产品质量等级评价、对商店的偏好程度或社会阶层的划分	百分位数、中位数、秩次数
等距	除排序外，可比较对象之间差别的大小，但原点不固定	判断间距相等性	温度、品牌认知水平等复杂概念和偏好的测量	极差、均值、方差或标准差，z检验，t检验、因子分析
等比	具有上面三种类型的性质，并有固定原点	判断等比相等性	销售量、市场份额、产品价格、家庭收入等精确数据的测量	几何平均数、变异系数

2. 量表实例

量表实例见表2-4。

表2-4　量表实例

电视栏目名称	类别量表	顺序量表	等距量表	等比量表
	栏目编号	按喜好程度排序	按喜好程度打分（1~7分）	上月内收视时间/小时
A	1	7	5	20
B	2	2	7	40
C	3	8	7	0
D	4	3	6	35
E	5	1	7	50

（续）

电视栏目名称	类别量表	顺序量表	等距量表	等比量表
	栏目编号	按喜好程度排序	按喜好程度打分（1~7分）	上月内收视时间/小时
F	6	5	5	30
G	7	9	4	0
H	8	6	5	20
I	9	4	6	35
J	10	10	2	2

二、测量的基本技术

量表作为一种测量工具，它试图确定主观的、有时是抽象的定量化测量程序，即用数字来代表测量对象的某一特性，从而以多个不同的数字来表示测量对象的不同特性。

量表表现为四种不同的测量水平，又有一维量表和多维量表之分。这里主要介绍用于态度测量的一维顺序量表和等距量表，包括评价量表、等级量表、配对比较量表、沙氏通量表、李克特量表和语意差异量表。

常用的态度测量表有评比量表和数值分配量表两种。评比量表是指以提出问题的两端为限，中间按不同程度顺序排列，以此反映不同消费者的不同态度。评比量表的排列顺序可以分为10个阶段，也可分为5个阶段。评比量表的排列项目的分值可以是正负对称的形式，也可以是不对称的形式。在市场调查实践中，采用偶数项形式（如10个阶段划分），中间两项“无所谓”与“还可以”容易模糊，且在调查时容易倾向于后者；而采用奇数项正负对称的形式（如5个阶段划分），则能比较客观地反映被调查者的态度，故被广泛采用。数值分配量表是指根据调查对象的特征，被调查者根据自身的态度（或偏爱程度）分配分值的一种态度测量表。评分值往往以10分或100分为满分值，经统计汇总后，数值分配量表能够反映被调查者态度上的差别。

1. 评价量表

评价量表也称为评比量表，是由研究人员事先将各种可能的选择标示在一个评价量表上，然后要求应答者在测量表上指出他（她）的态度或意见。根据量表的形式，评价量表又分为图示评价量表和列举评价量表。

一般来说，图示评价量表要求应答者在有两个固定端点的图示连续体上进行选择；列举评价量表则是要求应答者在有限类别的表格标记中进行选择。评价量表获得的数据通常作为等距数据使用和处理。

（1）图示评价量表。

不喜欢　　　　　　　　一般　　　　　　　　喜欢

1　2　3　4　5　6　7　8　9　10

（2）列举评价量表。

【例】您认为下列电视机品牌的知名度是：

	非常低	低	一般	高	非常高
康佳	□5	□4	□3	□2	□1

长虹 □5 □4 □3 □2 □1

厦华 □5 □4 □3 □2 □1

佳丽 □5 □4 □3 □2 □1

熊猫 □5 □4 □3 □2 □1

2. 等级量表

等级量表是一种顺序量表，它是将许多研究对象同时展示给受测者，并要求其根据某个标准对这些对象排序或分成等级。

【例】 请您根据对下列电冰箱品牌的喜爱程度进行排序，分别给予1~7个等级，等级1表示你最喜爱的品牌，等级7表示您最不喜欢的品牌。

品牌名称	品牌等级
美　菱	
上　菱	
容　声	
海　尔	
新　飞	
万　宝	
科　龙	

3. 配对比较量表

在配对比较量表中，受测者被要求对一系列对象进行两两比较，并根据某个标准在两个被比较的对象中作出选择。配对比较量表实质上是一种特殊的等级量表，不过要求排序的是两个对象而不是多个。

【例】 下面是十对牙膏品牌，对于每一对品牌，请指出你更喜欢其中的哪一个。在选中的品牌旁边的“□”中打勾（√）。

十对牙膏品牌配对比较

佳洁士□　高露洁□

佳洁士□　两面针□

佳洁士□　中　华□

佳洁士□　黑　妹□

高露洁□　两面针□

高露洁□　中　华□

高露洁□　黑　妹□

两面针□　中　华□

两面针□　黑　妹□

中　华□　黑　妹□

4. 沙氏通量表

沙氏通量表通过应答者在若干（一般在9~15条）与态度相关的语句中选择是否同意的方式，获得应答者关于主题的看法。一个测量态度的沙氏通量表，其构建的基本步骤如下。

(1) 收集大量的与要测量的态度有关的语句，一般在100条以上，保证其中对主题不利的、中立的和有利的语句都占有足够的比例，并将其分别写在特制的卡片上。

(2) 选定20人以上的评定者，按照各条语句所表明态度的有利或不利的程度，将其分别归入11类。第1类代表最不利的态度，……，第6类代表中立的态度，……，第11类代表最有利的态度。

(3) 计算每条语句被归在这11类中的次数分布。

(4) 删除那些次数分配过于分散的语句。

(5) 计算各保留语句的中位数，并将其按中位数进行归类，如果中位数是n，则将该态度语句归到第n类。

(6) 从每个类别中选出一两条代表语句（即各个评定者对其分类的判断最为一致的），将这些语句混合排列，即得到所谓的沙氏通量表。

【例】 **电视商业广告态度测量的沙氏通量表**

① 所有的电视商业广告都应当由法律禁止。

② 看电视广告完全是浪费时间。

③ 大部分电视商业广告是非常差的。

④ 电视商业广告枯燥乏味。

⑤ 电视商业广告并不过分干扰欣赏电视节目。

⑥ 对大多数电视商业广告我无所谓好恶。

⑦ 我有时喜欢看电视商业广告。

⑧ 大多数电视商业广告是挺有趣的。

⑨ 只要有可能，我喜欢购买在电视上看到过广告的商品。

⑩ 大多数电视商业广告等帮助人们选择更好的商品。

⑪ 电视商业广告比电视节目更有趣。

5. 李克特量表

李克特量表形式上与沙氏通量表相似，都要求受测者对一组与测量主题有关的陈述语句发表自己的看法。它们的区别是，沙氏通量表只要求受测者选出他同意的陈述语句，而李克特量表要求受测者对每一个与态度有关的陈述语句表明他同意或不同意的程度。另外，沙氏通量表中的一组有关态度的语句按有利和不利的程度都有一个确定的分值，而李克特量表仅仅需要对态度语句划分是有利还是不利，以便事后进行数据处理。李克特量表构建的基本步骤如下。

(1) 收集大量（50~100条）与测量的概念相关的陈述语句。

(2) 研究人员根据测量的概念将每个测量的项目划分为“有利”或“不利”两类，一般测量的项目中有利或不利的项目都应当有一定的数量。

(3) 选择部分受测者对全部项目进行预先测试，要求受测者指出每个项目是有利的还是不利的，并在下面的方向——强度描述语中进行选择，一般采取所谓“五点”量表：

A. 非常同意　B. 同意　C. 无所谓（不确定）　D. 不同意　E. 非常不同意

(4) 对每个回答给出一个分数，如从非常不同意到非常同意的有利项目分别为1、2、3、4、5分，对不利项目就为5、4、3、2、1分。

(5) 根据受测者各个项目的分数计算代数和，得到个人态度总得分，并根据总分多少将受测者划分为高分组和低分组。

(6) 选出若干条在高分组和低分组之间有较大区分能力的项目，构成一个李克特量表。如可以计算每个项目在高分组和低分组中的平均得分，选择那些在高分组平均得分较高并且在低分组平均得分较低的项目。

【例】

测量对商场态度的李克特量表

下面是对A商场的一些不同意见，请指出您对这些意见同意或不同意的程度，1 = 非常不同意，2 = 不同意，3 = 无所谓，4 = 同意，5 = 非常同意。

	非常不同意	不同意	无所谓	同意	非常同意
① 商场出售的商品质量高	1	2	3	4	5
② 商场的服务很差	1	2	3	4	5
③ 我喜欢在A商场购物	1	2	3	4	5
④ 商场没有提供足够多的品牌	1	2	3	4	5
⑤ 商场的信用制度很糟糕	1	2	3	4	5
⑥ 大多数人都喜欢在A商场购物	1	2	3	4	5
⑦ 我不喜欢A商场的广告	1	2	3	4	5
⑧ 商场出售的商品种类很多	1	2	3	4	5
⑨ 商场的商品价格公道	1	2	3	4	5
⑩ 商场的购物环境很差	1	2	3	4	5

6. 语意差异量表

语意差异法是一种常用的测量事物印象的方法。语意差异法可以用于测量人们对商品、品牌、商店的印象。在设计语意测量表时，首先要确定与要测量对象相关的一系列属性，对于每个属性，选择一对意义相对的形容词，分别放在量表的两端，中间划分为几个连续的等级。要求受访者根据他们对被测对象的看法评价每个属性，在合适的等级位置上作标记。

【例】

你认为A商场是

可靠的	不可靠
时髦	过时
方便	不方便
友好	不友好
昂贵	便宜
选择多	选择少

7. 选择量表时应当考虑的一些基本因素

(1) 量表种类多的选择。

绝大多数研究人员都倾向于使用制作简单，而且测量操作也非常容易的量表。究竟选择哪种量表，原则上还取决于所要解决的问题和想要知道的答案。通常，在一份问卷中可以结合使用多种不同的量表。

(2) 平衡量表和非平衡量表。

平衡量表，是在量表中肯定态度的项目数目与否定态度的项目数目相等，反之则为非平衡量表。一般来说，如果研究人员要得到广泛的意见，并且估计有利意见和不利意见是对称的，则采用平衡量表比较好。如果以往的经验表明，大多数的意见都是肯定的，那么量表就应该给出更多的肯定答案。

（3）量级层次的个数。

量表的量级层次个数太少，如只有同意、无所谓、不同意 3 层，那么量表就不够全面。一般来说，评比量表、李克特量表等采用 5 ~9 层为宜。

（4）量级层次的奇数与偶数选择。

偶数个量级的量表意味着没有中间答案。没有中间答案，被访者就会被迫选择一个正向或负向答案。所以，给出奇数个量级层次就可以给被访者一个提供一个简单的出路。

（5）强迫性和非强迫性量表的选择。

强迫性与非强迫性量表的选择与上述的奇数、偶数量表有关。强迫选择就是剔除量表中的中立答案，使受测者被迫给出正面的或负面的答案。

任务小结

在市场特征的测量中，有四种基本的尺度，即类别量表、顺序量表、等距量表和等比量表。量表作为一种测量工具，它试图确定主观的、有时是抽象的定量化测量程序，即用数字来代表测量对象的某一特性，从而对测量对象的不同特性以多个不同的数字来表示。量表表现为四种不同的测量水平，又有一维量表和多维量表之分，包括评价量表、等级量表、配对比较量表、沙氏通量表、李克特量表和语意差异量表。

巩固与提升

课堂研讨

现有一新上市的小电扇产品，准备销往你学校，请设计一张市场调查问卷设计表。

课后自测

（1）在市场特征的测量中，有哪几种基本的尺度？

（2）何为态度测量技术？它细分为哪几类？

实操演练

根据生活实际，任选一个主题，设计一份李克特量表。

任务 2.5　项目综合实训

结合本部分内容，要求学生根据项目 1 中确定的调查与预测主题，设计一份市场调查与预测策划书和相应的市场调查问卷。

项目3　市场调查技术方法的选择

任务3.1　实地调查

任务目标

1. 知识目标

（1）了解实地调查的方法种类；

（2）掌握询问法、观察法、实验法调查技术；

（3）掌握态度测量表法的设计。

2. 能力目标

（1）能运用询问法、观察法、实验法进行调查；

（2）会对定量研究与定性研究法进行比较。

任务导入

康宝汤的调查

市场调查是一个相对新的领域。其起源可追溯到 N. W. Ayer 于 1879 组织的首次调查活动和 Charles C. Parlin 于 1911 年在 Curtis 出版社建立的首个商业调查机构。

而 Parlin 的市场调查又始于数费城垃圾场中的罐头盒！Parlin 当时受雇为星期六晚邮报（Saturday evening Post）推销广告位。康宝汤`（Campbell soup）公司拒绝 Parlin 的推销，认为该杂志的读者主要为工薪阶层——这些人宁愿自己做汤也不会花 10 美分购买准备好的汤罐头。而康宝汤将其产品的目标客户定位为愿意出钱买方便的高收入人群。作为回应，Parlin 开始数他从不同社区的垃圾场收集来的罐头盒。出乎康宝汤的意料，Parlin 的调查揭示了罐头汤更多的是卖给工薪阶层而非富有阶层——后者有仆人为他们做汤。康宝汤于是成为星期六晚邮报的客户。有趣的是，至今垃圾仍是营销调查人员的优良情报来源之一。

（资料来源：http://fccjxxw.com/m/1eb95e2bf242336cb027596c.html）

思考题：康宝汤的调查应用了哪种调查方法？这种调查方法有什么特点？

任务分解

实地调查主要是收集第一手资料。第一手资料也称为原始资料，它是指市场调查人员通过实地调查而获得的资料，具有直观、具体、零碎等特点，是直接感受和接触的对象。

获取第一手资料，按照采取的形式不同可将其分为询问法、观察法、实验法和定性研究法等。选择哪种方法与调查目标、调查对象和调查人员的素质等有直接关系。每种调查方法其反馈率、真实性和调查费用都有不同的特点。

一、询问法（访问法）

询问法（访问法）是指调查者通过与被调查者的询问交谈，向被调查者调查了解市场情况的一种常用调查方法。询问法（访问法）分为面谈调查法、邮寄调查法、电话调查法、留置调查法、堵截调查法和网上调查法等。

（一）面谈调查法

面谈调查法是调查者与被调查者双方直接面谈，询问调查问题，收集市场资料的一种方法。面谈调查法有个人面谈、小组面谈、集体座谈等多种方式。它是市场营销调查中最通用和最灵活的一种调查方法。

面谈调查要求市场调查人员在面谈前先熟悉所要调查的问题，明确问题的核心和重点，并事先设计好问卷或调查提纲；也可以采用围绕调查主题进行“自由交谈”的形式。面谈调查的程序，如表 3–1 所示。

表 3–1　面谈调查的程序

工 作 程 序	工 作 内 容
1. 培训访问人员	形象、礼仪、访谈技巧
2. 确定访问者	依据调查目的设定样本
3. 预约	说明理由和条件
4. 访问	标准化式或自由交谈
5. 访问结果检查	判定资料真实性，是否需二次访问
6. 致谢	以书面或电话形式

面谈调查的优点如下。

第一，灵活性强。交谈的主题可以突破时间、次序的限制；对一些争议较大的问题，可以采取灵活委婉的方式迂回提问，逐步深入；对某一问题误解或不理解时，调查者可以当面予以解释澄清。

第二，调查资料的质量好。可以对访问的环境，被调查者的表情、态度等身体语言进行详尽的观察，也可以对被调查者回答问题的质量加以控制，从而使得调查资料的准确性和真实性大大提高。

第三，便于进行深度访谈。直接访问可以使被调查者的兴趣保持较长时间，可以深入了解被调查者的状况、意愿或行为。

第四，拒答率低。面对面的压力使人不容易轻易作出拒绝回答的选择。

第五，面对面的交流可以互相启发，收集到一些不曾预料到的资料和信息。

面谈调查的缺点如下。

第一，调查费用高。主要表现为调查者的培训费、交通费、工资以及问卷、调查提纲的制作成本费等较高。

第二，对调查者的要求高。调查结果的质量很大程度取决于调查者本人的访问技巧和应变能力。

第三，调查不匿名，对一些敏感问题往往难以通过面谈调查法取得预期效果。

第四，调查方向、结果受调查者的主观因素（头脑中固有的“条条框框”）影响较大。

第五，对调查者的管理比较困难，主要表现在：有的调查者出于便利或急于完成任务，随意破坏样本的随机性要求和其他质量要求；有的调查者在取得一些资料后即擅自终止调查，根据不完备样本作出结论；甚至还有一些人根本不进行调查，自己编造调查结果等。

面谈调查的主要方式如下。

1. 个人面谈

个人面谈是由调查者与被调查者两人单独面谈。个人面谈具有灵活方便、谈话可伸缩性强，彼此可相互沟通思想、易产生激励效果、谈话集中、针对性强、效率高的优点。但费时长、费用大、易受面谈环境的影响。

2. 小组面谈

小组面谈是将选定的调查样本分小组进行交谈。它具有个人面谈的优点，且在时间和费用方面优于个人面谈，但要求调查者具有一定的组织会议的能力与技巧。

3. 集体座谈

集体座谈是将调查样本集中，以召开座谈会的方式听取意见，收集资料。其座谈规模大于小组面谈，具有小组面谈的优点，且能相互启发，集思广益，有助于发现新问题、新思路。

面谈调查法的方式有以下三种。

（1）自由问答。调查者与被调查者双方不受时间、地点的束缚，可以在业务现场、销售场所、公共场所开展调查；可以不受调查内容的限制，充分发表意见；可以根据需要，采取讨论、质疑方式深入调查。当然，作为调查人员而言，应当注意把握谈话的主题，要做到心中有数，中心明确；同时还要勤于思索，及时发现新问题。

（2）倾向偏差问答。由调查人员按事先拟好的调查提纲，并按提纲要求有计划、有步骤地一一提问征答。调查时除密切与被调查者关系，创造宽松面谈环境外，还要注意消除隔阂，避免机械呆板的一问一答方式。倾向偏差问答适用于对市场状况有一定了解的情况，问题较集中，针对性较强，效果较好。

（3）强制性选择面谈，即限定选择问答。它是由调查人员列出限定选择的特征句子与若干选项，让被调查者从中挑选接近自己看法的面谈应答方式。这种面谈方式常用于开拓新市场，改进产品等方面的调查。

（二）邮寄调查法

邮寄调查法是指将设计印刷好的调查问卷，通过邮政系统邮寄给被调查者，由被调查者填写答案后再通过邮寄返回的一种调查方法。邮寄调查法具有调查空间范围大，调查样本数目较多，费用开支相对较省，被调查者有充裕时间应答的优点，但也存在回收率低的缺陷。邮寄调查方式有征订单邮寄与问卷邮寄两种。前者主要用于书籍、报纸杂志的征订调查；后者常用于产品的征订、产品用户的意见调查等。

邮寄问卷的设计，一要注意提出的问题要便于选择回答；二要注意便于资料的汇总；三要注意贴足邮资、提供信封，以提高邮寄调查的回收率，最好用电话跟踪提醒。最后，注意提前通知和致谢。

（三）电话调查法

电话调查法是指通过电信网络，采用电话征询方式，向被调查者了解市场情况的一种调查方法。电话调查可以坐在办公室内进行，省时节费，而且调查范围较大，还可以电话簿为基础进行随机抽样调查。电话调查常用是非法，即在是与非、有与无中“二中取一”的调查，所以电话调查一定要注意问答简洁，便于记录汇总，不占用被调查者太多的时间。

1. 电话调查的程序

①根据调查目标及范围划分地区；②确定在每个地区的样本数；③编制电话号码单；④调查者（也可采用全自动电话访谈）根据电话单与被调查者进行电话沟通并记录；⑤电话访问后致谢。

2. 电话调查的优点

①成本较低；②速度快、节省时间；③资料统一性高。

3. 电话调查的缺点

①问题不能深入，电话调查的项目比较简单明确，通话时间不能太长，问题不便深入；②拒答率高，电话访问时与被调查者不见面，对对方当时的心态、手头正在从事的工作均无法判断，拒答率较高；③资料不够完整，电话访问的结果只能够访问有电话的对象，不利于资料搜集的全面性；④资料的真实性较难把握，由于调查者不在场，很难根据被调查者的反映判断所获信息的准确性和有效性；⑤不能够使用视觉辅助手段，比如，无法得到被调查者对一些图片、广告或设计等的反映。

4. 电话调查需要注意的几个问题

①设计好问卷调查表，调查问题应当尽量简洁明了，调查时间应尽量控制在 15 ~ 20 分钟之内；②挑选和培训好调查员，调查员的语言表达能力要强，要口齿清楚、语气亲善；③选择好调查样本和调查时间，样本的选择应尽量具有代表性；调查时间尽量选择被调查者可能比较方便的时间。

（四）留置调查法

留置调查法是指将事先印制好的调查问卷提供给被调查者，说明填写要求，让被调查者按时自行填写，最后，由调查人员定期回收的一种调查方法。这种方法回收率高、延续性好，适用于跟踪调查，但易受地域空间的限制。这种调查方法要注意被调查者相对固定不变，以保证不中断的连续调查。

（五）堵截调查法

堵截调查法又称为街头访问法、商场拦截法。堵截调查的程序如图 3-1 所示。

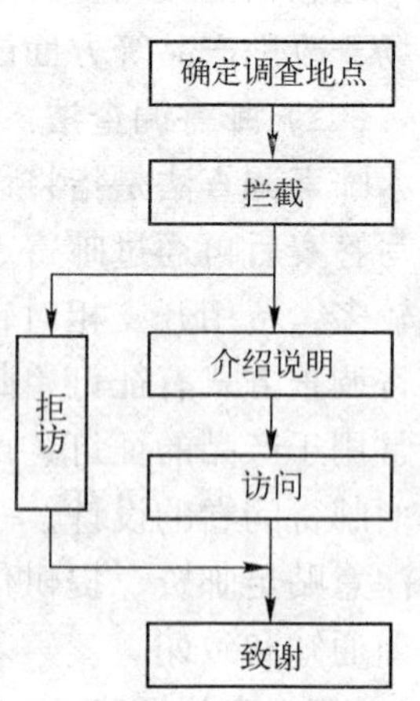

图 3-1 堵截调查的程序

1. 堵截调查的优点

① 由于访问地点比较集中，访问时间短，可节省对每个样本的访问费和交通费等；②避免了入户困难，也便于对访问员进行监控；③被调查者时间比较充分，调查员提出的问题一般都能够得到回答。

2. 堵截调查的缺点

① 堵截访问法不适合内容较长、较复杂或不能公开的问题的调查；②由于调查对象在调查地点出现带有偶然性，影响调查的精确度；③堵截调查法拒访率较高，可附带一定的物质奖励。

（六）网上调查法

网上调查是随着互联网的发展而兴起的一种新的调查方式。

前面讲述的一些调查方法都可以借助互联网这个媒介得到新的应用。

1. 网上调查的方式

（1）调查者将调查问卷通过电子邮件传给被调查者，由被调查者填好后发回。

（2）调查者将调查问卷制作成网页，浏览者填写后保存。

（3）在线小组讨论也是一种较好的网上调查方式。在线小组讨论由调查者充当实际上的主持人，小组成员在网上平等讨论，自由沟通。

（4）在线监控。通过网络计数器统计浏览者对某种产品信息的点击次数，搜集相关信息。

2. 网上调查的优点

① 辐射范围广；② 访问速度快，信息反馈及时；③ 匿名性好，便于被调查者畅所欲言；④ 费用低廉；⑤ 能够提供独特的视觉音响效果。

3. 网上调查的缺点

① 样本对象具有一定局限性；② 所获信息的准确性和真实性难以判断；③ 网上调查需要配备一定的技术人员。

【小资料】在线小组讨论

在线小组讨论也称为网络访谈法或联机访谈法，它是指在计算机网络上使用已经建立的网站，通过事先的邀请，让确定的网友在指定的时间登录一个特定的网站而进行市场调查的方法。在网络已经成为信息传递必不可少的工具的今天，利用计算机网络进行市场调查将成为一种潮流，并作为现代调查方法而展现在世人面前。

在线小组讨论的步骤如下。

1. 选择调查对象

在需要进行一次网络小组焦点访谈的市场调查活动时，调查人员应该先搜索他的数据库，利用已经有的顾客资料，按照既定的条件筛选得到作为访谈调查的受访者名单，建立一个受访者的数据库；然后向受访者发送电子邮件，邀请他们届时接受访谈。

2. 事先通知访谈内容

凡进行计算机网络访谈，都应该事先告知参与访谈的对象访谈的内容、要求和检查告知的结果。有的事先告知访谈指南或者调查的详细题目，以便访谈对象事先做好准备。

3. 进行访谈

访谈主持人在指定的时间前打开网站迎接受访者，再一次讲解访谈内容和讨论要求，并且与他们进行轻松的交流。主持人通过在网络上输入讨论的问题来控制访谈。

在线小组讨论优点如下。

1. 快速性

利用网络访谈法进行市场调研可以说是速度最快、最省时间的一种调查方法。有的调查公司通过实践后认为，从征选受访者到取得调查结果，并且进行信息资料的汇总和访谈总结，只需要5～6天时间。

2. 节省性

利用网络访谈法可以节省的费用有：会议室的租赁费用、使用仪器的费用、差旅费用、住宿费用、办公用品费用等。所需要的只是网络的费用和付给受访者的费用。随着计算机价格的下降和网络登录成本的减少，网络访谈法费用将越来越节省。

3. 接近性

使用网络访谈法可以使无论地理位置多么遥远的受访者，都可以在很短的时间内实现接近，而且可以与任何人进行接近。只要双方认为有接近的必要，都可以实现接近，几乎不存在接近障碍。

4. 真实性

在显示器的遮挡下，受访者对别人而言都是匿名的；网络访谈法的隐蔽性，使任何想公布自己真实想法的人，都可以毫无顾虑地公开自己的秘密，而不会不好意思，除非他不愿意公开；受访者完全以“无我”状态进行讨论，这对于进行市场调查的机构而言，获得完全真实的回答的可能性很大。

在线小组讨论的缺点如下。

(1) 样本数量难以保证。如果没有足够数量的样本数量，调查结果就不能反映总体的实际状况，也就没有实际价值，足够的访问量是进行在线小组讨论的必要条件之一。

(2) 样本的质量难以保证。由于网上调查的对象仅限于上网的用户，从网民中随机抽样取得的调查结果可能与消费者总体之间有误差。另外，用户地理分布的差别和不同网站拥有特定的用户群体也是影响调查结果的不可忽视的原因。

(七) 常见调查方式的比较

常见调查方式的比较见表 3–2。

表 3–2　常见调查方式的比较

评价标准	面谈调查	电话调查	邮寄调查	网上调查
处理复杂问题的能力	很好	差	好	一般
搜集大量信息的能力	很好	好	一般	很好
敏感问题答案的标准性	一般	一般	很好	很好
对调查者效应的控制	差	一般	很好	很好
样本控制	很好	好	一般	差
搜集资料的周期	一般	很好	一般	很好
灵活程度	很好	好	差	一般
调查费用支出	差	好	好	很好
回收情况	好	较好	差	一般
搜集资料的真实性	好	一般	好	一般

二、观察法

观察法是指通过调查者的耳听、眼看、手触等方式或借助照相机、录音机、摄像机或其他仪器，观察被调查者的言行举止而取得第一手资料的调查方法。观察法要求调查者直接进入市场、商店、展销会、订货会、博览会或消费者集中的场合，记录被调查者的活动、行为。在观察法中，被调查者的活动不受干扰，其表现处于自然放松状态下，因此，资料接近实际，无虚假造作的成分。但要真正观察到实质内容，也非易事，有的需要反复多次观察。同时，还要求观察者具有丰富的经验、阅历和精湛的业务能力，才能看出名堂，得出科学结果，正所谓“内行看门道，外行看热闹”。

观察法按观察的对象分，有对人的观察，即对消费者的行为活动的观察，观察其言行举止及情感流露；还有对物的观察，即对商品、库存、销售数量、设施使用状况等的观察。若按观察者介入程度分，有作为旁观者的观察，如记录员、摄像员等；也有作为市场经济活动的一员所进行的观察，如售货员、业务员等。要搞好市场观察，要求观察人员具有良好的记忆能力、判断分析能力、敏锐的洞察能力，能掌握观察法要领，并有丰富的经验。

市场观察的内容广泛，丰富多彩，主要包括以下几种。

(1) 商品资源观察。观察产品生产状态，判断商品资源数量；观察农作物的长势，判断收获数量。

(2) 顾客观察。观察顾客的活动，判断消费者的构成；观察营业员活动，判断待客方式、接待频率、成交率，用以改进商业服务，改善商品经营结构。

(3) 客流量观察。观察每天进出商店、车站总人数，观察平常、节假日客流量的变动，研究日营业高峰、低谷等客流变化规律，对改善企业经营，调整劳动组织，合理安排劳动时间，指导劳动力资源的调配具有现实意义。

(4) 营业状况观察。观察营业场所商品陈列、货位分布、现场广告、商品供求状况等，判断企业经营管理水平。

(5) 商品库存观察。观察商品库存的商品分类结构、仓储条件、库存成本、积压残次品的处理问题等，以改进商品库存管理。

(6) 痕迹观察。观察销售场所、商品订货会的顾客留言簿、意见本上的留言，订货回执单上的意见，判断供求状况，了解顾客要求，改进售后服务。

(7) 其他观察。除上述六点以外的其他活动观察，如城市人流、物流变化，判断目标市场发展前景；观察商品使用状况，判断商品质量和性能的满足程度；观察市场监管、检查结果，判断市场管理水平等。

现场观察法的主要特点是，调查者同被调查者不发生直接接触，而是由调查者从侧面直接或间接地借助仪器将被调查者的活动按实际情况记录下来，避免让被调查者感觉正在被调查，从而提高调查结果的真实性和可靠性，使取得的资料更加贴近实际。

现场观察法的优点有：①客观、真实，被观察者不受调查者的影响，行为、动作比较自然，所获得资料比较真实、准确；②直接、简单易行，只要选择合适的时间和地点，具备一定的观察设备即可进行调查。

现场观察法的缺点有：①观察的深度不够，只能观察表面现象，对被调查者的内在原因和动机无法确定；②限制性较大，现场观察法一般仅适用于较小的微观环境，并且受到观察人员的身体条件、观察能力、记忆能力、分析能力的限制；③调查时间长、费用较高。

三、实验法

实验法是指通过实验对比取得市场情况第一手资料的一种市场调查方法。实验法是把自然科学中的物理学、化学实验求证的方法移植到市场调查实验中来，在给定的条件下，对市场经济活动加以验证，从而获得市场调查资料。市场实验法比较客观，可信程度高，但只适用于当前市场，而不适用历史或未来的市场。实验调查法的最大特点是把调查对象置于非自然状态下开展市场调查。实验调查法的核心问题是将实验变量或因素的效果从众多因素中分离出来并予以鉴定。

实验法的工作程序如下。

(1) 根据调查项目和要求，提出需要研究的假设，确定实验变量。

(2) 进行实验设计，确定实验检验方法。

(3) 严格按实验设计的进程进行实验，并对实验结果进行认真的观测和记录。

(4) 对观测结果进行整理分析，得出实验结果。

(5) 写出调查报告。

实验法的优点有：①实验结果具有较大的客观性和实用性；②方法具有主动性和可控性；③可以探索在环境中不明确的市场关系；④实验的结论具有较强的说服力。

实验法的缺点有：①时间长、费用大；②有一定的局限性；③有一定的时间限制。

(一) 事前事后对比实验

事前事后对比实验是在同一个市场内，先在正常经营情况下进行市场测量 y_1，然后改变实验参数后再进行市场测量 y_2，最后将前后两期收集到的资料进行对比观察，得出实验变动结果的一种实验方法。其表达式为：

$$实验变动结果 = 事后测量值 - 事前测量值 = y_2 - y_1$$

【例】 某平价超市拟对A、B、C、D、E五种瓜子进行调价实验，实验期为1月，实验结果等有关资料如表3-3所示。

表3-3 调价实验

测量 品牌	售价/（元/包）		销售/包		市场占有率/%		变动/%
	实验前	实验后	实验前	实验后	实验前	实验后	
A	2.80	2.60	4000	5200	19.70	24.41	4.71
B	2.65	2.50	4100	5000	20.20	23.48	3.28
C	2.20	2.25	3800	3700	18.72	17.37	-1.35
D	2.10	2.15	3900	3800	19.21	17.84	-1.37
E	1.70	1.90	4500	3600	22.17	16.90	-5.27
$\sum$			20300	21300	100.00	100.00	

可见，A、B品牌瓜子的价格下调后，其市场份额分别上升4.71%、3.28%；而C、D、E品牌瓜子价格上调后，其市场份额分别下降1.35%、1.37%与5.27%。这说明，消费者对瓜子价格变动较为敏感。

(二) 控制组与实验组对比实验

控制组与实验组对比实验是指以非实验单位作为控制组，以实验单位作为实验组，两组同时（同起始、同终止）进行测量、对比的一种实验方法。此法因控制组与实验组在同一时间内进行实验对比，可以排除由于前后两期对比因时间不同而产生的实验误差，从而提高实验结果的准确性。另外，要注意控制组与实验组之间的可比性，即两组的主客观条件要基本相同或相似，两组在规模、类型、经营产品的种类、品质、购销环境等方面要大体一样，以增强实验效果的可信度。控制组的事后测量值为 y_2，实验组的事后测量为 x_2，其对比实验的公式如下：

$$实验变动结果 = 实验组事后测量 - 控制组事后测量 = x_2 - y_2$$

【例】 某公司拟设定A、B、C为控制组，D、E、F为实验组（两组均为同等的市场规模、人口数量、城区特征和经济发达程度的超市），进行玉兰油营养霜调价实验，两组测量数据如表3-4所示。

表 3-4　对比实验

控制组			实验组			实验变动结果/元
超市	价格/（元/瓶）	销售额/元	超市	价格/（元/瓶）	销售额/元	
A	64.00	99840	D	57.60	101376	1536
B	60.00	100800	E	54.00	103148	2348
C	62.00	99200	F	55.80	100440	1240
∑		299840	∑		304964	5124

表中控制组实行原价格，实验组D、E、F分别比A、B、C下调10%，两组同时实验一个月。结果表明D比A增加1536元销售额，而E、F比B、C分别增加2348元、1240元销售额；实验组比控制组增加5124元销售额，表明降价促销可行。

（三）有控制组的事前事后对比实验

有控制组的事前事后对比实验是指对控制组事前事后实验结果与实验组事前事后实验结果分别进行测量，然后再进行对比的一种实验调查方法。这种方法既不同于在同一个市场上进行的事前事后对比实验，也不同于在同一段时间内进行的控制组与实验组的对比实验。而是在同一段时间内，在两个不同市场（组）上分别进行事前事后测量的基础上，再进行对比，以得到实验变动结果。这种方法由于实验的变数多，有利于消除外来因素变动的影响，从而大大提高实验变动结果的准确性。其计算公式为：

$$\text{实验变动结果}=\text{实验组变动结果}-\text{控制组变动结果}=(x_2-x_1)-(y_2-y_1)$$

式中　x_1、x_2——分别为实验组的事前、事后测量值；

y_1、y_2——分别为控制组的事前、事后测量值。

【例】　某鞋业公司拟对万里牌旅游鞋进行降价实验，选A专卖店作为控制组，B专卖店作为实验组。4月份A店销售额为40000元，B店为50000元；5月份A店按原价销售，销售额为48000元，B店降价销售，销售额为76000元。试用有控制组的事前事后对比实验法分析降价的影响，具体计算如表3-5所示。

表 3-5　事前事后对比实验

组　别	事前测量	事后测量	变　动	实验结果
实验组（B）	$x_1=50000$	$x_2=76000$	$(x_2-x_1)=26000$	$(x_2-x_1)-(y_2-y_1)=$ 26000-8000=18000
控制组（A）	$y_1=40000$	$y_2=48000$	$(y_2-y_1)=8000$	

由表3-5可见：实验组B事前事后对比实验的变动效果26000元中，既有实验变数（降价）的影响，又有外来变数（其他因素）的影响。其中，外来变数影响（由控制组A事前事后对比实验得出）的变动效果为8000元，排除外来变数影响，B专卖店调价实验效果为18000元。采用有控制组的事前事后对比实验，有利于排除外来实验变数的影响，从而提高实验结果的准确性。

（四）随机对比实验

随机对比实验是指按随机原则确定实验单位而进行的实验调查方法。若实验单位数目多且情况复杂时，采用随机抽样法来选定实验样本，可以提高实验结果的代表性、准确性。

任务小结

实地调查法是根据市场调查目的、要求和调查对象的特点，通过直接接触调查对象取得第一手资料的方法，具有针对性强、适应性广、材料真实的特点。但由于实地调查涉及范围广，且需用大量人力，所以具有费时、费钱的不足之处。

巩固与提升

课堂研讨

（1）某公司为扩大保健品销量，研究认为应当改变原来的包装，但对新设计的包装效果没有把握，为此公司决定采用无控制组的事前事后对比实验方法进行实验调查。

公司选择了该厂三种具有代表性保健品的包装作为实验对象，试验期为两个月。先记录三种原包装保健品在两个月内的市场销售额（实验前测量），改用新包装两个月后再计算这三种新包装保健品的市场销售额（实验后测量）。结果如表 3-6 所示。

表 3-6　实验销售结果对比

化妆品	实验前销售额（元）(y_1)	实验后销售额（元）(y_2)	变动（元）(y_2-y_1)
A	8000	8700	+700
B	3100	4500	+1400
C	8200	9100	+900
总计	19300	22300	+3000

提示：从实验结果看，采用新包装可增加收入 3000 元。因此，对公司而言，采用新包装是可行的。

（2）某公司计划在春节期间降低 M 品牌西装的价格，决定采用有控制组的事前事后对比实验方法来检验降价效果。公司将分布在全国的 12 家专卖店分成控制组和试验组。假设实验前两组月销售额均为 16000 元。一个月后，试验结果如表 3-7 所示。

表 3-7　试验结果对比

组别	实验前	实验后	变化量
实验组	16000	21000	5000
控制组	16000	18000	2000

实验组增加销售额 5000 元，但这并不完全是降价带来的结果，其中还包括外来变量，即春节这个特殊时期造成的影响。它导致的销售额增加部分可以从控制组实验前后的销售额变化中反映出来，即 2000 元。这一部分应当从试验组的变动量中剔除，即真正由于降价导致的销售额增量为 5000 元 - 2000 元 = 3000 元。

课后自测

（1）询问法包括哪几种？都有什么特点？

（2）什么是态度量表，有几类？

（3）假定您所在的学校想要了解有多少人在学生食堂吃饭，可以采用几种方法得到这一信息？哪一种方法是最好的？

(4) 假定某个晚报想要了解它到底有多少读者、都是什么样的读者，以及它的读者对目前报纸的意见，可以采取什么方法？这些方法各有什么优缺点？

(5) 假定美国某冰淇淋厂家想将其产品打入中国市场，请问在前期的市场调查中，应当采用什么方法最为合适？

实操演练

从以下题目中任选一个，在你的班上组织一次焦点小组访谈。（学生们对学院学生会的感受；冷冻食品、快餐和其他可能会受欢迎的食品的质量；学生们平时的娱乐项目，以及他们可能会喜欢的新项目。）

任务 3.2　二手资料的收集

任务目标

1. 知识目标

(1) 了解二手资料的优、缺点和收集步骤；

(2) 掌握文案调查法的含义；

(3) 了解网络访谈法的步骤。

2. 能力目标

(1) 能运用文案调查法对二手资料进行调查；

(2) 会使用网络对二手资料进行调查。

任务导入

文案调查法

日本一家公司通过查阅美国有关法律和规定获知了美国对本国商品的定义为：“本国一件商品，美国制造的零件所含价值必须达到这件商品价值的50%以上。”根据这条信息，这家公司找到了应对的方法：进入美国的产品共有20种零件，在日本生产19种，从美国进口1种，这1种零件价值最高，其价值超过50%以上，在日本组装后再送到美国销售，就成了美国商品，可以直接与美国厂商竞争。

讨论题：以上案例的调查方法有何优点，不足之处又在哪里？

任务分解

一、二手资料概述

(一) 二手资料的优缺点

二手资料，也称次级资料，是指特定的调查者按照原来的目的已搜集、整理的各种现成的资料，如年鉴、报告、文件、期刊、文集、报刊、各种公报、在线数据库等所提供的资料。二手资料为整个营销调研提供了基础性资料。获取二手资料为实地调查提供经验和大量的背景资料。

二手资料的优点是：获得迅速；成本低；容易获取；为实地调查提供经验和背景资料。

二手资料的缺点是：资料的研究目的、标准与公司实际需要不一致；资料零散，缺乏系统性、针对性；资料过时。

（二）二手资料的来源

二手资料主要包括公司内部资料和外部资料。

内部资料的主要来源有：①业务资料；②统计资料；③财务资料；④其他资料。

外部资料的主要来源有：①国家及各地方统计机关公布的统计资料；②行业协会发布的行业资料；③图书馆存档的商情资料、技术发展资料等；④出版单位提供的书籍、文献、报纸杂志、工商企业名录、商业评论、产业研究、市场行情报告、各类分析报道等；⑤银行、证券公司的经济调查、评估报告；⑥各类专业组织的调查报告、统计数字、分析报告；⑦各类研究机构、广告公司、市场调研公司、咨询公司等的调查报告；⑧国内外各种博览会、展销会、交易会、订货会等促销会议以及专业性会议上发放的文件和资料。

互联网的出现，也为二手资料的调查、使用，提供了简便快捷的手段。

（三）二手资料的搜集步骤

1. 明确需要调查哪些资料

当目标越清晰的时候，完成工作所需要的时间、精力、费用就会越少。在搜集资料时要注意兼顾调查的现实目的和长远目的。现实目的就是此次调查的目的、需要解决的问题，明确所需要的资料以及对资料本身的要求。长远目的就是注意公司对资料的长远要求，通过资料的查阅、搜集、统计、分析，为公司经常性的经营活动和方案制定提供基础性材料。

2. 审查、分析现有材料

现有资料是公司内部已经取得或积累起来的二手资料。资料主要包括：①公司内部与本次调研相关的记录资料，如生产、销售方面的记录；②已经公布的统计资料；③公司前期积累的相关研究资料；④有关定性分析的资料；⑤检查是否欠缺或需要补充的资料。

对以上资料审查与分析的标准包括：①内容——是否全面、可靠，能切实满足调查要求；②水平——资料的专业程度；③重点——资料是否针对了调查的有关内容；④时间——资料设计的时间是否恰当，是否能满足某些资料的时序要求；⑤可信度——是否真实。

3. 寻找资料信息来源

从一般线索到特殊线索，是每个调查人员搜集情报的必由之路。随着调查的进一步展开，调查的资料也就逐渐深入和完善。

4. 对资料进行筛选和分析

围绕调查的目的和内容，根据事先制订的调查计划，选择正确的统计方法和统计指标，必要时制成图表来进行分析比较，对所要调查的问题提出科学、客观的解释。

5. 撰写调查报告

最后，形成调查报告。

（四）二手资料价值的评估

营销调研者搜集的二手资料往往不都是真实可靠的。因此在使用这些资料时，必须对这些二手资料进行评价。评价主要包括以下几个方面。

1. 资料的真实性

主要考察资料的出处或资料的作者，以及他们的研究目的。

2. 资料的可用性

确定资料的可用性是指检查资料的属性。对数据性文献资料，要特别注意检查数据的测量尺度、分组状态是否与本次调查要求相适应。确定资料的可用性还应当包括对资料时效性、完整性的确定。

3. 资料的综合价值

分析资料综合价值是指结合本次调研的目的和要求，对资料的各个方面进行全面的分析评价。

二、文案调查法

（一）文案调查的涵义

文案调查法又称为间接调查法，是指调查者不亲临被调查者现场进行访问、观察和实验，而是通过搜集已有的各种信息（资料、情报），对调查对象进行分析研究的一种方法。文案所获的信息属于二手资料。

文案调查法与实地调查法相比，有如下几个特点：搜集已经加工过的二手资料而非原始资料；收集过去的资料而非现在的资料；相对而言节约人力、物力和财力，但受时空限制，所获资料不一定与调研目的相吻合，需进行再加工才能使用。

（二）文案调查的功能

在市场调查中，文案调查有着其特殊的地位，它作为市场信息收集的重要手段，一直受到世界各国的极大重视。例如，接近60%的受访者认为目前全球饥饿问题严重。超过35%的受访者认为全球粮食生产不够，46%的受访者认为足够；超过80%的受访者认为全球粮食分配不平均。大部分人认为，分配不均才是饥饿问题的核心，而非与粮食产量有关。至于对基因改造农作物技术，可以增加粮食产量，有助于解决全球饥饿问题的说法，有超过30%的受访者不同意，接近55%的受访者同意。以上是绿色和平组织、乐施会对世界粮食问题与基因改造食物进行的调查。如果期望了解这方面的内容，只要查阅这份现成的资料就行了，完全没有必要再去自己收集原始资料。

文案调查的功能具体表现在以下几个方面：文案调查可为实地调查提供背景材料；文案调查可用于有关部门和企业进行经常性的市场调查；文案调查不受时空限制。

（三）文案调查的资料来源

从企业的角度出发，文案调查的资料来源主要有企业内部资料与外部资料。内部资料与外部资料前面已经讲述，这里不再赘述。

1. 内部资料来源

收集企业内部资料实际上是指收集企业经济活动的各种记录，主要包括以下几种。

（1）业务资料。主要包括与企业业务经营活动有关的各种原始记录资料，如订货单、进货单、发货单、合同文本、发票、销售记录、业务员访问报告等。可以从中了解用户的需求情况和地理位量、供应单位的情况、产品的运输情况等。一般从企业业务部门搜集。

（2）统计资料。主要包括各类统计报表，反映企业生产经营活动的各种资料、各类统计分析资料等，如工业企业的产品产值、产量、销售量、库存量、单位成本、原材料消耗量等统计数据。可以用来研究企业经营的规律，以便进行预测和决策。一般从企业统计部门搜集。

（3）财务资料，是企业内财务部门提供的各种财务、会计核算和分析资料，包括生产成本、销售成本、各种商品价格及经营利润等。可以用来加强企业管理、研究产品市场、考核企业的经济效益等。一般从企业财会部门搜集。

（4）企业积累的其他资料。企业积累的各种上级文件资料、政策法规、调研报告、经验总结、工作总结、顾客意见和建议、照片、录音录像、剪报等，可以作为企业市场调查的参考资料。

2. 外部资料来源

（1）国家统计局和各级地方政府定期发布的统计公报、定期出版的各类统计年鉴，如《中国统计年鉴》《中国工业经济统计年鉴》《中国人口年鉴》等。

（2）各类经济信息部门、各行业协会和联合会提供的定期或不定期的信息公报或年鉴，如《小国经济年鉴》《中国对外经济贸易年鉴》《中国金融年鉴》《中国企业管理年鉴》《中国工业经济年鉴》《中国商业年鉴》《中国城市年鉴》等。

（3）国内外有关报纸、杂志、电视、广播等大众传播媒介。这些传媒提供种类繁多、形式多样的各种直接或间接的市场信息，如《人民日报》《光明日报》《中国经营报》和CCTV、中央人民广播电台等。

（4）各种国际组织、外国驻华使馆、国外商会等提供的定期或不定期的统计公告或交流信息等，如《世界经济年鉴》《联合国统计年鉴》《国际贸易统计年鉴》《国际收支年鉴》《国际金融年鉴》《主要经济指标》《美国统计摘要》等。

（5）国内外各种博览会、交易会、展销订货会等营销性会议，以及专业性、学术性会议上发放的文件和资料，如世界博览会、中国东盟博览会、中国进出口商品交易会（广交会）等。

（6）各种信息中心和信息咨询公司提供的市场信息资料。专业的调查公司如 AC 尼尔森、盖洛普、零点调查、慧聪国际、央视索福瑞等。

（7）各级政府部门公布的有关市场的政策法规，以及执法部门制定的有关经济的条例，如《消费者权益保护法》《物权法》《保险法》《食品安全法》《专利法》等。

（8）研究机构、高等院校发表的学术论文和调查报告等。

三、网络调查法

（一）互联网

互联网是个全球性网络。它连接服务器（容纳信息的计算机），同时也把互联的企业、科研院所、商贸协会、政府部门、医疗机构、科学设施以及个人连接起来。它使得计算机及其使用者能获得世界范围内的数据、图像、声音和文件。互联网在许多方面使二手资料的搜集工作产生革命性的变化，曼彻斯特城市大学的国际互联网首席专家恩德拉·刘易斯宣称，借助网络几乎可以找到任何东西。对有些调研者来说，跑图书馆可能成为历史。

互联网涉及的领域宽广，覆盖了几乎所有的主题，其主要优势是速度快、信息量大、成本低廉。目前传统的市场调查中已有资料的收集也越来越多地通过网络来进行。互联网信息资料的收集主要是通过引擎搜索所需信息的网址，然后访问所需查找信息的网站或网页。如果事先知道所需信息的网址，只要在浏览器的地址栏中输入网址即可查找到需要的信息。网上信息来源的渠道主要有万维网（WWW）、网络新闻组（Usernet News）、BBS（电子公告板）、电子邮件（E－mail），其中万维网是最主要的信息来源。

查找不同类型的信息要选择合适的搜索引擎，常用的搜索引擎有百度等。一些机构和国际组织的网站也能提供大量的信息，如中华人民共和国国家统计局网站、中华人民共和国商务部网站、中华人民共和国教育部网站、搜数网、零点指标数据网、世界贸易组织网站、世界银行网站、经济合作与发展组织网站、国际货币基金组织网站等。

（二）在线数据库

根据数据库中包含信息性质的不同，通常将在线数据库分为文献类数据库、数据类数据库和指南类数据库。

文献类数据库指的是包含期刊、图书、报纸、政府文件全文或引用部分的数据库。常用的国外文献数据库有 Science Direct、EBSCO、John Wiley、Taylor and Francist 等。常用的国内文献数据库有清华大学主办的中国知识资源总库、万方数据资料系统、维普中文科技期刊数据库、中国财经报刊数据库、超星数字图书馆、书生之家数字图书馆、方正 Apabi 电子书库等。

数据类数据库指包含各类数据的数据库。国内常用的数据类数据库有中国资讯行高校财经数据库、CCER 经济金融数据库、中宏数据库、Wind 中国金融数据库、中经网统计数据块、中经网产业数据库等。

指南类数据库是指关于某个特定机构、个人或政府部门等信息的数据库，如企业名录数据库、EIS 非织造行业单位数据库等。

任务小结

文案调查的资料来源有企业内部资料来源与外部资料来源，内部资料主要有业务资料、统计资料、财务资料和其他资料，外部来源主要是各类出版物（包括纸质版和电子版）、互联网和在线数据库等。

巩固与提升

课堂研讨

一张“泄密”照

这张照片刊登于1964年的《中国画报》封面。照片中，大庆油田的“铁人”王进喜头戴大狗皮帽，身穿厚棉袄，顶着鹅毛大雪，握着钻机手柄眺望远方，在他身后散布着星星点点的高大井架。铁人精神感动了整整一代人，但此照片无意中也透露了许多的秘密。日本情报专家据此解开了大庆油田之谜，他们根据照片中王进喜的衣着判断，只有在北纬46°至48°的区域内，冬季才有可能穿这样的衣服，因此推断大庆油田位于齐齐哈尔与哈尔滨之间；并通过照片中王进喜所握手柄的架势，推断出油井的直径；从王进喜所站的钻井与背后油田间的距离和井架密度，推断出油田的大致储量和产量。

有了如此多的准确情报，日本人迅速设计出适合大庆油田开采用的石油设备。当我国政府向世界各国征求开采大庆油田的设计方案时，日本人一举中标。庆幸的是，日本当时是出于经济动机，根据情报分析结果向我国高价推销炼油设施，而不是用于军事战略意图。

讨论题：如何应用文案调查法进行市场调查？

课后自测

（1）什么是文案调查法？资料来源有哪些？

（2）简述网络访谈法的优点和缺点。

实操演练

【演练内容】网络调查法的运用。

（1）通过因特网访问 http://dssreserch.com 和 http://burke.com，比较这两个营销调研公司提供的服务。

（2）国际调研公司坎塔（Kantar Group）是世界上全球化程度最高的营销调研公司之一，在54个国家中设有代表处。访问公司网站（网址 http://www.reserch-int.com），并说明该公司的国际调研能力。

（3）访问 http://www.worldopininon.com，向全班同学汇报该网站列出的调研公司数量及对它们的描述，向同学讲述调研行业将要发生的变化，并报告营销行业的工作机会。

【演练要求】①以组为单位，运用互联网，每组要提供一份调查报告；②在班级内进行交流，每个小组推荐1个人进行介绍；③由教师与学生共同评估并评定成绩。

任务3.3 抽样调查

任务目标

1. 知识目标

（1）掌握抽样调查的概念、特点及适用范围；

（2）掌握总体、样本的概念；

（3）理解概率抽样的种类及相关定义；

（4）掌握非概率抽样的种类及相关定义。

2. 能力目标

（1）培养学生使用抽样调查技术的意识，使其能够了解抽样技术的优点；

（2）培养学生确定样本容量的能力；

（3）培养学生使用概率抽样技术的能力；

（4）培养学生使用非概率抽样技术的能力。

任务导入

大学生通讯市场调查

随着社会信息化进程的加快，高新科技产品成为消费热点，手机作为其代表之一，大学生也作为一个潜在的消费群体，两者越来越多地受到关注。粗略观察得知，大学生手机族的消费动力处于一个较高水平。由于中国移动、中国联通和中国电信逐渐成为了通讯市场的主流，大学生手机的占有率高达90%以上。越来越多的手机厂商把目光投向了校园这一潜在的巨大市场。为了了解手机在大学生中的使用效果和消费情况，掌握手机在大学的销售情况和市场前景，调查项目组确定以大学生通讯市场调查为主题，了解在校大学生的手机使用情况，对各产品市场满意度、占有率进行调查。

讨论题：面对这个调查项目，调查项目组应当如何选定开展调查工作的最好方法？

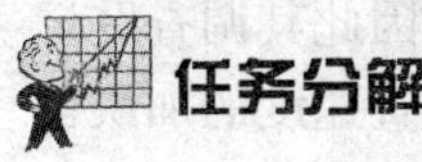

任务分解

一、抽样调查概述

（一）抽样调查的含义

现在，企业正处在一个激烈的市场竞争时代，企业经营者必须及时把握瞬息万变的市场局势，进而迅速做出决策，这将直接关系到企业的生存和发展，这就要求我们在市场调查的时候不能花费过多的时间，从而可以超越竞争对手做出最快的市场反应。那么，在众多的调查对象当中，如何以最少的时间以及人力、物力、财力获得最准确的调查结果，最好的办法是从中抽取少量的样本，然后对这些样本进行调查，并且将抽取的少量样本调查结果代表总体的情况，也就是采用抽样调查的方式。

抽样调查是市场调查中使用程度较高的一种调查方式，它是按照一定的程序和原则，从所研究对象的总体中抽出一部分样本进行调查或观察，并在一定的条件下，运用数理统计的原理和方法，对总体的数量特征进行估计和推断。抽样调查是国际上公认的和普遍采用的科学的调查方法，其理论基础是概率论。抽样调查中所抽取的样本代表总体的程度，决定了抽样调查的准确性和可靠性。因此，抽样是市场调查过程中的一个十分重要的环节。与抽样调查相对的是普查，即调查对象是整个总体。在实际调查中抽样方法多种多样，大体上有两大类：概率抽样和非概率抽样，如图3-2所示。

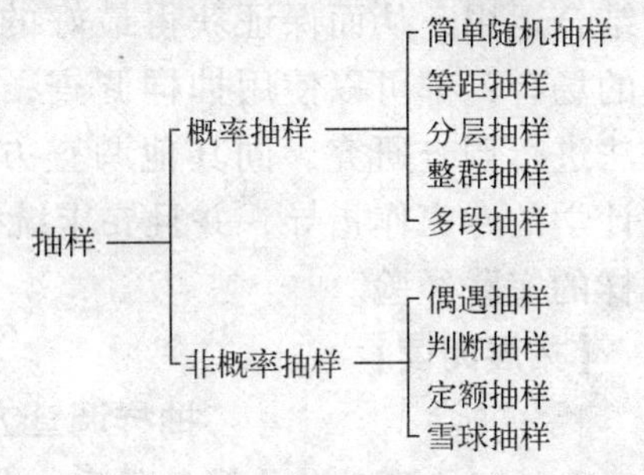

图3-2　抽样的类型

（二）抽样调查的特点

抽样调查作为一种非全面调查方法，同全面调查相比，具有一系列特点，即使同其他的各种非全面调查比较，它仍呈现出明显的特色。

1. 按照随机原则抽选调查单位

按随机原则抽选调查单位是抽样调查的一大特色。同属非全面调查的典型调查和重点调查，在调查单位的具体选定过程中，都不同程度地受到了调查组织者主观意识的影响，由此使得典型调查和重点调查的科学性受到影响。而抽样调查按随机原则抽选调查单位，完全排除了主观意识的干扰，使调查单位的选择建立在较为客观的基础之上，从而确立了它的科学性。因此，按随机原则抽样既是抽样调查的特色所在，同时又是其取得成功的基本保证。

2. 用样本资料推断总体资料

用样本推断总体是抽样调查的一个重要作用，实质上这也是进行抽样调查的最终目的。能够用样本资料推断总体资料的重要意义在于，我们可以通过对部分单位的调查，以少量的投入，取得以前只能用普查才能取得的效果，得到所希望了解的现象总体的全面资料，从而节约了大量的调查费用，这也是抽样调查得以广泛应用的重要原因之一。

3. 调查的时效性强

抽样调查的速度快、周期短、精度高。由于只调查一部分单位的情况，因此其调查登记及汇总处理的工作量较之全面调查要小得多，所需时间也大大缩短，这为调查速度的加快创造了十分有利的条件，由此调查的时效性得以加强。同时，在调查单位减少后，由于工作量相应地减少，则可以较严格地挑选和培训调查员，调查和数据处理的质量比较容易控制，因此可能取得更准确的结果，更能满足统计调查的及时性和准确性要求。

4. 抽样误差可以计算和控制

在抽样推断之前可以计算和控制抽样误差。随着抽样推断理论的不断发展，误差分布理论日趋成熟，与此同时，抽样误差计算和控制的方法也逐步得以完善，而且关于抽样调查误差问题的研究，也扩展到了对具有更为广泛意义的非抽样误差的深入研究。这是抽样调查的又一重要特色。

5. 抽样方法灵活技术性强

各种不同的抽样技术可以分别适用于不同现象的抽样过程，也可在同一现象的抽样中结合运用，从而保证获得最好的抽样效果。可以毫不夸张地讲，凡是可以运用全面调查的场合，都可以使用抽样调查；凡不能使用全面调查的场合，一般也能利用抽样调查方法进行调查研究。同其他调查方式相比，抽样调查的技术性更强。因此，一般需要有统计学的专家作指导，并且要求统计专家不仅要有适当的抽样理论方面的知识，还应有抽样的实践经验。

【拓展阅读】

抽样调查方法的创始人——乔治·盖洛普

乔治·盖洛普是美国数学家，抽样调查方法的创始人、民意调查的组织者，他几乎是民意调查活动的代名词。盖洛普通常引出一些特例来解释他自己在说什么或做什么。假设有7000个白豆子和3000个黑豆子十分均匀地混合在一起，装在一个桶里。当你舀出100个时，你大约可以拿到70个白豆子和30个黑豆子，而且你失误的几率可以用数学方法计算出来。只要桶里的豆子多于一把，那么你出错的几率就小于3%。

20世纪30年代早期，盖洛普在美国很受欢迎。他成为德雷克大学新闻系的系主任，然后转至西北大学。在此期间，他从事美国东北部报刊的读者调查。1932年，盖洛普的岳母作为民主党的候选人在艾奥瓦州竞选州务卿。在此之前，艾奥瓦州较高的公职一直都由共和党人保持，因而人们大都猜测他的岳母会落选。但盖洛普没有凭猜测，而是运用他创立的方法进行科学的民意调查，结果发现艾奥瓦州选民对他的岳母的支持率超过对她的共和党对手的支持率。盖洛普于是预测说，他的岳母会获得选举的胜利，选举的结果证明了盖洛普应用科学的调查得出的预测是准确的。这样，这次民意调查就成为了政治史上第一次科学的民意调查。受这次成功的激励，盖洛普在1935年成立了盖洛普民意调查研究所，成为世界上第一个客观和科学的民意测验机构。1936年，盖洛普公司由于盖洛普民意测验正确地预测罗斯福总统将再次当选而异军突起。在后来的60年，该公司从一个普林斯顿的小小的学会办公室成长为一个位于新泽西的国际性的盖洛普组织。1948年，盖洛普被认为是爱德华大学新闻业和大众传播名人堂的第一人，在很多杂志封面上扮演重要角色。他在1964年荣获广告金像奖，而在1965年又获得美国市场调研的帕林奖，1977年被引进广告名人堂。

二、随机抽样技术及其应用

随机抽样方式是按照随机原则，科学地组织抽样调查工作。按照其性质和研究目的的不同，随机抽样方式又可分成五种基本的组织形式：简单随机抽样、分层随机抽样、等距抽样、整群抽样和多阶段抽样。

（一）抽样方法

1. 简单随机抽样技术

简单随机抽样技术是以基本单位作为抽样单位，从总体的 N 个单位中直接抽取 n 个单位作为样本，每次抽取时，使总体中任一单位被抽中的概率相等的抽样方法。实际中多采用不放回简单随机抽样的方式。首先将总体 N 个单位从1到 N 编号，每个单位对应一个号码，如果抽到某号码，则对应单位入样，对于 n 个单位组成的样本，可以按照抽签法、随机数法抽取样本。

（1）简单随机样本的抽取方法。

1）抽签法。当总体单位数较小时，可以用均匀同质材料制作 N 个标签充分混合后，按照下面的方法抽取：一次抽取 n 个标签，或者采取不放回的方式一次抽取一个标签、抽取 n 次，则 n 个标签上所示号码对应的单位入样。这种方法适用于总体单位数目较少的情况。

2）计算机产生伪随机数法。利用计算机编制产生随机数的程序，由于这些程序具有循环周期，因此应当使循环周期尽可能地长一些，以保证数字产生的随机性。通过运行计算机程序，可以产生 n 个随机数字。如利用 Excel 软件中的 rand( ) 函数产生随机数。

【例】 省教育厅派专家组进行某校学生考试试卷的检查，专家组拟对总体进行抽样调查，对学校某班的全体同学随机抽取25名作为调查样本。为了保证结果的非人为性，利用 Excel 软件帮助专家组做出抽查的结果。步骤如下。

1）打开原始数据表格，制作本实例的原始数据无特殊要求，只要满足行或列中为同一属性数值即可。实例中显示的是学生学号。

2）选择“工具”→“数据分析”→“抽样”后，出现对话框，见图3-2，各选项说明如下。

- 输入区域：把原始总体数据放在此区域中，数据类型不限，数值型或者文本型均可。
- 抽样方法：有间隔和随机两种。间隔抽样需要输入周期间隔，输入区域中每一个位于间隔点处的数值将被复制到输出列中。当到达输入区域的末尾时，抽样将停止。随机抽样是指直接输入样本数，计算机自行进行抽样，不用受间隔的规律限制。本例题中使用的随机抽样。
- 样本数：在此输入需要在总体中抽取数据的个数。每个数值是从输入区域中的随机位置上抽取出来的，请注意，任何数值都可以被多次抽取，所以抽样所得数据实际上会有可能小于所需数量。本文末尾给出了一种处理方法。

● 输出区域：在对话框“输入区域”空格对输出表的单元格“E6”进行绝对引用“$E$6”，所有数据均将写在“E6”单元格及其下方的单列里。如果抽样方法选择的是“周期”，则输出表中数值的个数等于输入区域中数值的个数除以“间隔”。如果选择的是“随机”，则输出表中数值的个数等于“样本数”。

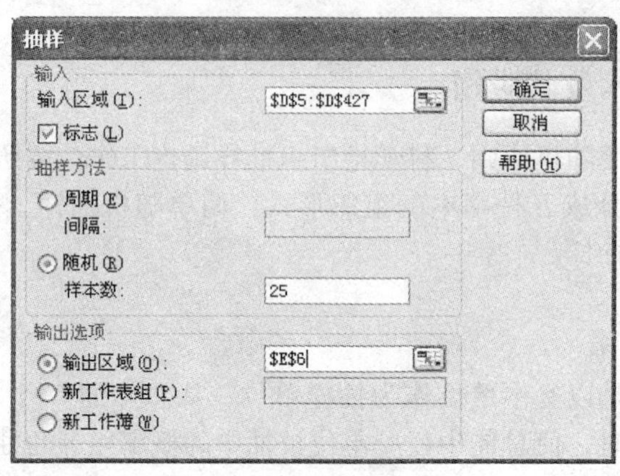

图3-3 抽样的输出区域示例

3）单击确定就可以显示结果了。计算机自行随机抽样的结果见图3-4。

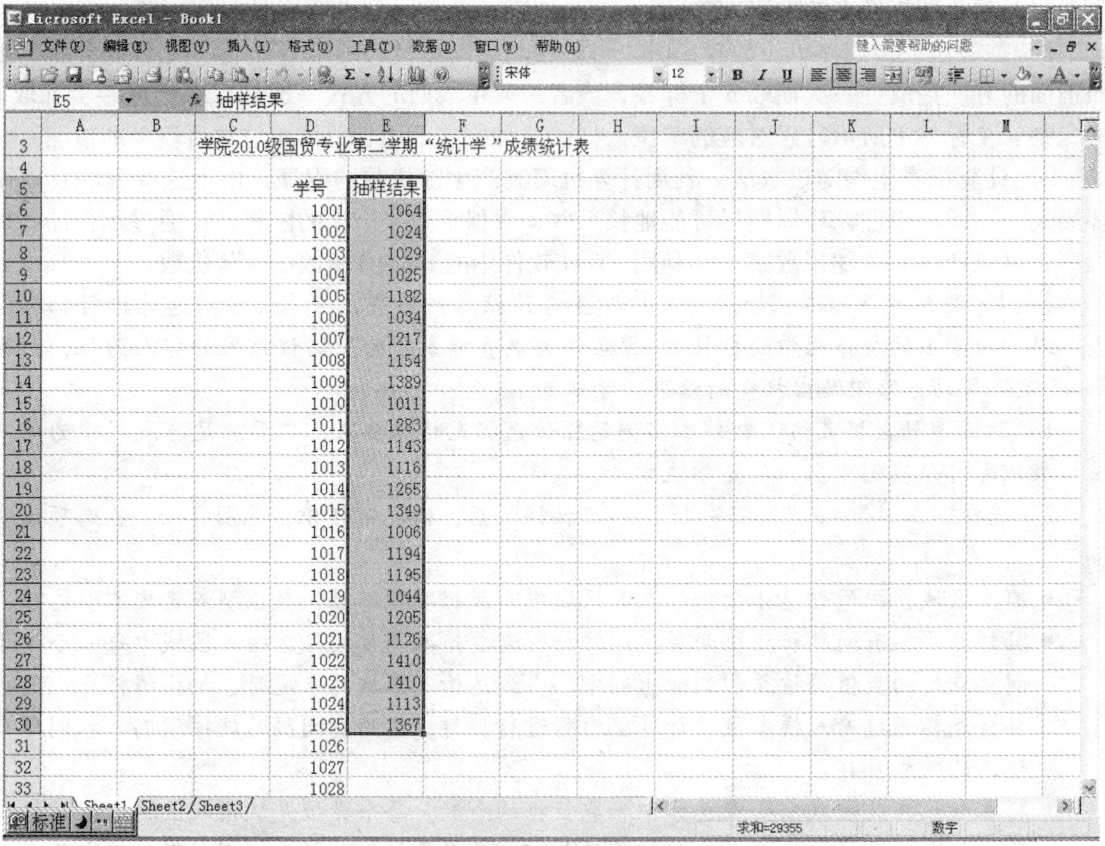

Microsoft Excel - Book1

E5 抽样结果

	A	B	C	D	E	F
3			学院2010级国贸专业第二学期“统计学”成绩统计表			
4						
5				学号	抽样结果	
6				1001	1064	
7				1002	1024	
8				1003	1029	
9				1004	1025	
10				1005	1182	
11				1006	1034	
12				1007	1217	
13				1008	1154	
14				1009	1389	
15				1010	1011	
16				1011	1283	
17				1012	1143	
18				1013	1116	
19				1014	1265	
20				1015	1349	
21				1016	1006	
22				1017	1194	
23				1018	1195	
24				1019	1044	
25				1020	1205	
26				1021	1126	
27				1022	1410	
28				1023	1410	
29				1024	1113	
30				1025	1367	
31				1026		
32				1027		
33				1028		

Sheet1 / Sheet2 / Sheet3 求和=29355 数字

图3-4 抽样结果

需要说明的情况：由于随机抽样时总体中的每个数据都可以被多次抽取，所以在样本中的数据一般都会有重复现象，解决此问题有待于程序的完善。可以使用“筛选”功能对所得数据进行筛选。选中样本数据列，依次执行“数据”→“筛选”→“高级筛选”，如图3-5所示。

最后的样本结果如图3-6所示，根据经验适当调整在数据样本选取时的数量设置，以使最终所得样本数量不少于所需数量。

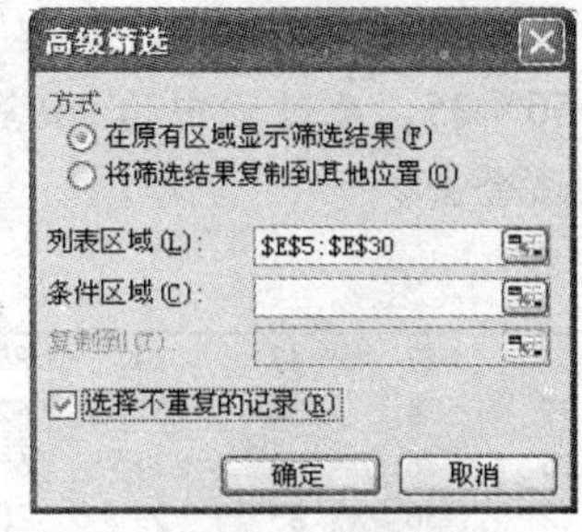

图3-5　高级筛选

Microsoft Excel - Book1

学院2010级国贸专业第二学期“统计学”成绩统计表

行	学号	抽样结果
6	1001	1064
7	1002	1024
8	1003	1029
9	1004	1025
10	1005	1182
11	1006	1034
12	1007	1217
13	1008	1154
14	1009	1389
15	1010	1011
16	1011	1283
17	1012	1143
18	1013	1116
19	1014	1265
20	1015	1349
21	1016	1006
22	1017	1194
23	1018	1195
24	1019	1044
25	1020	1205
26	1021	1126
27	1022	1410
29	1024	1113
30	1025	1367
31	1026	
32	1027	
33	1028	
34	1029	

求和=27945

图3-6　抽样结果

3）随机数表法。由数字0～9组成的随机数表，每个数字都有同样的机会被选中。在随机数表中任一行或一列的数字作为开始数，接着可按一定间隔顺序取数，取出的数字即为被抽取的样本。如果不是重复抽样，碰上重复数字应舍掉，直到取出预定样本数为止。对于页号及起始点的产生方法，要保证其随机性，可采用随机翻开一本书，对应的页码为起始页号；或者随意抛掷一根火柴，火柴头所指的数字为起始页号。对于起始行号和起始列的选取也可采取同样的方法进行。

【例】从94家上市公司中抽取12家作为调查样本，根据如表3-8所示的随机数表，可先将94家公司按1～94编号，然后将随机数表上任意一点的一个数字作为起点数，从这个数字开始按上下或左右顺序读取的数字，即为被抽中的公司编号。假定本例是从第4行左边第 5 个数字向右顺序读起，则所抽取号码是：68 27 31 05 03 72 93 15 55 59 56 35，此过程中的 96 舍去不用是因为在顺序抽取的过程中，遇到比编号 94 大的数字，应该舍去。

表 3–8 随机数表（乱数表）

03	47	43	73	86	36	96	47	36	61	46	98	63	71	62
97	74	24	67	62	42	81	14	57	20	42	53	32	37	32
16	76	62	27	66	56	50	26	75	07	32	90	79	78	53
12	56	85	99	26	96	96	68	27	31	05	03	72	93	15
55	59	56	35	64	37	54	82	46	22	31	62	43	09	90
01	22	77	94	39	49	54	43	55	82	17	37	93	23	78
41	11	17	53	71	57	24	55	06	88	77	04	74	47	67
61	26	63	78	59	16	95	55	67	19	98	10	50	71	75
33	21	12	86	29	78	64	56	07	82	52	42	07	44	38
57	60	17	34	44	09	47	27	96	54	49	17	45	09	62
70	28	17	12	13	40	33	20	38	26	78	83	51	03	74
56	62	37	35	18	98	83	50	87	75	83	11	25	93	47

（2）简单随机抽样应用场合。

简单随机抽样技术保证每个总体单位在抽选时都有相等的被抽中机会，以一个完整的总体单位表为依据抽取样本。由于在现实中编制这样一个完整的表比较困难，多数情况下也是不可能做到的，所以在实际工作中我们可以通过电话随机拨号功能、从计算机档案中挑选访谈对象等方法实现。

简单随机抽样技术由于获取的样本分散，访谈费用一般比较高。当抽样数量多、覆盖面大时，数据收集过程将会既费时又费钱。在实际市场调查中，简单随机抽样往往不是切实可行的，因为我们不能对总体中所有要素进行确认和标识。

这种方法一般适用于调查总体中各单位之间差异较小的情况，或者调查对象不明，难以分组分类时的情况。如果市场调查范围较大，总体内部各单位之间的差异程度较大，则要同其他随机抽样技术结合使用。在简单随机抽样技术条件下，抽样概率公式为：

抽样概率 = 样本单位数/总体单位数

2. 分层随机抽样技术

分层随机抽样技术又称为分类随机抽样技术，是把调查总体按其属性不同分为若干互不重复的层次（或类型），然后在各层中独立的随机抽取样本。如果每层都是简单随机样本，则称为分层随机抽样，样本为分层随机样本。例如，调查人口，可按年龄、收入、职业、地域等标志划分为不同的阶层，然后按要求在各个阶层中进行随机抽样。

（1）分层样本的抽取方法。

首先要选择一个合适的分层标志，把总体各单位分成两个或两个以上的相互独立的组（例如，按性别分为男性、女性两组；按收入分为高收入、中收入、低收入三组）。进行具体划分时，通常考虑尽可能使层内单位具有相同的性质，以便于对每一类目标量进行估计；尽可能使层内单位的标志值相近，层间单位差异尽可能大，以提高抽样的估计精度；按类型和层内单位标志值相近的原则可以进行多重分层，同时实现估计类值及提高估计精度的目的。实际中，也可以按行政管理机构设置分层，便于组织实施。例如，我们正在进行一次新产品销售调查，要预测销售额，通常要按经济收入进行分组，因为经济收入水平不同的人群购买新产品的可能性不一样。

其次，将样本分配到各层，分配方式有三种。第一种为比例分配，即按各个层中的单位数量占总体单位数量的比例分配各层的样本数量，主要考虑了各层单位数多少的差异，保证总体单位数较多的层抽取较多的样本。

【例】 某地有居民20000户，按经济收入高低进行分类，其中高收入的居民为4000户，占总体的20%；中收入为12000户，占总体的60%；低收入为4000户，占总体的20%。要从中抽取200户进行购买力调查，则各类型应抽取的样本单位数如下。

高经济收入样本单位数目为：200×20%=40（户）

中经济收入样本单位数目为：200×60%=120（户）

低经济收入样本单位数目为：200×20%=40（户）

第二种为尼曼（Neyman）分配，分配的条件是按各层总体单位数比重及各层标准差大小分配样本单位数，从而不仅可以保证总体单位数较多的层，即规模大的层抽取较多的样本，而且充分考虑到各层样本的差异，标准差大的层样本差异大，抽取的样本量大，这样可以更加客观地反映总体特征，样本的代表性更好。

第三种为最优分配，其分配原则是：在给定费用的条件下使估计量的方差达到最小，或在精度要求（常用方差表示）一定的条件下使总费用最小。最优分配随机抽样技术在市场调查中采用较多，这种方法简便易行，分配合理，计算方便，适用于各类型之间差异不大的分类抽样调查。其计算公式为：

$$n_i = n\frac{N_iS_i}{\sum N_iS_i}$$

其中：n_i为各层应抽取样本单元数，n为样本单元总数，N_i为各层的单元数，S_i为各层的样本标准差。

【例】 某地共有居民4000户，按经济收入水平高低进行分层，其中高收入的居民占20%，为800户；中收入的居民占总体的60%，为2400户；低收入居民占20%，为800户。某公司拟调查某种商品在该地区的销售前景。因该商品的消费与居民的收入水平有关，故以经济水平高低分层并采用最优分配法。抽取的样本单元数为200户。设各层样本标准差分别为150、100、50，可得表3-9所示的数据。

表3-9 各层单位数与各层样本标准差乘积计算表

各层次	各层单位数（户）N_i	各层样本标准差（户）S_i	乘积N_iS_i
高收入	800	150	120000
中收入	2400	100	240000
低收入	800	50	40000
总计	4000		400000

高收入层抽取的样本单元数为：

$$200\times\frac{120000}{400000}=60(\text{户})$$

中收入层抽取的样本单元数为：

$$200\times\frac{240000}{400000}=120(\text{户})$$

低收入层抽取的样本单元数为：

$$200 \times \frac{40000}{400000} = 20(\text{户})$$

第三步，抽取样本进行调查。当总体划分后，从两个或两个以上的层中随机抽样，这时总体中每一个单位只居于某一个层，各层内可以采用不同的抽样方式。一般来说，可以采取分层随机抽样，用层内简单随机抽样的方式抽取样本。

（2）分层随机抽样应用场合。

分层随机抽样适用于调查标志在各单位的数量分布差异较大的情况（总体情况复杂，各单位之间差异较大，单位较多）。因为对这样的总体进行合理的分层后可将其差异较多地转化为层间差异，从而使层内差异大大减弱。

当总体有周期现象时，用分层随机抽样法可以减少抽样方差。通常，在满足下述条件时，分层在精度上会有很大的提高：总体是由一些大小差异很大的单位组成的；分层后，每层所包含的总体单位数是可知的，即分层后各层的权重是确知的或可以精确估计的；要调查的主要变量（标志）与单位的大小是密切相关的；分层变量容易确定。

对于分层随机抽样技术与简单随机抽样技术，人们往往选择分层随机抽样技术，因为分层随机抽样作用通常表现如下。

一是抽样效率高。分层随机抽样能够充分地利用关于总体的各种已知信息进行分层，因此抽样的效果一般比简单随机抽样要好，但当对总体缺乏较多的了解时，则无法分层或不能保证分层的效果。由于分层随机抽样的误差只与层内差异有关，而与层间差异无关，因此，分层随机抽样可以提高估计量的精度。

二是样本代表性好。由于分层随机抽样是在每层内独立地进行抽样，因此，分层随机样本能够比简单随机样本更加均匀地分布于总体之内，所以其代表性也更好些。另外，分层随机抽样的随机性具体体现在层内各单位的抽取过程之中，即各层内部的每一个单位都有相同的机会被抽中，而在层与层之间则是相互独立的。

三是各层的抽样方法可以不同。分层随机抽样中，由于各层的抽样相互独立，互不影响，且各层间可能有显著的不同，因此，对不同层可以按照具体情况和条件分别采用不同的抽样和估计方法进行处理，从而提高估计的精度。

四是便于组织实施。分层随机抽样调查实施中的组织管理及数据收集和汇总处理可以分别在各层内独立地进行，层内抽样方法可以不同，因此，较之简单随机抽样更方便，而且便于抽样工作的调查与组织实施。如进行全国范围内大型抽样调查，按行政区划分或行业分层后，便于调动各级主管部门的积极性，分头实施抽样的组织和调查工作。并且，各层可以根据层内特点，采用不同的抽样方法。

五是可以推算总体及各层的参数。分层随机抽样中除了可以推断总体参数外，还可以推断各不同层的数量特征，并进一步作对比分析，适应实际需要，可以提供子总体指标和总体指标，从而满足不同方面的需要，也能帮助人们对总体作更全面、更深入的了解，但对各层的估计缺乏精度保证。如对某市企业进行抽样调查，要求给出各行业的指标及全市的相关指标，这时就可以按行业分层，所得样本数据可以估计全市的指标、各行业的指标等。

3. 等距抽样技术

等距抽样是将 N 个总体单位按一定顺序排列，先随机抽取一个单位作为样本的第一个单位，即起始单位，然后按某种确定的规则抽取其他样本单位的一种抽样方法。由于这种抽样方法看起来似乎很“机械”，所以有时也称为机械抽样。另外，由于等距抽样提供了随机且独立的挑选样本单位的方式，并区别于简单随机抽样，因此有时也称为伪随机抽样，在实际中应用非常广泛。

（1）等距抽样的样本抽取方法。

等距抽样经常作为简单随机抽样的代替方法使用。由于其简单，所以应用相当普遍。等距抽样得到的样本几乎与简单随机抽样得到的样本相同。操作步骤如下。

第一步，使用这种方式，必须先按一定标志把总体中的个体顺序排列，然后根据总体单位数和样本单位数计算出抽样距离（即相同的间隔），然后按相同的距离或间隔抽选样本单位。抽样距离计算公式为：

$$抽样距离 = 总体单位数(N)/样本单位数(n)$$

【例】 某地区有零售店110户，采用等距离抽样方法抽选11户进行调查。

第一步，将总体调查对象（110户零售店）进行编号，即从1号编至110号。

第二步，确定抽样间隔。已知调查总体 $N = 110$，样本数 $n = 11$ 户，故抽样间隔 $= 110/11 = 10$（户）。

第三步，确定起抽号数。用10张卡片（即抽样间隔）从1号至10号编号，然后从中随机抽取1张作为起抽号数。如果抽出的是2号，2号则为起抽号数。

第四步，确定被抽取单位。从起抽号开始，按照抽样间隔选择样本。本例从2号起每隔10号抽选一个，直至抽足11个为止。计算方法是：

2

$2 + 10 = 12$

$2 + 10 \times 2 = 22$

……

$2 + 10 \times 10 = 102$

即所抽的单位是编号为2、12、22、32、42、52、62、72、82、92、102的11个零售店。

等距离抽样，方法简单，省却了一个个抽样的麻烦，适用于大规模调查；同时，还能使样本均匀地分散在调查总体中，不会集中于某些层次，增加了样本的代表性。

如果按无关标志排序，即用来对总体单位进行排序的辅助标志，与所要调查研究的标志是不同性质的，二者没有任何必然的关系。如研究人口的收入状况时，按身份证号码、按门牌号码排序非常方便，一般说来，这些号码与调查项目没有关系，因此可以认为总体单位的次序排列是随机的。在无关标志排序的条件下，虽然是等距抽样，它与随机数字表上抽样在性质上并无不同，故无关标志排序的等距抽样，实质上等同于简单随机抽样。

如果按有关标志排序，即用来对总体单位规定排序的辅助标志，与调查标志具有共同性质或密切关系。这种排序标志，在我国抽样调查实践中有广泛应用，如农产量调查，以本年平均亩产为调查变量，以往年已知平均亩产作为排序标志。利用这些辅助标志排序，特别是利用与调查变量具有相同性质的辅助变量排序，有利于提高等距抽样的抽样效果。如果总体只有一个线性趋势，则等距抽样的方差同每层抽一个单位的分层随机抽样的方差都比简单随机抽样的方差小。

如果按自然位置进行排序，则处于上述两种排序之间，根据各单位原有的自然位置进行排序。例如，入户调查根据街道门牌号码按一定间隔抽取；工业生产质量检验每隔一定时间抽取生产线上的产品；工厂中的工人名单按原有的工资名册顺序抽取等。这种自然状态的排列有时与调查标识有一定的联系，但又不完全一致，这主要是为了抽样方便。

第二步，确定抽样起点。在划分好间隔的总体中，从第一段总体单位中随机确定抽样起点，可以采用简单随机抽样或其他方式。如每隔 50 个总体单位抽取一个样本，则可以在 1 ~50 号之间利用随机数法确定一个号码作为起始点。

第三步，按照相等的间隔顺序抽取样本。如果总体单位数恰好是样本量 n 和间隔 K 乘积，则可以直接按照间隔抽样。如果不是这样，需要在用间隔 K 选样之前，用同等概率选出一些号码，然后将这些号码复制后加到清单的最后，将总体单位数增加到恰好为 nK。

实际中，经常采用循环等距抽样的方法，把清单看成是循环的，这样最后一个单位后面就紧接着第一个单位。从 1 到 K 中挑选一个随机起点，在其基础上加间隔 K，当清单的最后选完了之后，再从头开始继续，直到恰好有 n 个元素被选出为止，任何一个方便的间隔 K 都会导致一个概率 $\frac{n}{N}$ 的同等概率抽样。一般来说，选择与比值 $\frac{N}{n}$ 最接近的整数作为 K 值。这个方法有很大的灵活性，并可以应用于许多场合，可以用它来把一个间隔应用于多个层，在多阶段抽样中对很多群使用同一间隔。

（2）等距抽样应用场合。

当总体信息名录不容易找到，或者总体数量大编制信息名录工作量大的时候，等距抽样会使得样本的抽取简便易行。因为等距抽样所需的只是总体单位的顺序排列，只要随机确定一个（或少数几个）起始单位，整个样本就自然确定，在某些场合下甚至可以不需要抽样框。如对某市的机动车辆进行调查，确定抽样比为 1%，则可在 00 ~ 99 中随机抽取一个整数（如 63），只要对车辆牌照号末两位为 63 的车辆进行调查即可。

样本单位在总体中分布比较均匀时，利用等距抽样技术有利于提高估计精度。如果调查者对总体的结构有一定了解，可以利用已有信息对总体单位进行排列，即按有关标志对总体单位排序，这样采用有序系统抽样就可以有效地提高估计的精度。

另外，当调查人员不熟悉抽样专业技术时这种方法容易被非专业人员所掌握，而且还因其较易保留抽样过程的原始记录，便于监督和检查，因此在一些大规模抽样调查中，经常采用等距抽样以代替简单随机抽样。

4. 整群抽样技术

整群抽样是将总体划分为若干群，然后以群（cluster）为抽样单位，从总体中随机抽取一部分群，对抽中群中的所有基本单位进行调查的一种抽样技术。我们把由若干个基本单位所组成的集合称为群，每个基本单位只能够唯一地被划归为一个群，并且群的产生是随机的。

（1）整群抽样的样本抽取方法。

第一步，选择群单位，将总体划分为若干个群。整群抽样只是在所有群之中抽取一部分群进行调查，群间差异的大小直接影响到抽样误差的大小，而群内差异的大小则不影响抽样误差。这就决定了分群的原则应该是：尽量扩大群内差异，而缩小群间差异。整群抽样中的“群”大致可分为两类，一类是根据行政或地域形成的群体，如学校、企业或街道，对此采用整群抽样是为了方便调查、节省费用；另一类则是调查人员人为确定的，如将一大块面积划分为若干块较小面积的群，这时，就需要考虑如何划分群，以使在相同调查费用下抽样误差最小。表 3-10 列举了可能作为群单位的实例。

表 3-10　群单位的实例

总　量	变　量	基本单位	群或抽样单位
（1）A 市	住户特征	寓所	街区
（2）B 市	购买衣物	人	寓所或街区
（3）机场	旅游信息	离开旅客人数	航班
（4）大学	就业计划	学生	班级
（5）乡村人口	社会态度	成人	村
（6）通过桥梁年车流量	发车地和到达地	机动车	40 分钟间隔
（7）城市土地所有者档案	税务信息	土地所有者	档案分类账的页数
（8）健康保险档案	医疗数据	卡片	连续 10 张卡片一组

划分出合乎要求的群是一个实际要斟酌的问题，它要根据调查和财力允许的情况来确定。基本单位由调查目的来确定，在某些研究中，住户被当作人的一个群体，但在另一些研究中，整个城市可能被当做一个基本单位。国家这一总体可以分别看做是全部县、城市和城镇、区段和街区的总和。

第二步，编制群的信息框，抽取样本群。整群抽样是对群进行随机抽样，抽到的群的所有基本单位全部入样，因此抽取群单位的时候并不需要总体单位的基本信息。调研人员只需要编制关于群的信息框就可以了。另外，在抽取群的时候通常可以采取简单抽样的方法，这可以使得抽样工作大为简化。

（2）整群抽样的应用场合。

当调查的总体规模比较大的时候，可以选择整群抽样的方法，将调查总体划分为若干个群体，获取的调查样本相对集中，可以降低调查的费用，简化样本抽取的过程。当调查的总体中存在局部同质性的时候，如一般家庭成员中都有男性、女性，如果估计男女性别比例，以家庭作为群，采用整群抽样，这样会使估计的精度比直接抽取个人估计的精度高。

整群抽样还有特殊的用途。有些现象的研究，如果直接调查作为基本单位的个体，很难说明问题，必须以一定范围内所包括的基本单位为群体，进行整群抽样，才能满足调查的目的。如人口普查后的复查，要想估计出普查的差错率，只有通过对一定地理区域内的人口群体作全面调查才行。类似地诸如人口出生率、流动率等调查都需要采用整群抽样。整群抽样与简单随机抽样相比具有以下的特点。

1）抽取群单位的信息框编制简化。在实践中，因为没有相应的资料，构造包含总体单位基本信息的抽样框通常是不可能的；有时虽然可以构造这样的抽样框，但工作量极大。而群的信息框通常会容易寻找。

2）实施调查便利，节省费用。在总体基本单位分布很广的情形下，简单随机抽样会使样本分布过于分散，给调查带来不便，并使调查费用增大。而整群抽样调查单位的分布相对集中，调查人员能节省大量来往于调查单位间的时间和费用。而且，如果群是以行政单位划分的，调查时得到行政单位的配合，更有助于调查的实施，可得到较高质量的原始数据。

3）整群抽样的随机性体现在群与群间不重叠，也无遗漏，群的抽选按概率确定。如果把每一个群看作一个单位，则整群抽样可以被理解为是一种特殊的简单随机抽样。

5. 多阶段抽样技术

先在总体各单位（初级单位）中抽出样本单位，并不对这个样本单位中的所有下一级单位（二级单位）都进行调查，而是在其中再抽出若干个二级单位进行调查。这种抽样方法称为二阶段抽样。同样的道理，还可以有三阶段抽样、四阶段抽样等。对于二阶段及其以上阶段的抽样，统称为多阶段抽样。

实际工作中，多阶段抽样通常和整群抽样结合使用，从方法上看，整群抽样是由一阶段抽样向多阶段抽样过渡的桥梁。在第一阶段抽样中，如果抽出群后即对其中的所有单位进行调查，是单阶段整群抽样。如果抽出群后，进一步从低一级的单位抽取子样本（二阶段），即二阶段抽样。也可以进一步在样本的各单位中从更低一级的单位再抽取样本（三阶段），等等。最后一个阶段所抽出的单位可以是基本单位，也可以是群体（基本单位的集合）。

（1）多阶段抽样的样本抽取方法。

考虑初级单位中二级单位规模相等的情形。对于初级单位大小不等的情形，可以通过分层，将大小近似的初级单位分到一层，则层内的二阶段抽样就可以按初级单位大小相等的方式来处理。

第一阶段在总体 N 个初级单位中，以简单随机抽样抽取 n 个初级单位。

第二阶段在被抽中的初级单位包含的 M 个二级单位中，以简单随机抽样抽取 m 个二级单位，即最终接受调查的单位。

例如，某个新开发的小区拥有相同户型的 15 个单元的楼盘，居民已经陆续搬入新居，每个单元住有 12 户居民，为调查居民家庭装潢的情况，准备从 180 户居民户中抽取 20 户进行调查。我们可以利用二阶抽样方法。这时，初级单位有 15 个，每个初级单位拥有的二级单位为 12 个。首先将单元从 1 到 15 编号，在 15 个单位中随机抽取 5 个样本单元，分别是 1，6，9，12，13 号；然后在被抽中单元中，分别独立随机抽取若干户居民并进行调查，即在这 5 个单元中，分别在 12 户居民户中随机抽取 4 户。如表 3-11 所示。

表 3-11　多阶段抽样的样本抽取示例

编　号	单　元	房					号						
1	一栋 A 座	1	2*	3*	4*	5	6	7	8	9	10*	11	12
2	一栋 B 座	1	2	3	4	5	6	7	8	9	10	11	12
3	一栋 C 座	1	2	3	4	5	6	7	8	9	10	11	12
4	二栋 A 座	1	2	3	4	5	6	7	8	9	10	11	12
5	二栋 B 座	1	2	3	4	5	6	7	8	9	10	11	12
6	二栋 C 座	1*	2	3	4	5	6*	7	8	9*	10	11*	12
7	三栋 A 座	1	2	3	4	5	6	7	8	9	10	11	12
8	三栋 B 座	1	2	3	4	5	6	7	8	9	10	11	12
9	三栋 C 座	1	2	3	4	5*	6	7*	8*	9	10*	11	12
10	四栋 A 座	1	2	3	4	5	6	7	8	9	10	11	12
11	四栋 B 座	1	2	3	4	5	6	7	8	9	10	11	12
12	四栋 C 座	1	2	3	4	5*	6	7*	8*	9	10	11*	12
13	五栋 A 座	1	2	3	4*	5	6*	7*	8	9	10	11*	12
14	五栋 B 座	1	2	3	4	5	6	7	8	9	10	11	12
15	五栋 C 座	1	2	3	4	5	6	7	8	9	10	11	12

注：带＊的为抽取的居民户。

（2）多阶段抽样的应用场合。

多阶段抽样适用于总体基本单位数目很大，分布很广的情况。此时，若采用简单随机抽样，编制全部总体单位的抽样框和现场实施随机抽样，都是相当困难的；若采用等距抽样，则为了提高抽样估计效率，需将全部总体单位有序排列并等距抽取，这也是很困难的；若采用分层抽样，则为了提高抽样估计效率，需掌握全部总体单位的有关资料，按照分层的原则进行分层，然后到各层都去抽样，这一分层和在大范围抽样的工作是很繁重的；若采用单阶段整群抽样，也需掌握总体单位的有关资料，按分群的原则分群，并在抽中的群内作全面调查，这一分群和在群内全面调查的工作也是很庞大的。如我国有一亿八千多万农户，为作农村住户调查，若编制这样庞大的抽样框直接抽取农户；或按其特点分层，使层内方差较小；或进行分群，使群内方差较大等，其工作量之大都是难以想象的。

若采用多阶段抽样，就可避免上述抽样技术中的弊端。它可按现有的行政区或地理区域划分各阶抽样单位，从而简化抽样框的编制，便于样本单位的抽取，使整个抽样调查的组织工作容易进行。如在农产量调查中，一般采用的是五阶段抽样，即省抽县，县抽乡，乡抽村，村抽地块，地块抽样本点进行实割实测。因此，可以说多阶段抽样既保持了单阶段整群抽样的优点，又克服了它的缺点。

（二）抽样框的编制方法

一般情况下，抽样框需要按其构成要素，针对抽样组织形式，考虑抽样单位特点进行构建。抽样框是抽样调查前在可能条件下做出的抽样单位一览表或一览图，即由抽样单位构成的名录。例如，如果以学校班级为抽样单位，则学校所有班级名册便是抽样框。抽样框既可以是一份包含所有抽样单位的名单，也可以是一张地图或其他适当的形式，如电话簿的列表、餐厅的菜单、包含公司所有客户名单的数据库或是电子数据库的目录等。

1. 抽样框的构成要素

概率抽样要求从有限个单位的集合中抽取出一个子集，并能得知这个子集被选中的概率，抽样框是实现这个要求的前提条件，因此，概率抽样离不开抽样框的设计。一个完整的抽样框所必须包括的构成要素包括：抽样框单位的名称；抽样框单位与目标总体之间的联结规则；辅助信息，包括抽样单位的规模、抽样单位的地址以及区分不同抽样单位类型的其他识别标志。

在抽样调查中，抽样框起着非常重要的作用，抽样框的结构，框内所包括的信息，以及这些信息的质量，将决定调查中抽样设计的类型和估计的程序。

如缺乏辅助信息的简单抽样框只能用于简单抽样设计。最简单的抽样框是一份仅能确认每个目标总体元素的名单，除此之外没有其他的信息，这样的抽样框只能进行非常简单的抽样设计，即简单随机抽样。

又如包含辅助信息的复杂抽样框可以用于较复杂的抽样设计，有助于提高抽样设计的效率。一些抽样方法，如分层抽样，与规模成比例的概率抽样，或一些特殊的估计方法（如比率估计、回归估计等），除了要求抽样框具有抽样单位的名单，还要求抽样框具有其他一些辅助信息。抽样框不仅决定抽样设计的类型和估计的方法，而且对估计的精度有直接的影响。不完善的抽样框会引起抽样估计的偏差，降低抽样估计的精度。

2. 抽样框的编制

不同的抽样方法，对抽样框有不同的要求。因此，抽样框的结构、框内应包含的信息是由抽样方法决定的，抽样框要根据抽样方法的要求来编制。

如果采用简单随机抽样方法，抽样框中只要具有基本单位的名称、地址及编号就可以了。但这时可能面临一个非常棘手的问题，抽样框中需要包含每一个总体单位的基本信息，这在市场调查中通常是不可能实现的。正因为这样，简单随机抽样技术不能被广泛地应用。

如果采用分层随机抽样，除了需要基本单位的名称、地址以外，还必须按照所选择的分层标志对总体进行分类，把基本单位归属于不同的类（层）中，并对各层的基本单位分别进行编号。这种方法中，由于层内实行简单随机抽样，在各层抽样框的编制与简单随机抽样的要求相同。

如果采用等距抽样，只需要将总体按照选定的标志排序，确定抽样间隔、起始单位号就可以了，并不需要编制特定的抽样框。

如果采用整群抽样，抽样框只需要编制设定的群单位的信息，而不必寻找总体单位的信息，如以宿舍为群单位抽样，抽样框只需要包含全部宿舍的信息（楼号、宿舍号、宿舍的人数）。

如果采用多阶段抽样，在每一阶段中需要按照整群抽样的抽样框编制的要求，按照设定的群单位编制抽样框。

3. 抽样单位对抽样框的影响

抽样框中的抽样单位与基本单位一致，称为元素抽样框。这样的抽样框适合于以基本单位作为抽样单位的抽样方法，如简单随机抽样、分层随机抽样、等距抽样等。

抽样框中的抽样单位是基本单位的集合，称为群抽样框，它适合于以群作为抽样单位的各种抽样方法，如整群抽样、分层整群抽样、等距整群抽样等。当群是由在地域上相连的基本单位组成时，如居住在同一条街道中的居民组成一群，或者一个行政区域内的企业组成一群等，由这样的群构成的抽样框称为区域抽样框。

抽样框中的各个单位是随机排列的，单位序号与所研究的标志值之间没有线性相关关系，这样的抽样框是无序抽样框。抽样框中的各个单位是按照与所研究的目标有关标志排列的，其单位序号与所研究标志值之间有较高的线性相关关系，这样的抽样框是有序抽样框。在等距抽样中，使用无序抽样框，总体单位按照无关标志排队，则可以采用简单随机抽样的方法进行估计。

抽样框中的单位既不是调查单位，也不是调查单位的集合，这样的抽样框是替代抽样框。替代抽样框的好处是容易取得抽样框资料，大大节约抽样设计的费用，其弊端是抽样框与目标总体常常不一致，容易导致抽样框误差。如居民购买力调查，以电话号码簿作为抽样框，就是替代抽样框。以电话号码簿作为抽样框抽取样本调查居民的购买力，有可能导致居民身份的界定不清、遗漏调查对象的问题。如果编制居民户抽样框，寻找到完备的居民户的名单和地址工作量是巨大的。

把抽样单位的名称按照一定顺序排列起来形成的抽样框是名单抽样框，它适合于以人或机构单位作为抽样单位的抽样调查；把抽样单位的地理位置按照自然顺序排列起来，形成一张标有抽样单位地理位置和区域的“地图”，从中抽取样本单位，这样的抽样框是地图抽样框，它适合于以区域单位作为抽样单位的抽样调查；以时间单位作为抽样单位编制的抽样框是时序抽样框，它主要应用于工业产品的质量检验与控制。

4. 抽样框的设计原则

（1）完备性原则。目标总体中的每个抽样单位必须以一个号码出现，而且只能以一个号码出现；同时，每个号码必须对应目标总体中的一个抽样单位，而且只能对应目标总体中的一个抽样单位。

（2）可行性原则。这个原则包括两个方面，一是以什么作为抽样单位能够比较便利地搜集到抽样单位的名单，二是以什么作为抽样单位便于样本的抽取。比如，调查某地个体商业户的营业状况，有户和村两种抽样单位可供选择，如果没有该地个体商业户名单的话，以户作为抽样单位就存在一定困难。虽然可以通过全面调查的方式取得该地区个体商业户的名单，但这样做需要支付较多的费用，某种程度上丧失了抽样调查的意义，而以村作为抽样单位则是很方便的。

（3）正态性原则。由于实际工作中遇到的总体一般都不是正态分布，而是属于偏态分布，根据中心极限定理，对于这类分布，要保证估计量的正态分布，必须以较大的样本容量为代价。从这一观点看，抽样单位不宜太大，即抽样单位中所含个体数目不宜太多。因为在最终调查单位一定的条件下，抽样单位越大，受费用的约束，样本容量就越小。当抽样单位大到一定程度，进而使样本容量小到一定程度时，估计量的正态分布就难以保证。

（4）效率性原则。抽样估计的效率是指在调查费用一定、最终调查单位数目一定的条件下，估计量方差的大小。估计量方差越小，估计的效率越高，抽样单位的大小与估计量的方差有关。对于等概率抽样，通常情况下，抽样单位越大，估计量的方差也要增大。这要区别两种情况：一是个体单位在空间上较为集中，此时，从效率上考虑，在可实施的情况下，应尽量取小单位作为抽样单位；另一种情况是个体单位在空间上较为分散，此时，将相邻的个体单位组合成一个较大的单位作为抽样单位，可以相对节约调查费用。这种情况下，如果费用节约的速度快于方差增大的速度，可采用大单位作为抽样单位。否则，应取小单位作为抽样单位。

【例】 某公司要调查某地家用电器产品的潜在用户，这种产品的消费同居民收入水平有关，因此以家庭收入为分层基础。假定该地居民户即总体单位数为20000户，已确定调研样本数为200户。家庭收入分高、中、低三层，其中高收入家庭为2000户，占总体单位数的比重为10%；中等收入家庭为6000户，占总体单位数的30%；低等收入家庭为12000户，占总体单位数的60%。现又假定各层样本标准差为：高收入家庭是300元，中等收入家庭是200元，低等收入家庭是50元。现要求根据最优分配抽样法，确定各收入层家庭应抽取的户数各为多少？

点评：为了便于观察，列表3–12如下。如果根据等比例分层抽样的话，那么，高收入家庭的分层样本数为20户（200×10%）；中等收入家庭的分层样本数为60户（200×30%）；低等收入家庭的分层样本数为120户（200×60%）。将等比例分层抽样和最优分配抽样两种方法抽取的各层样本数做个对比，不难看出，相比于等比例分层抽样法，根据最优分配抽样法抽取样本，则高档收入家庭的分层样本数增加了30户，中等收入家庭的分层样本数增加了40户；低等收入家庭的分层样本数则减少了70户。由于购买家用电器同家庭收入水平是成正比例变动的，所以，增加高、中档层的样本数，相应减少低档层的样本数，将有利于提高抽样的准确性。

表 3-12　调查单位数与样本标准差乘积计算表

家庭收入分层	各层调查单位数（潜在用户数）	各层的样本标准差	乘　积	样本单位数
高	2000	300	600000	200 × 600000 ÷ 2400000 = 50
中	6000	200	1200000	200 × 1200000 ÷ 2400000 = 100
低	12000	50	600000	200 × 600000 ÷ 2400000 = 50
合计	20000	—	2400000	—

三、非概率抽样技术及其应用

非概率抽样是指在抽样时不按照随机原则，而是按照某个人为的标准抽取。为什么要采用非概率抽样呢，主要有以下几个原因：①受各种条件限制，无法进行随机抽样；②尽快地获得调查结果，提高时效性；③调查人员有丰富的调查经验，且总体各单位间的离散程度不大。非随机抽样主要有四种方式，即便利抽样、判断抽样、配额抽样和裙带抽样。

1. 便利抽样

便利抽样又称为偶遇抽样、任意抽样，是指研究者根据现实情况，以自己方便的形式抽取到偶然遇到的人作为对象，如仅仅选择那些离得最近，最容易找到的人作为对象。常见的街头随访或拦截访问、邮寄式调查、杂志内问卷调查以及网上调查都属于便利抽样的方式。

便利抽样是所有抽样技术中花费最小的（包括经费和时间）。抽样单元是可以接近的、容易测量的、并且是合作的。应该注意区分与随机抽样的差别。从表面看，这种方法与随机抽样相似，都排除了主观因素的影响，纯粹依靠客观机遇来抽取对象。但一个根本的差别在于这种抽样方法没有保证总体中的每一个成员都具有同等的被抽中的概率。那些最先被碰到的、最容易见到的、最方便找到的对象具有比其他对象大得多的机会被抽中。正是这一点使我们不能依赖便利抽样得到的样本来推论总体。

【例】　调查者在路上或其他地方（如快餐店或便利店等），拦下行人进行访问就是一种便利抽样。

【例】　一些大城市想做流动人口消费品购买力调查，往往无法采取随机抽样法，而是在车站、码头、机场、旅馆或大商场等处，碰到外地旅客就随便进行询问调查。

【例】　宁波市调研人员想了解宁波市民对于规划的万达商圈停车位的满意程度，所以去访问在商圈附近逛街的市民。

2. 判断抽样

判断抽样是指研究者依据自己的主观分析和判断，来选择那些适合研究目的的个体作为调查对象的一种抽样方法。判断抽样法适用于调查总体构成单位极不相同，调查单位总数比较少，样本数很小的情况。

判断抽样的主要优点在于可以充分发挥研究人员的主观能动作用，特别是当研究者对研究总体的情况比较熟悉、分析判断能力较强、研究方法与技巧十分熟练、研究的经验比较丰富时，采用这种方法往往十分方便。

判断抽样适用于调查员基于选择标准抽取典型样本的任何情形。使用这种抽样法应极力避免挑选极端的类型，而选取“多数型”或“平均型”的样本为调查研究的对象，以期透过对典型样本的研究而了解总体的状态。例如，从全体企业中抽选若干先进的、居中的、落后的企业作为样本，来考虑全体企业的经营状况。

判断抽样可以有两种具体做法。一种是由专家判断选择样本，一般采用平均型或多数型的样本为调查单位，通过对典型样本的研究由专家来判断总体的状态。所谓“平均型”，是在调查总体中挑选代表平均水平的单位作为样本，以此作为典型样本，再推断总体。所谓“多数型”，是在调查总体中挑选占多数的单位作为样本来推断总体。

【例】 某企业要调查其自身产品与竞争对手产品的销售情况，根据主观判断选择了一些同时对销售双方产品有影响的、非常有代表性的零售商店作为样本。

【例】 调查中国钢铁行业的管理机制、运营机制及改革等状况，所挑选的样本单位一定得避开鞍钢、宝钢和首钢等几家国有特大型钢铁企业，其原因是尽管它们的钢铁产量占全国钢铁产量的大半，但是它们的管理水平、运营能力等不能代表众多钢铁企业的现状。

另一种是利用统计判断选择样本，即利用调查总体的全面统计资料，按照一定标准选择样本。

【例】 调查中国钢铁行业的产品和产量现状，只要对鞍钢、宝钢和首钢等几家国有特大型钢铁企业进行调查，就足以大致掌握我国钢铁工业的产品和产量现状了，因为这几家钢铁企业的钢铁产量占全国的大半，把握了它们的生产情况就可以把握总体的生产情况。

当调查目的是了解、探索某一现象及事物产生异常的原因时，便需要选择“极端型”的总体单位，来查找问题的根源所在。

【例】 在问卷设计阶段，为检验问卷设计得是否得当，调查者会有意地选择一些观点差异悬殊的人作为判断样本，即调查者专找那些偏离总体平均水平者进行调查，以确定问题答案的选项。

可见，我们通常所说的重点调查和典型调查都是判断抽样的特例。

3. 配额抽样

配额抽样是根据一定标志对总体分层或分类后，从各层或各类中主观地选取一定比例的调查单位的方法。所谓“配额”是指对划分出的总体各类型都分配给一定的数量而组成调查样本。也就是说，配额抽样是根据总体的结构特征来确定样本分配定额或分配比例，以取得一个与总体结构特征大体相似的样本，例如根据人口的性别与年龄构成确定不同性别、年龄的样本量。

配额保证了在这些特征上样本的组成与总体是一致的。一旦配额分配好了，选择样本单位的自由度就很大了。唯一的要求就是所选的样本单位要适合所控制的特性。因而，配额抽样较之判断抽样加强了对样本结构与总体结构在“量”的方面的控制，能够保证样本有较高的代表性。

配额抽样是非随机抽样技术中使用最频繁的方法，这种方法只要求调查者对总体的结构有明确的了解，能够根据不同的特征标记予以区分，并按照这种总体结构特征提出样本份额，而不需要知道总体的量。调查人员只要事先知道总体结构的配额，在这个配额内就可以自己挑选询问对象，同时若遇到拒答时，可随意另找人替补，不会影响抽样设计。所以若需要快速得到调查结果的话，配额抽样是不错的选择。

配额抽样尽管具有费用低、灵活性强、速度快等优点，但是存在定性标志（如人们的态度、观点等）无法分配的问题，另外由于调查者有极大的自由去选择样本个体，这种方法常因调查者的偏好及个人方便性而使样本丧失代表性，从而降低调查的估计准确度。

就配额抽样来说，通常分为独立控制配额抽样和非独立控制配额抽样两大类。

（1）独立控制配额抽样。

它是对调查对象只规定具有一种控制特征的样本抽取数目。独立控制配额抽样法按被调查对象抽取数目和某个控制特征规定配额，而不是规定具有两种或两种以上控制特征的样本抽取数目及规定配额。如按被调查对象的控制特征分为年龄、性别、收入三种，确定样本总数为 180 个，按独立控制特征配额抽样，则样本分配数额如表 3–13 所示。

表 3–13　独立控制特征配额抽样的样本分配数额

年龄		性别		收入	
18 ~ 29	30	男	90	高	36
30 ~ 40	50			中	54
41 ~ 55	60	女	90	低	90
56 岁以上	40				
合计	180	合计	180	合计	180

从表中可以看出，虽然有年龄、性别、收入三个控制特征，但各特征是独立控制配额抽取样本数目的，不要求相互受到牵制，也不规定三种控制特征之间有任何关系。如在 18 ~ 29 岁年龄组的有 30 人，这 30 人中间男、女各多少，高收入、中收入及低收入又各有多少，都没有规定样本抽取的数目。这就是独立控制配额抽样的特点。

【例】 某市欲在商业系统进行一项调研，样本的数目定为 50 家，决定采用独立控制配额抽样。现取行业类别、企业规模、企业所在地区三项控制特性作为分类标准，样本数额的分配结果列于表 3–14 中。

表 3–14　独立控制样本配额表

行业类别		企业规模		企业所在地区	
商业	25	大型	5	甲	10
饮食业	15	中型	10	乙	20
服务业	10	小型	35	丙	12
				丁	8
合计	50	合计	50	合计	50

在表中，对行业类别、企业规模和企业所在地区三项控制特性分别规定了样本数额，但其相互之间的交叉关系没有在数额上做出限定。如从商业单位抽取 25 个样本时，在规模和所在地区上没有明确要求；又如，5 个大型单位的样本既可较多或全部从商业单位中抽选，也可较少或不从商业单位中抽选，这完全由抽样者机动掌握。当然，最终选定的 50 个样本，应满足表中的数额要求。

独立控制配额抽样具有简便易行、费用少等优点，但有选择样本容易偏向某一类型而忽视其他类型的缺点。例如，偏重于年龄较轻的低收入或年龄较大的高收入者。这个缺点可通过相互控制配额抽样来弥补。

（2）相互控制的配额抽样。

相互控制的配额抽样同时对具有两种或两种以上控制特征的每一样本数目都做出具体规定，具体操作方法是借助于交叉控制表，又称为相互控制配额抽样表。相互控制配额抽样法的工作程序一般分为以下四个步骤。

1）确定控制特征。调查人员可事先根据调查的目的和客观情况，确定调查对象的控制特征，作为总体分类的划分标准，如年龄、性别、收入、文化程度等。

2）分层。根据控制特征对总体分层，计算各层单位数占调查总体的比例，确定各层之间的比例关系。

3）确定每层的样本数。首先确定样本总数，然后根据每层占总体的比例决定每层应抽取的数目。

4）配额分配，确定调查单位。在各层抽取样本数确定后，调查人员就可在指定的样本配额限度内任意选择样本。

【例】 样本总数20人。其中男女各为9、11人，社会阶层上、中、下等各为2、4、14个，年龄20～29岁、30～44岁、45～64岁、65岁以上分别为4、6、7、3人。为了明确样本在各层中的分配状况，必须先拟出一个相互交叉控制，如表3-15所示。

表3-15 相互控制配额抽样表

		社会阶层						
		上		中		下		合计
	性别	男	女	男	女	男	女	
年龄	20～29	1			1	1	1	4
	30～44		1		1	3	1	6
	45～64			1	1	2	3	7
	65以上					1	2	3
	合计	2		4		14		20

（3）相互控制配额抽样法设计的思路。

1）科学计算样本额度。相互控制配额抽样，不论是按三个特征还是四个特征甚至更多的特征设立，均可以运用运筹学方法统筹兼顾所有控制特征，使选定的样本可以更好代表总体。

2）考虑代表性，首先确定样本分配比例，最后推算样本总数。从省钱、省时角度考虑，应当将样本数目控制在必要的最低限度。所谓“必要”，是从考虑样本代表性的角度提出的样本数量下限。必要的最低限度的样本数目到底是多少，这是常常使抽样调查设计者感到困惑的事情。如果总体中个体单位差异不大，那么小样本就可以代表总体；如果总体中个体单位差异很大，那么只有大量样本才可以代表总体。小到几个或大到多少呢？既然考虑问题的出发点是样本的代表性，那么在建立配额计算模型时就应将这一思想贯彻进去，首先确定按控制特征分配的样本比例，然后在保证达到样本代表性要求的基础上确定所需必要的最低限度的样本数量，而不是相反。

3）在样本分配时，体现控制特征的重要性，强化对代表性问题的考虑。代表性本身是一个相对的概念，因为总体中个体单位间总是存在差异，所以用样本特征推断总体特征总存在着或多或少的误差，这是抽样调查方法本身不可避免的。既然如此，在考虑样本代表性的同时，必须将样本总数尽量降低。在相互控制配额抽样中，降低样本总数必然以忽视某个控制特征为条件，准确说是无法给予这一控制特征以足够重视。如果没有得到足够重视的某一控制特征相对于其他控制特征而言正好不太重要，即基本不损害样本代表性，而且这种“适当忽视”可以达成降低样本总数的目的，那么这种配额抽样设计无疑又完善了一步。

（4）配额抽样的特点。

配额抽样相当于包括两个阶段的加限制的判断抽样。在第一阶段需要确定总体中的特性分布（控制特征），通常，样本中具备这些控制特征的元素的比例与总体中有这些特征的元素的比例是相同的，通过第一步的配额，保证了在这些特征上样本的组成与总体的组成是一致的。在第二阶段，按照配额来控制样本的抽取工作，要求所选出的元素要适合所控制的特性。

配额抽样适用于设计调查者对总体的有关特征具有一定的了解而样本数较多的情况，实际上，配额抽样属于先“分层”（事先确定每层的样本量）再“判断”（在每层中以判断抽样的方法选取抽样个体），具有费用不高、易于实施、能满足总体比例的要求等特点。

但是，配额的框架必须十分精确，为了做到这一点，必须掌握最新的资料，这是十分困难的。其次，从某些特定的格子中选择样本时，可能会存在偏差，因为一个访员如果被要求与五位具有某些复杂特征的人面谈，他会本能地避免去访问要爬七层楼才能找受访者等。

4. *裙带抽样*

裙带抽样，有时又叫雪球抽样，即通过少量的样本单位以获取更多样本单位的信息。顾名思义，裙带抽样是先选择一组调查对象，通常是随机选取的，访问这些调查对象之后，再请他们提供另外一些属于所研究的目标总体的调查对象。根据所提供的调查线索，选择此后的调查对象。这一过程会继续下去，形成一种滚雪球的效果。例如，其研究部门在调查某市劳务市场中的民工问题时，先访问了 10 名民工，然后请他们每个人再提供另外的民工名单，逐步扩大到近百人。通过对这些民工的调查，对民工的来源、从事工作的性质、经济收入等状况有了较全面的掌握。

这种方法的优点是当手边的总体资料较少时，可以先有针对性地找到被调查者，然后通过这些调查者找到更多的样本。其局限性是要求样本单位之间必须有一定的联系并且愿意保持和提供这种关系，否则将会影响这种调查的进行和效果。

总之，非随机抽样技术中以滚雪球抽样效率最高，其次是配额抽样、判断抽样，而以便利抽样效率最差。

【典型案例】 在一项关于某品牌洗发水的消费者的研究抽样中，研究对象为 18～40 岁的女性。已确定样本量为 24 人。研究者选择“经济收入”和“发型”为控制特征；并要求高低收入者各占 50%，烫、直发型各占 50%。根据上述要求利用配额抽样进行抽样。

点评： 根据上述要求，一个配额抽样的控制表便可设计出来。如表 3–16 所示。

表 3–16　相互控制的配额抽样表

		经济收入	
		高	低
发型	直发	6	6
	烫发	6	6

任务小结

抽样调查技术是在总体中抽取有代表性的个体，作为调查对象的具有科学性的市场调查技术。为了提高抽样调查的有效性，需要切实控制抽样误差，严格遵循抽样调查的程序，并合理选用抽样技术。抽样技术指在抽样调查时采用一定的方法，以及各种抽样操作技巧和工作程序等的总称。

如果要用抽样调查的结果来说明总体的情况，就只能使用随机抽样方法。随机抽样包括简单随机抽样、分层随机抽样、等距抽样、整群抽样和多阶段抽样。每种方法的具体操作各不相同。如果抽样调查的目的不在于推断总体的情况，而仅是对总体作一般的了解，可以考虑使用非随机抽样方法，它比随机抽样要方便和经济。影响样本量大小的主要因素包括数理统计方面的因素、营销管理实际需求方面的因素、实施调查方面的因素。理论上可以通过简单随机抽样样本量的计算来修正实际抽样所需的样本量。不过很多时候，我们可以借助于经验来估计所需的样本量。

巩固与提升

课堂研讨

要为某企业做一次员工购房需求的调查，需要从50000名员工中抽取500名员工组成一个样本，50000名员工的名册作为抽样底册，请根据这一情况设计抽样方案。

课后自测

墨西哥Juan Carlos（JC）饭店的老板Juan CarLos Garcia，遇到了同其他许多小企业主一样的问题。他在一个中小型社区经营这家饭店，6个月前，他注意到平均每周顾客数量开始小幅下降，相应的利润也受到了波及。他很重视这件事，曾花费了大量时间在高峰时间到饭店观察他的雇员对顾客需要能否很好满足。

Garcia于是请当地大学教授Gilmore进行市场调查，以帮他解决利润下降的问题。Gilmore教授承诺下个星期领着一组学生来，开展这项调查工作。Garcia向学生们讲了饭店的历史和这些时期的所有财务指标。学生们向Garcia问了很多有关当地饭店、行业趋势的问题，以及任何可能存在的周期性变化。大部分情况下，Garcia都能向小组的提问传递信息。不过，有一件事他没有做，就是调查他的顾客以了解他的饭店和菜肴对消费者有哪种吸引力。小组确定了下列目标用来指导针对饭店的调查。

（1）在空气、服务、位置、饭菜质量和数量以及饭菜价格方面确定JC的饭店最有吸引力的特色。

（2）评估顾客在空气、服务、位置、饭菜质量和数量以及饭菜价格方面的满意度。

（3）在空气、服务、位置、饭菜质量和数量以及饭菜价格方面确定顾客选择该饭店时考虑的因素。

（4）确定顾客对于将来在这里就餐的可能性和最有可能的反映。

（5）根据地区和顾客人口统计量评估顾客在人口统计和地理方面的特征。

（6）推导结果的战略性含义。

小组在这些研究领域选择一种两步取样法。第一步涉及对一组饭店员工的取样，其信息会在设计第二步的问卷时对小组有帮助，第二步是应用问卷调查对一组随机挑选的饭店顾客进行调查。

这个样本包括了在两个不同星期天的下午5点到7点随机挑选的顾客，总共收到了91

份有效答卷。小组首先总体上对数据进行了分析，接着使用概率、交叉表和百分率对数据进行了系统分析，确定了基于人口统计和个人品质差异的调查对象差异。基于收集的这些信息，制定了表 3-17 和表 3-18。

表 3-17 消费者对 Juan Carlos 墨西哥饭店的评价

评　　分	百分率/%
最好	77
第二	8
第三	5
第四	4
第五	6

表 3-18 消费者对墨西哥 Juan Carlos 饭店进行改善的建议

评　　分	百分率/%
停车场	34.5
油漆	17.2
空气	13.8
儿童食品	10.3
位置	6.9
墨西哥音乐	17.3

思考：结合本案例，分析该市场抽样调查的具体程序以及抽样调查的特点。

实操演练

【演练内容】 走访一些企业、商场，征询调查项目，了解客户需求，确定通过调查达到的目的，并拟定题目，设计抽样调查方案，实施调查。

【演练目的】 学会如何进行市场调查，选择调查技术，撰写调研报告。

【演练要求】 ①自由组合调查小组，5～8 名同学为 1 组；②了解客户希望通过调查达到的目的；③选择合适的调查技术进行调查；④形成调查报告。

任务 3.4　项目综合实训

（1）结合项目内容，每个小组的学生根据市场调查问卷的要求，拟定具体的市场调查方法。

（2）结合本部分内容，按照项目 2 的问卷，每个小组的学生采用合适的抽样调查方法选取样本，将调查问卷发送到样本对象，并在规定的时间内回收调查问卷。

项目4　市场调查资料的整理与分析

任务4.1　资料整理

1. 知识目标

（1）掌握调查资料审核、整理的意义；

（2）掌握市场调查资料审核、分类、汇总、展示以及数据处理和分析的方法。

2. 能力目标

（1）能对市场调查资料进行审核、分类、汇总、展示以及数据处理和分析；

（2）培养市场调查资料整理和分析方法的能力；

（3）学会通过对调查资料的加工整理，寻找现象的规律性，以便对现象的未来发展变化做出预测。

迪姆的问题

迪姆这学期在城市国民银行当见习生。他被指派在该银行目前的小企业顾客中进行一次形象调查，该银行怀疑这是一个被本银行及其竞争者都冷落了的顾客细分市场。迪姆首先组织了焦点小组访谈来确认对小企业来说最为重要的问题是什么。然后，他利用这些焦点小组所指出的问题设计出一份定量问卷调查表，以调查城市国民银行与其他银行相比在这些关键问题上做得如何。调查表中既有封闭式问题也有开放式问题。迪姆使用从银行数据库中抽取的当前顾客的随机样本来开展调查。调查问卷没有指明城市国民银行为该项调查的发起人。迪姆寄出了1000份调查问卷，用附带的封面信来解释本次调查的目的，并说明对回收的每份问卷的回答都是保密的，对那些作出回答的人将支付25美元的感谢费。在最初的调查问卷和信件发出一周之后，他又寄出了提醒卡；两周之后，寄出了第二封信和调查问卷的复印件。现在已是初次邮寄后的第4周了，共收到了478份调查问卷。

随后，调查问卷的返回越来越少。银行经理决定中止资料的收集工作，并让迪姆转向处理回收的调查问卷，将调查问卷上的回答整理成图表，分析调查结果并准备书面报告。迪姆对这一阶段的工作没有多少知识，因为他一直忙于设计调查问卷和把问卷和信件邮寄出去。他现在的问题是如何把书面调查得来的所有信息输入计算机，以及之后用这些信息来做什么。他特别关心的是有关如何对开放式问题的答案进行总结的问题，怎样对开放式问题进行编码，怎样把问卷答案制成图表，该使用什么样的软件，图表看起来应该是什么样子，如果需要统计检验的话，他应该用哪一种统计检验。

讨论题：如果你是迪姆，该如何解决上述问题？

任务分解

一、市场调查资料整理概述

通过市场调查实施阶段所获得的原始资料，还只是粗糙的、表面的和零碎的东西，需要经过审核和整理加工，才能进行分析研究并得出科学的结论。因此，调查资料的整理工作是调查过程中一个必不可少的环节。

市场调查资料整理是运用科学方法，对调查所得的各种原始资料进行审查、检验和初步加工综合，使之系统化和条理化，从而以集中、简明的方式，反映调查对象总体情况的工作过程。它的一般程序是：编辑资料、统计资料的审核认定、统计资料分组、统计资料汇总、编制统计表、绘制统计图。

（一）编辑资料

资料编辑是对访员和受访者在市场调查过程中的疏忽、遗漏、错误等进行检查验收的过程。检查验收的内容主要如下。

第一，访员对问卷中的问题是否一一进行了提问，有没有漏问的问题；对受访者的回答是否都进行了记录，有无漏登漏记的答案。漏问的问题和漏登的答案在实地调查中及时发现，便于及时进行补充访问和补登答案。如果这种情况在进入数据录入或分析阶段才发现，一般都没有时间再重新组织调查，这样一来，这份问卷往往就要作废。

第二，访员是否遵循了规定的跳问路线。有的时候，尤其是在项目开始的头几次访谈中，访员容易混淆，跳过了实际应该问的问题，或者没有跳过不要求回答的问题。

第三，开放式问题的答案是否属于受访者的原意，访员是否按照要求逐字记录，有没有以任何方式重新解释、表述或掺进自己见解的情况。市场研究人员和客户对开放式问题的答案很感兴趣，因此开放式问题的答案质量和所记录的内容，也代表了访员记录答案工作的优劣。

（二）分类和汇总

1. 资料分类

市场调查与预测的根本目的是获取足够的市场信息，为正确的市场营销决策提供依据。从市场调查与预测的过程可知，在市场信息收集与市场信息使用之间，必然有一个市场信息的加工处理环节。这是因为运用各种方法，通过各种途径收集到的各类信息资料，尤其是各种第一手资料，大都处于无序的状态，很难直接运用，即使是第二手资料，也往往难以直接运用，必须经过分类、汇总等必要的加工处理，使之统一化、系统化、实用化。

资料分类就是按照一定的标志，将调查资料进行分门别类的整理。资料分类包括对文献资料的分类和对实地资料的分类。

（1）文献资料分类。

对文献资料的分类是指按照一定标志，将挑选出来的文献资料进行分门别类的整理，便于实地调查前开展研究使用。常用的分类方法有以下几种。

1）主题分类法。即按照一定的观点，把选择的文献资料进行分类，如果初步拟定总论点下有几个分论点，那么可以以总论点统领分论点，分论点统领论据，再由论据统领有关资料，把所有挑选出来的资料组成一个有机的系列。它可以使我们对资料的理解和认识条理化、系统化，启发我们对问题积极认识的思考。用全面、辩证发展的观点来用活、用好挑选出来的资料。

2）项目分类法。即把选择出来的资料，按其属性分项归类。例如，理论类项目分为经典作家、名人名作，有关的定义定理，常识、成语、谚语、警句，资料作者的理论观点；事实类项目分为个别事物，各种统计数据、图表，资料者的片段论述，典型案例。

（2）实地资料分类。

对实地资料的分类就是将资料按涉及内容归入不同的题目中，而题目要和调查分析预测报告的主要标题相符合。某些诸如文章之类的资料往往包括一个以上题目的材料，应夹在适当的文件夹里，需要时取来使用。对统计数字类的资料，还必须进行更为详尽的分类。如果不把成百上千个单项数据用某种有意义的方法分类，就不可能发现任何模式或得出任何结论。比如人数、年销售额、利润额等按规模或数量分类，地区、年份、性别、职业等按自然条件分类等。

分类题目一旦确定，实地资料就可以归入每个题目的类目中。

【例】一项关于巧克力方面的市场调查，对品牌项目的调查先后获得了几十个牌子的销售资料。调查研究人员发现不同牌子的销售量存在较大差异，即品牌和销售业绩之间存在某种联系，于是就把每个品牌分为巧克力硬糖、夹心巧克力、有包装的巧克力、无包装的巧克力等若干类，如表4-1所示。这样就可以考察每个类型产品的销售业绩，并比较它们的不同了。

表4-1 巧克力调查表

编 码	商品类别	销售额/元	比重/(%)
01	巧克力硬糖	1000	7.25
02	芝麻巧克力	700	5.07
03	奶油巧克力	2000	14.49
04	无包装巧克力	900	6.52
05	口香巧克力	1900	13.77
06	有包装巧克力	1300	9.42
07	夹心巧克力	1800	13.04
08	膨化巧克力	500	3.62
09	酒心巧克力	2100	15.22
10	朱古立豆	1600	11.60
合计		13800	100

综上所述，分类可以反映事物的内部结构和比例关系，从而为企业寻找目标市场提供基础数据；科学、恰当的分类关键在于选择合适的分类标志。分类标志就是对市场调查资料进行分类的依据和标准，划分各类的界限就是在分类标志的变异范围内划定各类资料之间的性质界限和数量界限。选择分类标志必须依据调查研究的目的和总体本身的特点来决定。

2. 资料汇总

汇总是数据整理中的一个环节，即将分类或组的各项数值加以计算，计算各类数据的个数、总体数据的个数，对数值型数据、各类变量值以及全部变量值加总求和，还可以计算各类比值、平均数等。由于各项数据已录入计算机，只需对相关软件进行操作，便可取得计算结果。

3. 表格化和图示化

（1）表格化。

表格化就是指将一系列说明现象特性的、经过加工整理后的调查数据，按一定次序和格式排列成表格形式。

【例】 有一项关于私家车购买情况的调查，发放问卷1000份，收回有效问卷800份，现将问卷中有关收入、性别、购买汽车档次三个问题的结果综合汇总到一张表上，结果如表4–2所示。

表4–2 私家车购买情况 单位：人

小车购买档次	收入状况								
	男性			女性			较高收入	普通工薪	合计
	较高收入	普通工薪	合计	较高收入	普通工薪	合计			
高档	85	25	110	40	50	90	125	75	200
低档	15	75	90	60	50	110	75	125	200
合计	100	100	200	100	100	200	200	200	400
调查人数	100	100	200	100	100	200	200	200	400

调查数据经过合理、科学的整合编排，可以清晰、有序、系统、综合地反映研究对象的数据特征、分布特点，避免了许多繁琐的文字叙述，便于资料的储存、管理、积累和查阅。在表格中所罗列的各项数据可进一步计算有关分析指标，将一些数据进行对照比较，发现新的数据信息，为进一步挖掘数据提供方便，也为下一步的分析打下基础。

（2）图示化。

图示化是为了更好地反映数据的分布规律，表现数据的特点，便于使用者和广大公众阅读而采用的一种图形方式。用图形展示调查数据具有形象生动、一目了然的优点。常用于描述调查数据的统计图形有条形图、线形图、饼图等，下面以条形图和线形图为例进行说明。

1）条形图。条形图是使用等宽条形的长短或高度来表示调查数据大小的图形，也称为柱形图。条形图的宽度是没有实际意义的，它一般适用于表现分类数据的频数或频率的分布状况。根据涉及研究总体多少的不同，条形图又可分为单式条形图和复式条形图两种。

【例】 针对旅游消费所进行的调查，资料如表4–3所示。

表4–3 对旅游消费调查

消费金额/万元	人数/人
1以下	25
1 ~ 2	21
2 ~ 3	32

（续）

消费金额/万元	人数/人
3～4	23
4～5	20
5～6	22
6～7	27
7～8	9
8～9	28
9～10	2

根据表4-3绘制的条形图如图4-1所示。

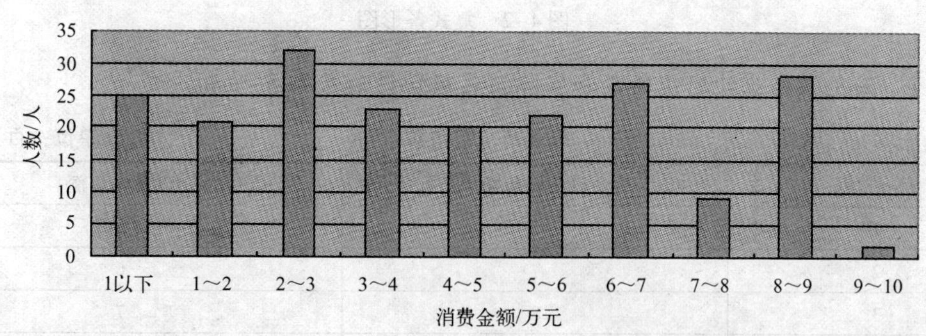

图4-1　单式条形图

又例如，某国际旅行社在一年内各季度每一旅行线路的收入情况，如表4-4所示。

表4-4　每一旅行线路的收入情况　　单位：万元

季度＼线路	东南亚	欧洲	美洲	澳洲
第一季度	60000	7000	9000	3000
第二季度	85000	9000	15000	2500
第三季度	75000	7000	7000	2900
第四季度	70000	7000	11000	700
合计	290000	30000	42000	9100

根据表4-4绘制的条形图如图4-2所示。

2）线形图。线形图是在平面直角坐标上标注各数据点并连接成折线，以表明数量变化规律及特点的统计图。它一般适用于反映时间序列的数据。图形的横坐标为时间的先后次序；纵坐标为变量值，并且大多从原点“0”开始，如果数值与“0”之间的差距太大，则要采取折断符号表示，否则图形无法显示。线形图一方面能够说明现象随着时间变化发生变动的趋势，可对事物进行动态变动分析，观察其变动的方向、幅度，有无变动周期；另一方面，根据其变动形态，建立相应的数学模型，确立拟合变动曲线。此外，线形图还可以同时显示多个研究对象的相关数据，绘制多条变动曲线，具有进行相互比较，分析其变动的特点。

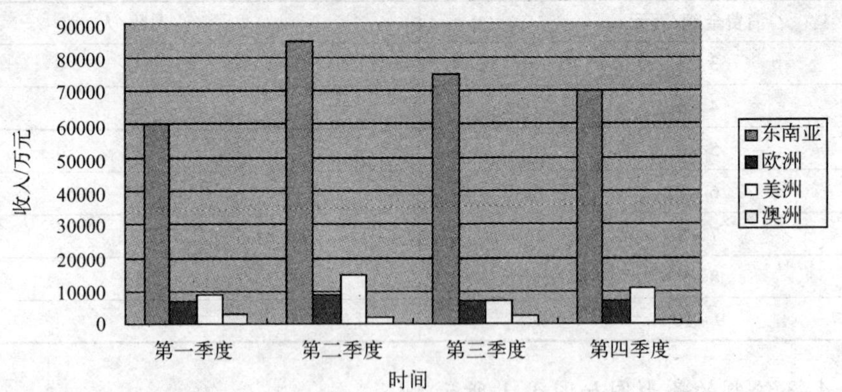

图 4-2　复式条形图

【例】　某年某企业计划销售额和实际销售额资料如表 4-5 所示。

表 4-5　销售额资料　　单位：百万元

月　份	计划销售额	实际销售额
1	5	5
2	7	6
3	8	7
4	10	11
5	11	12
6	11	12
7	12	12
8	12	13
9	12	15
10	13	16
11	14	16
12	12	15

根据表 4-5 数据绘制线形图，如图 4-3 所示。

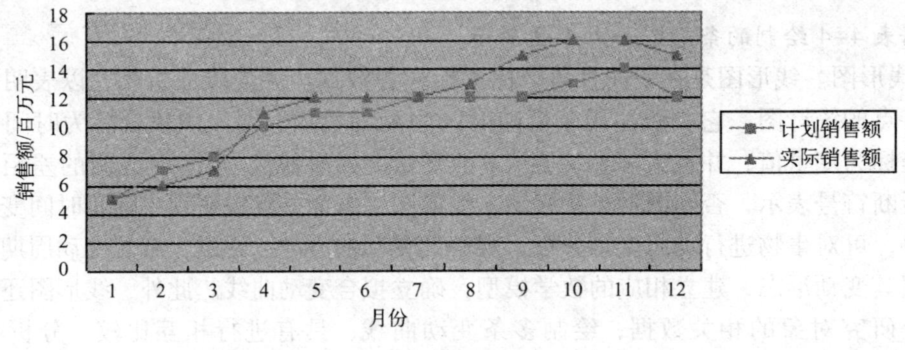

图 4-3　线形图示例

【典型案例】 现在，喝茶的人越来越多，对茶也越来越讲究。为此某调查公司针对人们饮用茶的问题专门开展了一次调查，试图论证在某公寓小区里开设一家茶叶店的计划是否可行。这个小区共有居住人口5000人，采用不放回简单随机抽样方法抽选50人进行调查，资料如表4-6所示，要求对资料进行汇总。

表4-6 饮用茶调查表

被调查者序号	性别[⊖]	年龄	主要饮用茶种类	家庭月饮用量/两[⊖]
1	1	50	绿茶	5
2	0	23	花茶	4.1
3	1	17	其他	0
4	1	24	绿茶	7
5	1	35	绿茶	3.5
6	0	37	其他	3.4
7	0	17	其他	6
8	0	28	花茶	5
9	1	32	其他	2.9
10	0	19	绿茶	5
11	1	43	花茶	2.7
12	0	41	绿茶	3.5
13	1	31	其他	3
14	1	34	其他	2.6
15	0	62	绿茶	3.6
16	1	30	绿茶	3.4
17	0	30	花茶	3.4
18	0	46	其他	3.2
19	1	27	其他	3.5
20	1	26	花茶	3.5
21	0	36	其他	2.4
22	1	26	其他	3.7
23	1	45	花茶	3
24	0	76	其他	3.6
25	0	53	其他	4
26	1	26	绿茶	3.7
27	0	59	花茶	3
28	1	45	绿茶	7
29	0	15	其他	2.3
30	0	27	其他	3.6
31	1	36	其他	3.1
32	1	37	绿茶	3.5

（续）

被调查者序号	性　别[1]	年　龄	主要饮用茶种类	家庭月饮用量/两[2]
33	0	24	其他	4
34	0	50	其他	3.4
35	0	21	花茶	4.9
36	1	23	绿茶	5
37	1	30	其他	3.4
38	0	40	其他	3
39	1	51	绿茶	3.5
40	0	35	绿茶	3
41	1	34	花茶	2.5
42	0	21	其他	4.2
43	1	19	其他	4.9
44	1	67	其他	3.4
45	0	73	其他	0
46	1	50	花茶	4
47	1	41	绿茶	3
48	0	38	其他	3.4
49	1	26	绿茶	5
50	0	45	花茶	3

[1]“性别”栏中“1”代表女，“0”代表男。

[2] 1两为50 g。

点评：表4-6中的资料是通过直接调查登记获取的资料，尚处于零散、无序的状态，如果要把它转变成易于理解和解释的数据结果形式，则首先要对其进行分类。比如将50个被调查者分别按性别和饮用茶种类进行分组并汇总，结果如表4-7和表4-8所示。

表4-7　按性别和饮用茶种类分组汇总表　　单位：人

种类 / 人数 / 性别	花茶	绿茶	其他	总计
0	5	5	14	24
1	5	11	10	26
总计	10	16	24	50

表4-8　家庭平均月饮用量汇总表　　单位：两

种类 / 家庭平均月饮用量 / 性别	花茶	绿茶	其他	总计
0	4.08	3.62	3.32	11.02
1	3.14	4.51	3.05	10.70
总计	7.22	8.13	6.37	21.72

经过分类汇总后，我们可以清楚地看出，此次调查的50人中，其中女性26人，男性24人，家庭平均月饮用茶是3.62两；从饮用茶的品种看，有20%（10/50）的人饮用花茶，32%（16/50）的人饮用绿茶，两项合计超过50%，说明过半数的人喜欢喝花茶或绿茶。掌握了这些信息后，就可以帮助小区茶叶店的经营者，在进货时考虑购进的茶叶品种，每个品种需要购进多少，以满足该小区消费者对饮茶的需求。

二、资料收集的误差与偏差

调查误差主要分为抽样误差和非抽样误差。

（一）抽样误差

抽样调查的任务就是以样本指标来推断总体指标。抽样误差是指样本指标与总体指标之间的平均离差。当这种离差超过了允许的限度，抽样调查就失去了意义。

抽样误差以样本指标来推断总体指标，就必然出现误差，这是一种随机误差，是抽样调查本身固有的一种误差。抽样误差在一般情况下是不可避免的，除非当样本容量等于总体数目时。为尽量减少抽样误差，我们就要尽量采取科学、合理的抽样方法和样本容量。

1. 抽样误差大小的影响因素

（1）总体各单位之间的差异程度。

差异程度越大，其分布就越分散，抽样误差就越大；反之，抽样误差越小。

（2）样本容量的大小。

在其他因素一定的情况下，样本容量越小，抽样误差就越大；反之，抽样误差就越小。

（3）抽样方式。

一般来说，等距随机抽样和分层随机抽样的抽样误差要小于简单随机抽样和分群随机抽样。不重复抽样的误差要小于重复抽样误差。

2. 抽样误差的估算方法

简单随机抽样是最基本的抽样方法，下面着重介绍简单随机抽样条件下的误差估算方法。

（1）平均数指标抽样误差的估算方法。

1）重复抽样条件下的计算公式：

$$S_{\bar{x}} = \sqrt{\frac{\sigma^2}{n}} = \frac{\sigma}{\sqrt{n}}$$

式中　$S_{\bar{x}}$——抽样平均误差；

n——样本单位数；

σ^2——总体方差；

σ——总体标准差。

2）不重复抽样条件下的计算公式：

$$S_{\bar{x}} = \sqrt{\frac{\sigma^2}{n}\left(\frac{N-n}{N-1}\right)}$$

式中　N——总体单位数。

（2）成数指标抽样误差的估算方法。

成数是指在总体中具有所研究标志的样本数所占的比重。通俗地说，成数就是“成功次数的比重”。

1）重复抽样条件下的计算公式：

$$S_P = \sqrt{\frac{P(1-P)}{n}}$$

式中 S_P——成数的抽样误差；

P——总体成数。

2）不重复抽样条件下的计算公式：

$$S_P = \sqrt{\frac{P(1-P)}{n}\left(\frac{N-n}{N-1}\right)}$$

在利用上述公式计算抽样误差的时候，需要解决如何确定总体方差或总体成数的问题。在市场调查中，总体方差或总体成数是不知道的，一般可以采取以下办法解决：

① 从已有的普查或全部统计资料中取得；

② 采用经验估算的方法取得；

③ 事先组织一次小规模的探测性抽样调查，以抽样调查的结果代替；

④ 在抽样调查完成后，用样本的方差代替。这种方法比较常用，此时，总体方差通常用“修正样本方差 $S^{*2} = \sqrt{\frac{1}{n-1}\sum_{i=1}^{n}(X_i - \overline{X})}$ ”来代替。

从上面的计算公式可以看出，不重复抽样的抽样误差必定小于重复抽样的误差。但在实际的市场调查中，计算抽样误差时，上述公式都可以采用，因为市场调查中的众数 N 通常都是很大的，此时上述公式的计算结果相差不大。

其他抽样方法，如分层随机抽样、等距随机抽样等抽样误差计算的原理与简单随机抽样是一致的，主要区别是估算公式中的总体方差有所不同。但在实际工作中，通常也可以用简单随机抽样的抽样误差计算公式近似代替。

（二）非抽样误差

非抽样误差也称为系统性误差，是由于各种非随机抽样因素引起的误差，包括除抽样误差以外的其他所有误差，其包括的内容相当广泛。一般来说，当非抽样误差大于零时，样本均值就会夸大或高估总体均值的真实值；反之，就会缩小或低估总体均值的真实值。非抽样误差产生的原因概括起来主要有以下几种。

1. 调查设计引起的误差

比如，调查方案不够完善，问卷设计不够科学引起的误差。

2. 由调查者引起的误差

比如，调查者的业务水平、工作态度、工作方法等引起的误差。

3. 由被调查者引起的误差

（1）理解误差。

（2）记忆误差。

（3）由于调查内容相互干扰引起的误差。

（4）由于环境因素引起的误差。

（5）抵制情绪引起的误差。

针对非抽样误差产生的途径，可以采取多种措施来减少非抽样误差，比如，完善问卷设计；选择合适的调查者并予以培训；对被调查者引起的误差要找出原因，予以避免。

（三）无反应偏差

无反应偏差是指由于各种原因导致被调查者对调查问卷的不回答而引起的误差。

1. 无反应偏差产生的原因

（1）被调查者不合作，拒绝接受调查。

（2）被调查者主要集中于某一群体或阶层，从而导致调查中缺少某些类型的代表样本，影响到整个样本的结构由此产生无反应偏差。

2. 无反应偏差的解决办法

（1）增大样本容量。

（2）提高回答率。

任务小结

调查资料的整理，就是根据调查的目的，运用科学方法，对调查所得的各种原始资料进行审查、检验和分类汇总，使之系统化和条理化，从而以集中、简明的方式反映调查对象总体情况的工作过程。

巩固与提升

课堂研讨

横列表法就是对每个问题针对不同的被调查类型（或其他不同因素），用几个表进行分解分析的一种方法。

先看一个例子：某保险公司对影响保险户开车事故率的因素进行调查，并对各种因素进行了横列表分析。从表4–9中可以看出有61%的保险户在开车过程中从未出现过事故。

表4–9　驾车者的事故率

状　态	百分比（%）
开车时无事故	61
开车时至少经历一次事故	39
样本数量/人	17800

然后，在性别基础上分解这个信息，判断男女之间是否有差别。这就出现了下面这种二维表，见表4–10。

表4–10　男女驾车者的事故率

状　态	男/（%）	女/（%）
开车时无事故	56	66
开车时至少经历一次事故	44	34
样本数量/人	9320	8480

这个表的结果令男士懊恼，因为他们的事故率高。但人们会提出疑问而否定上述判断的正确性，即男的事故多，是否因为他们驾驶的路程较长。这样就引入第三个因素“驾驶距离”，见表4–11。

表 4-11　不同驾驶距离下的事故率

状　态	男/(%)		女/(%)	
驾驶距离	>1 万千米	<1 万千米	>1 万千米	<1 万千米
开车时无事故	51	73	50	73
开车时至少经历一次事故	49	27	50	27
样本数量/人	7170	2150	2430	60

（资料来源：拉里·帕西. 市场调研［M］. 文岳，译. 北京：机械工业出版社，1999.）

问题： 由以上调查数据，分析一下开车事故率的影响因素。

提示： 表 4-11 的结果表明，男驾驶者的高事故率是由于他们的驾驶距离比女驾驶者的长。结果证明事故率只跟驾驶的距离成正比而与驾驶者的性别无关。

课后自测

（1）市场调查资料整理的一般程序是什么？都包括哪些内容？

（2）调查误差分哪几类？具体内容是什么？

实操演练

登录国家统计局网站（http://www.stats.gov.cn/），根据我国 2000~2012 年国内生产总值构成数据制作相应的统计图（柱状图、饼形图、折线图等）。

任务 4.2　静 态 分 析

任务目标

1. 知识目标

（1）了解总量指标分析的概念；

（2）了解相对指标分析的概念。

2. 能力目标

（1）学会用 Excel 做集中趋势；

（2）学会用 Excel 做离散程度分析。

任务导入

中华人民共和国 2012 年国民经济和社会发展统计公报（节选）

经初步核算，全年国内生产总值 519322 亿元，比上年增长 7.8%。其中，第一产业增加值 52377 亿元，增长 4.5%；第二产业增加值 235319 亿元，增长 8.1%；第三产业增加值 231626 亿元，增长 8.1%。第一产业增加值占国内生产总值的比重为 10.1%，第二产业增加值比重为 45.3%，第三产业增加值比重为 44.6%。

全年居民消费价格比上年上涨 2.6%，其中食品价格上涨 4.8%；固定资产投资价格上涨 1.1%；工业生产者出厂价格下降 1.7%；工业生产者购进价格下降 1.8%；农产品生产者价格上涨 2.7%。

年末全国就业人员76704万人，其中城镇就业人员37102万人。全年城镇新增就业1266万人。年末城镇登记失业率为4.1%，与上年末持平。全国农民工总量为26261万人，比上年增长3.9%。其中，外出农民工16336万人，增长3.0%；本地农民工9925万人，增长5.4%。

年末国家外汇储备33116亿美元，比上年末增加1304亿美元。年末人民币汇率为1美元兑6.2855元人民币，比上年末升值0.25%。

全年全国公共财政收入117210亿元，比上年增加13335亿元，增长12.8%；其中税收收入100601亿元，增加10862亿元，增长12.1%。

（资料来源：国家统计局网站 http://www.stats.gov.cn/）

思考题：

（1）该报告采取了什么指标进行分析？

（2）该报告采取了什么相对指标分析？

任务分解

一、总量指标分析

总量指标是用来反映社会经济现象在一定条件下的总规模、总水平或工作总量的统计指标。总量指标用绝对数表示，也就是用一个绝对数来反映特定现象在一定时间上的总量状况，它是一种最基本的统计指标。如2013年国家统计公报资料：全社会固定资产投资447074亿元，国内生产总值568845亿元，工业增加值210689亿元，年末人口数136072万人等，这些都是说明2013年全国在生产建设和人口方面的总规模或总水平的总量指标。由于总量指标的表现形式为绝对数，因此，总量指标又叫统计绝对数。

（一）总体单位总量和总体标志总量

这是按总量指标所反映内容的不同来划分的。总体单位总量（即总体单位数）是反映总体或总体各组单位的总量指标。它是总体内所有单位的合计数，主要用来说明总体本身规模的大小。总体标志总量是反映总体或总体各组标志值总和的总量指标，它是总体各单位某一标志值的总和，主要用来说明总体各单位某一标志值总量的大小。如调查了解全国工业企业的生产经营状况，全国工业企业数就是总体单位总量，全国工业企业的职工人数、工资总额、工业增加值和利税总额等，都是总体标志总量。

总体单位总量和总体标志总量不是固定不变的，随着研究目的和被研究对象的变化而变化。一个总量指标常常在一种情况下为总体标志总量，在另一种情况下则表现为总体单位总量。如上例的调查目的改为调查了解全国工业企业职工的工资水平，那么，全国工业企业的职工人数就不再是总体标志总量，而成了总体单位总量。明确总体单位总量和总体标志总量之间的差别，对计算和区分相对指标和平均指标具有重要的意义。

（二）时期指标和时点指标

这是按总量指标所反映时间状况的不同来区分的。时期指标是反映现象在一定时期内发展过程的总量指标，如人口出生数、商品销售额、产品产量、产品产值等。时点指标是反映现象在某一时点（瞬间）上所处状况的总量指标，如年末人口数、季末设备台数、月末商品库存数等。为了正确区分时期指标与时点指标，还须弄清它们各自的特点。

（1）时期指标无重复计算，可以累加，说明较长时期内现象发生的总量，如年产值是月产值的累计数，表示年内各月产值的总和；而时点指标有重复计算，除在空间上或计算过程中可相加外，一般相加无实际意义，如月末人口数之和不等于年末人口数。

（2）时期指标数值的大小与时期长短有直接关系。在一般情况下时期越长数值越大，如年产值必定大于年内某月产值，但有些现象如利润等若出现负数，则可能出现时期越长数值越小的情况；时点指标数值与时点所处的位置没有直接关系，如年末设备台数并不一定比年内某月月末设备台数多。

（3）时期指标的数值一般通过连续登记取得；时点指标的数值则通过间断登记取得。时期指标与时点指标最根本的区别，还在于各自反映的现象在时间规定性上的不同。弄清时期指标与时点指标的区别，对于计算总量指标动态数列的序时平均数是很重要的。

（三）实物指标、价值指标和劳动指标

这是按总量指标所采用计量单位的不同来划分的。

1. 实物指标

实物指标是用实物单位计量的总量指标。实物单位是根据事物的属性和特点而采用的计量单位，主要有自然单位、度量衡单位和标准实物单位。

（1）自然单位是按照被研究现象的自然状况来度量其数量的一种计量单位，如人口以“人”为单位，汽车以“辆”为单位，牲畜以“头”为单位等。

（2）度量衡单位是按照统一的度量衡制度的规定来度量其数量的一种计量单位，如煤炭以“吨”为单位，棉布以“尺”或“米”为单位，运输里程以“千米”为单位等。度量单位的采用主要是由于有些现象无法采用自然单位来表明其数量，如粮食、钢铁等；另外有些实物如鸡蛋等，虽然也可以采用自然单位，但不如用度量衡单位准确方便。

（3）标准实物单位是按照统一折算标准来度量被研究现象数量的一种计量单位，如将各种不同含量的化肥，用折纯法折合成含量100%来计算其总量，将各种不同发热量的能源统一折合成29.3千焦/千克的标准煤单位来计算其总量等。在统计中为了准确地反映某些事物的具体数量和相应的效能，还有一种复合单位，即将两种计量单位结合在一起以乘积表示事物的数量，如货物周转量就是用“吨/千米”来表示铁路货运工作量的。

2. 价值指标

价值指标是用货币单位计量的总量指标。货币单位是用货币“元”来度量社会劳动成果或劳动消耗的计量单位，如国内生产总值、社会商品零售额、产品成本等，都是以“元”“万元”“亿元”来计量的。

价值指标从原则上说应是反映商品价值量的指标，而实际上是货币量指标。因为价值量不能计算，只能通过价格来体现，而价格围绕价值波动并不完全等于价值，价格只是价值的一种货币表现。因此，价值指标又称为货币指标。

价值指标具有广泛的综合性和概括性。它能将不能直接相加的产品数量过渡到能够相加，用以综合说明具有不同使用价值的产品总量或商品销售量等的总规模或总水平。价值指标广泛应用于统计研究、计划管理和经济核算之中。但价值指标也有其局限性，综合的价值量容易掩盖具体的物质内容，比较抽象。因此，在实际工作中，应注意把价值指标与实物指标结合起来使用，以便全面认识客观事物。

3. 劳动量指标

劳动量指标是用劳动量单位计量的总量指标。劳动量单位是用劳动时间表示的计量单位，如“工日”“工时”等。工时是指一个职工做一个小时的工作，工日通常指一个职工做八小时的工作。

这种统计指标虽然不多，但常遇到。如工厂考核职工出勤情况，每天要登记出勤人数，把一个月的出勤人数汇总就不能用“人”来计量，而应用“工日”来计量；又如工厂实行计件工资制，要对每个零部件在每道工序上都规定劳动定额，假设某零件规定1小时生产60件，则每一件就是1定额工分，某工人一天生产600件，即生产的产品为600定额工分，即10个定额工时。由于各企业的定额水平不同，劳动量指标不适宜在各企业间进行汇总，往往只限于企业内部的业务核算。

二、相对指标分析

要分析一种社会经济现象，仅仅利用总量指标是远远不够的。如果要对事物做深入的了解，就需要对总体的组成和其各部分之间的数量关系进行分析、比较，这就必须计算相对指标。

相对指标又称为相对数，是用两个有联系的指标进行对比来反映社会经济现象数量特征和数量关系的综合指标。相对指标的数值有两种表现形式：无名数和复名数。无名数是一种抽象化的数值，多以系数、倍数、成数、百分数或千分数表示。复名数主要用来表示强度的相对指标，以表明事物的密度、强度和普遍程度等。例如，人均粮食产量用“千克/人”表示，人口密度用“人/平方千米”表示等。

相对指标按其作用不同可划分为六种：结构相对指标、比例相对指标、强度相对指标、动态相对指标、比较相对指标和计划相对指标。

（1）结构相对指标，又称为结构相对数。它是总体的某一部分与总体数值相对比求得的比重或比率指标。

（2）比较相对指标，又称为比较相对数或同类相对数。它是同类指标在不同空间进行静态对比形成的相对指标。

（3）比例相对指标，又称为比例相对数或比例指标。它是反映总体中各组成部分之间数量联系程度和比例关系的相对指标。

（4）强度相对指标，又称为强度相对数。它是有一定联系的两种性质不同的总量指标相比较形成的相对指标。通常以复名数或无名数中的百分数（%）、千分数（‰）表示。

（5）动态相对指标，又称为动态相对数或时间相对指标。它是将同一现象在不同时期的两个数值进行动态对比而得出的相对数，借以表明现象在时间上发展变动的程度。通常以百分数（%）或倍数表示，也称为发展速度。发展速度减1为增长速度指标，计算结果大于100%的部分为增长多少百分点，小于100%的部分为下降多少百分点。

其计算公式如下：

$$动态相对指标=(报告期指标数值\div基期指标数值)\times100\%$$

通常，作为比较标准的时期称为基期，与基期对比的时期称为报告期。

三、集中趋势分析

在Excel中既可手工创建公式计算各种平均数，也可利用Excel中的统计函数。在“统计函数”类别中用于集中趋势测定的常用函数有三种：均值、中位数和众数。

均值是所有的标志值之和除以其个数。它考虑了所有数值，因而均值的大小受总体中极端数值的影响。如果总体中有极大值出现，则会使均值偏于分布的右边，如果总体中出现极小值，均值则会偏于分布的左边。

众数是总体中出现次数最多的数值，它只考虑总体中各数值出现频数的多少，不受极端数值的影响，但当总体中出现多个众数时，众数便没有了意义。

中位数只是考虑各单位数值在总体中的顺序变化，它受极端数值的影响不大。

三种平均数的这些特点通过 Excel 更容易理解。下面通过例题中的数据来观察三种平均数的变化。

【例】 某企业的生产部门使用抽样方法检测一批新产品的质量，该批产品的抗拉强度见表 4-12 的原始数据。管理人员希望知道这批产品的抗拉强度的平均水平，以决定产品质量是否合格。由此需要计算抗拉强度的均值、中位数与众数。

表 4-12 产品的抗拉强度数据

产品序号	抗拉强度
1	10
2	20
3	30
4	40
5	50

1）打开 Excel 工作簿，选择“抗拉强度”工作表。如图 4-4 所示。

2）在单元格 A7 中输入“均值”，在 A8 中输入“中位数”，在 A9 中输入“众数”，如图 4-5 所示。

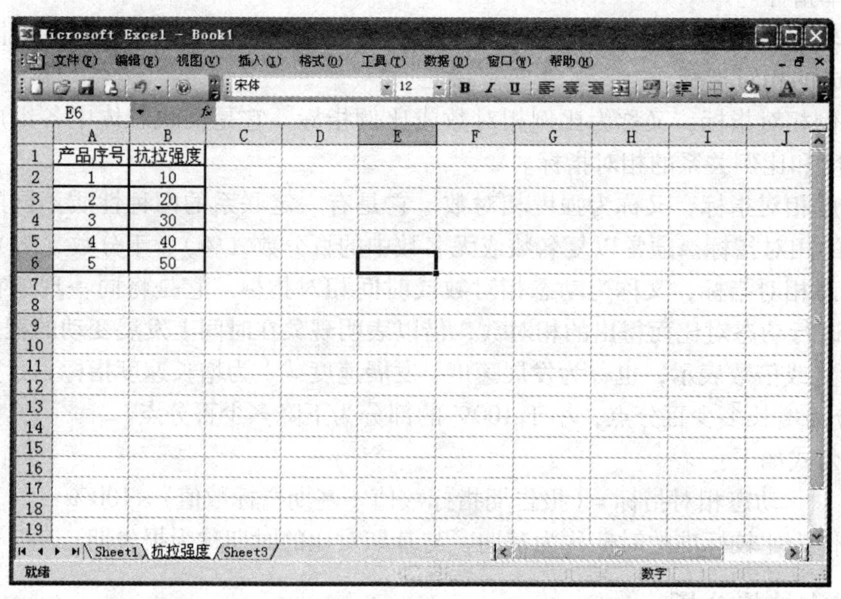

图 4-4 打开工作表

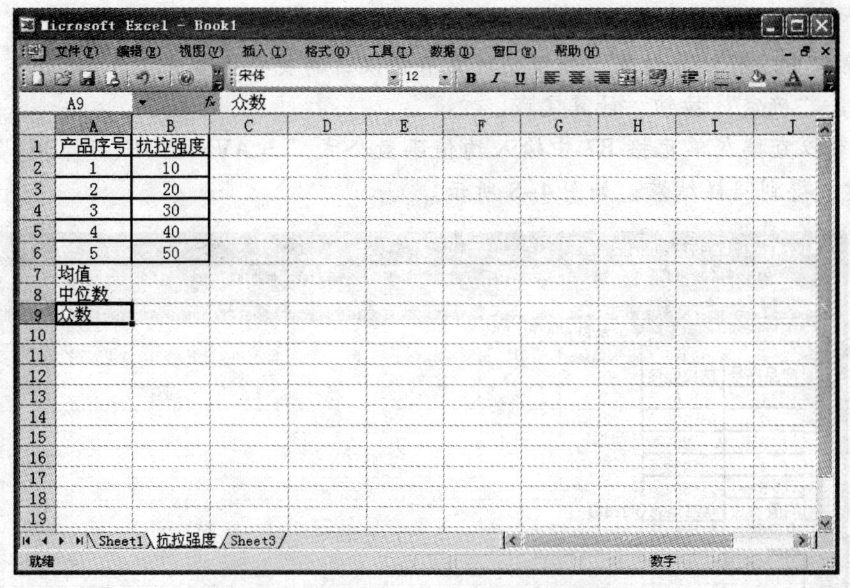

图 4-5　在工作表中输入需要计算的量

3）选定单元格 B7，单击“插入”菜单，选择“函数”选项，Excel 会弹出“插入函数”对话框，在“选择类别”下拉列表框中选择“统计”，如图 4-6 所示。

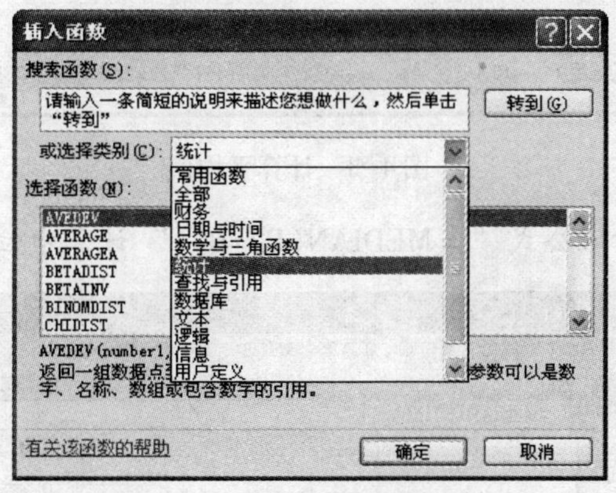

图 4-6　找到需要的函数

4）在“选择函数”列表中选均值函数“AVERAGE”。单击“确定”按钮，则弹出“AVERAGE 函数参数”对话框，如图 4-7 所示。

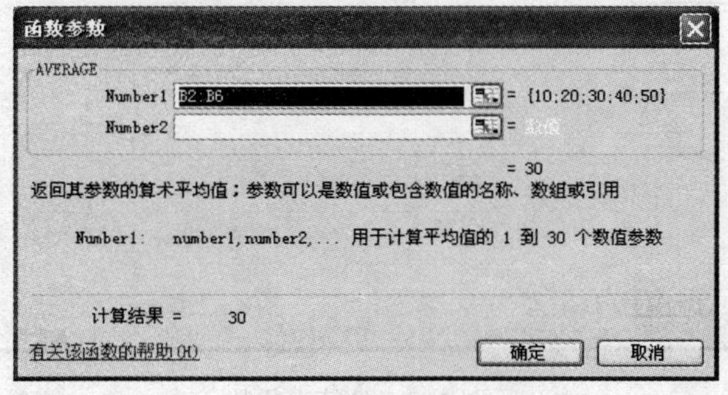

图 4-7　选择函数

5）在“Number1”区域中输入数据 B2:B6 后，对话框底部便显示出计算结果“30”。如果对话窗口中没有计算结果，便说明计算有错误，需要再检查一下。

6）单击“确定”按钮，计算完成。

7）也可以直接在单元格 B7 中输入均值函数公式“=AVERAGE(B2:B6)”，然后单击〈Enter〉键，得到同样结果，如图 4-8 所示。

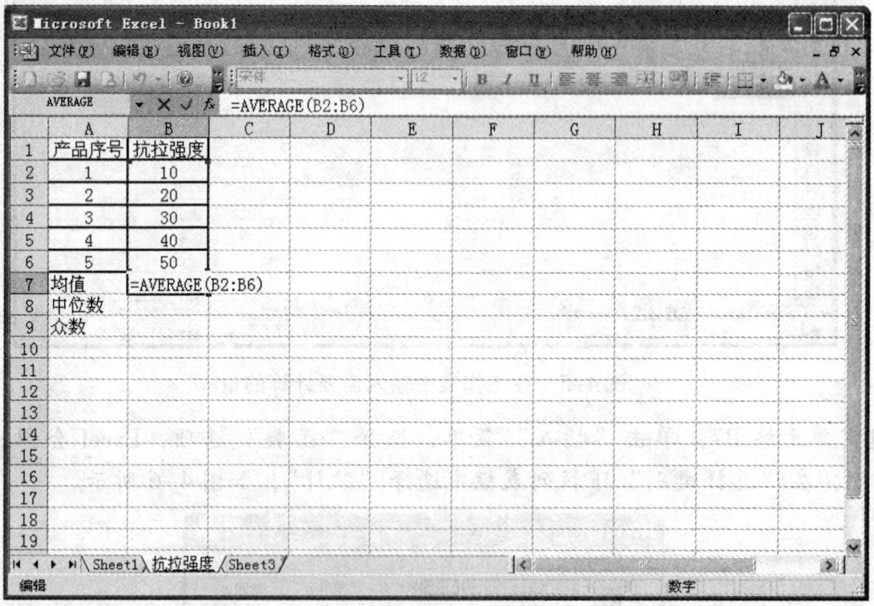

图 4-8　计算平均值

8）在单元格 B8 中输入公式“=MEDIAN(B2:B6)”计算中位数，如图 4-9 所示。

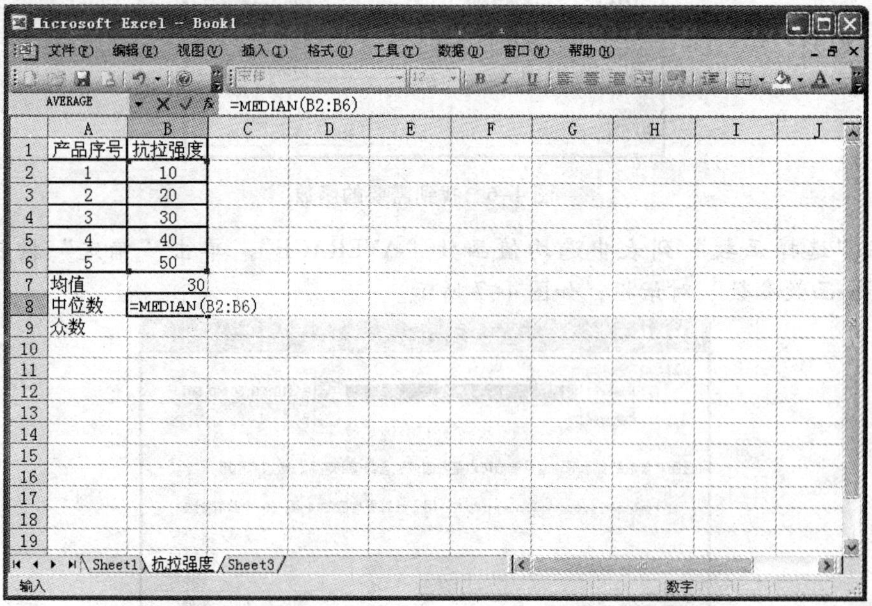

图 4-9　计算中位数

9）在单元格 B9 中输入公式“=MODE(B2:B6)”计算众数，如图 4-10 所示。

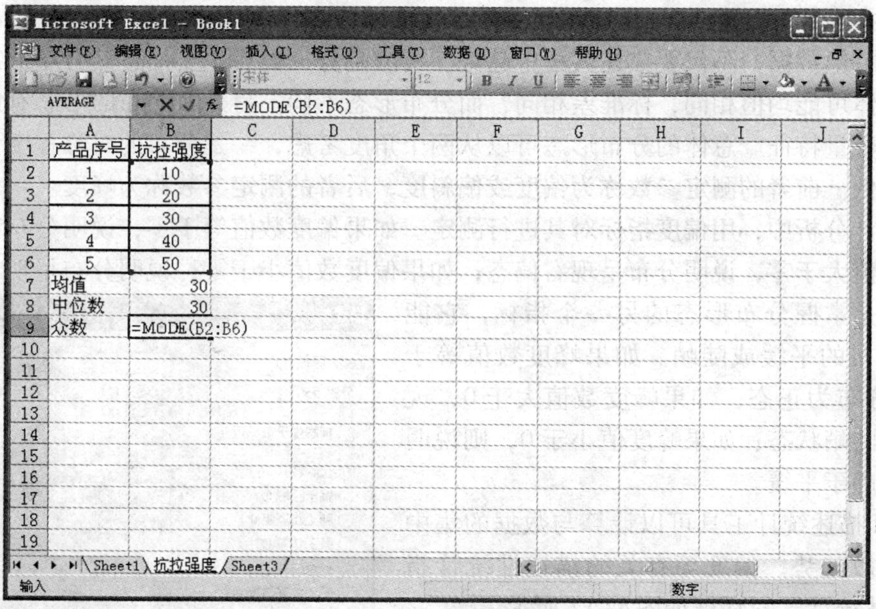

图 4-10　计算众数

计算结果如图 4-11 所示。

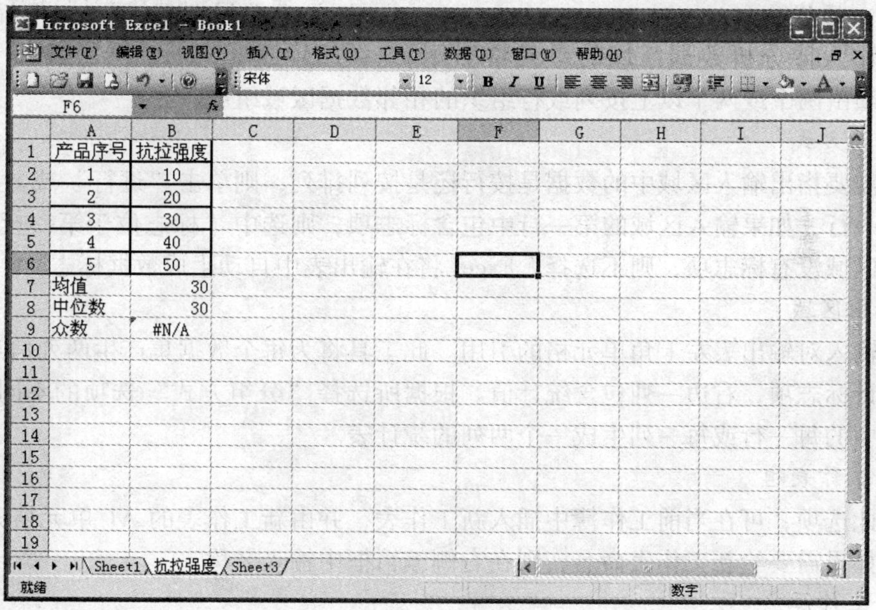

图 4-11　计算结果

计算结果表明，抗拉强度的均值是 30，中位数也是 30，由于数据中的数值所出现的次数都为 1，所以没有众数。

四、离散程度分析

离散程度分析用于测定各数值之间的差异程度，表现为一个分布中各数值与均值的离散程度。它的作用主要有以下三方面：用于说明均值的代表性大小；反映现象的质量与风险；用于统计推断。

对于一组数据，不仅要描述其集中趋势、离散趋势，而且也要描述其分布形态。这是因为一个总体可能均值相同，标准差相同，而分布形态不同。另外，分布的形态有助于识别整个总体的数量特征。总体的分布形态可以从两个角度考虑，一是分布的对称程度，另一个是分布的高低。前者的测定参数称为偏度或偏斜度，后者的测定参数称为峰度。

在统计分析中，用偏度指标对其进行测定。如果偏度数值等于零，说明分布为对称；如果偏度数值大于零，说明分布呈现右偏态；如果偏度数值小于零，说明分布呈现左偏态。

峰度是掌握分布形态的另一个指标，它能够描述分布的平缓或陡峭。如果峰度数值等于0，说明分布为正态；如果峰度数值大于0，说明分布呈陡峭状态；如果峰度值小于0，则说明分布形态趋于平缓。

Excel 描述统计工具可以计算与数据的集中趋势、离散趋势、偏度等有关的描述性统计指标。“描述统计”对话框如图4-12所示。

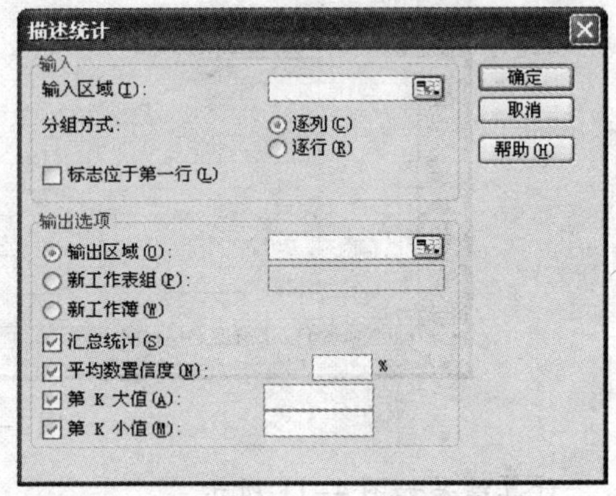

图4-12 “描述统计”对话框

“描述统计”对话框中各选项的主要含义如下。

1. 输入区域

在此输入待分析数据区域的单元格引用。该引用必须由两个或两个以上按列或行组织的相邻数据区域组成。

2. 分组方式

如果需要指出输入区域中的数据是按行还是按列排列，则单击“逐行”或“逐列”。标志位于第一行，如果输入区域的第一行中包含标志项，则选中“标志位于第一行”复选框。如果输入区域没有标志项，则不选择，Excel 将在输出表中自动生成数据标志。

3. 输出区域

在此输入对输出表左上角单元格的引用。此工具将为每个数据集产生两列信息。左边一列包含统计标志项，右边一列包含统计值。根据所选择“分组方式”选项的不同，Excel 将为输入表中的每一行或每一列生成一个两列的统计表。

4. 新工作表组

单击此选项，可在当前工作簿中插入新工作表，并由新工作表的 A1 单元格开始显示计算结果。如果需要给新工作表命名，则在右侧编辑框中输入名称。

5. 新工作簿

单击此选项，可创建一个新工作簿，并在新工作簿的新工作表中显示计算结果。

6. 汇总统计

如果需要 Excel 在输出表中生成下列统计结果，则选中此项：均值、标准差、中位数、众数、标准误差、方差、峰值、偏度、全距、最小值、最大值、总和、总个数、第 K 个最大值、第 K 个最小值和置信度。

7. 平均数置信度

如果需要在输出表的某一行中包含均值的置信度，则选中此项，然后在右侧的编辑框中，输入所要使用的置信度。例如，数值 95% 可用来计算显著性水平为 5% 时的均值置信度。

8. 第 K 大值

如果需要在输出表的某一行中包含每个区域的数据的第 K 个最大值，则选中该复选框，然后在右侧的编辑框中，输入 K 的数值。如果输入 1，则这一行将包含数据区的最大数值。

9. 第 K 小值

如果需要在输出表的某一行中包含每个区域的数据的第 K 个最小值，则选中该复选框，然后在右侧的编辑框中，输入 K 的数值。如果输入 1，则这一行将包含数据区的最小数值。

【例】 下面列出了 84 个成年男子头颅的最大宽度（mm），试给出这些数据的均值、方差、标准差等统计量，并判断是否来自正态总体（$\alpha=0.05$）。

表 4-13　成年男子头颅的最大宽度　　单位：mm

141	148	132	138	154	142	150	146	155	158
150	140	147	148	144	150	149	145	149	158
143	141	144	144	126	140	144	142	141	140
145	135	147	146	141	136	140	146	142	137
148	154	137	139	143	140	131	143	141	149
148	135	148	152	143	144	141	143	147	146
150	132	142	142	143	153	149	146	149	138
142	149	142	137	134	144	146	147	140	142
140	137	152	145						

利用描述统计工具对这些成年男子头颅的最大宽度进行基本统计分析的具体操作步骤如下。

1）将所有的测试数据输入工作表中，本例存放在 A1:A85 区域中，A1 中输入“头颅最大宽度”字样。

2）选择“工具”菜单中的“数据分析”命令，这时弹出“数据分析”对话框，如图 4-13 所示。

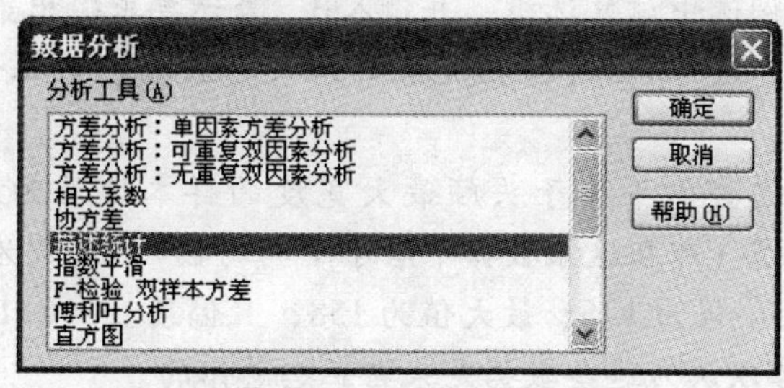

图 4-13　“数据分析”对话框

3）在“分析工具”列表中，选择“描述统计”，单击“确定”按钮。这时将弹出“描述统计”对话框，如图 4-14 所示。

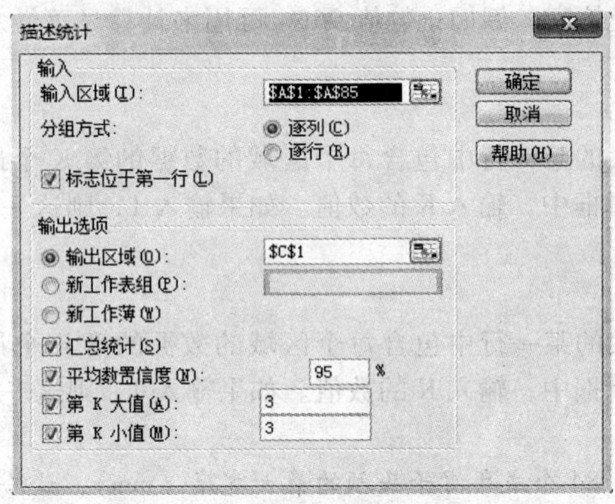

图 4-14 “描述统计”对话框

4）在“输入”选项组内指定输入数据的有关参数。

- “输入区域”：指定要分析的数据所在的单元格区域。本例选择“$A$1:$A$85”。
- “分组方式”：指定输入数据是以行还是以列方式排列的。这里选择“逐列”，因为给定的成年男子头颅的最大宽度是按列排列的。
- “标志位于第一行”：若输入区域包括列标志行，则必须选中此复选框。否则，不能选中该复选框，此时 Excel 自动以列 1、列 2、列 3……作为数据的列标志。本例选中此复选框。

5）在“输出选项”选项组内指定有关输出选项。

- “输出区域”：根据需要可以指定输出到当前工作表的某个单元格区域，这时需在“输出区域”框键入输出单元格区域的左上角单元格地址；也可以指定输出到新工作表组，这时需要输入工作表名称；还可以指定输出到新工作簿。本例选中将结果输出到输出区域，并输入左上角 C1 单元格地址“$C$1”。
- “汇总统计”：若选中该复选框，则显示描述统计结果，否则不显示结果。本例选中汇总统计复选框。
- “平均数置信度”：本例输入 95%，表明要计算显著性水平为 5% 时的均值置信度。
- “第 K 大值”：本例选中该复选框，并输入 3，表示要求输出第 3 大的数值。
- “第 K 小值”：本例选中该复选框，并输入 3，表示要求输出第 3 小的数值。

单击“确定”按钮。这时 Excel 将描述统计结果存放在当前工作表的 C1:D18 区域中，如图 4-15 所示。

由分析结果可知，这些成年男子头颅最大宽度的样本均值为 143.7738、样本方差为 35.6470、中位数为 143.5（即在这组数据中居于中间的数）、众数为 142（即在这组数据中出现频率最高的数）、最小值为 126、最大值为 158，且偏度（-0.1386）与峰度（0.4685）都非常接近于 0，因此可以认为这些数据是来自正态总体的。

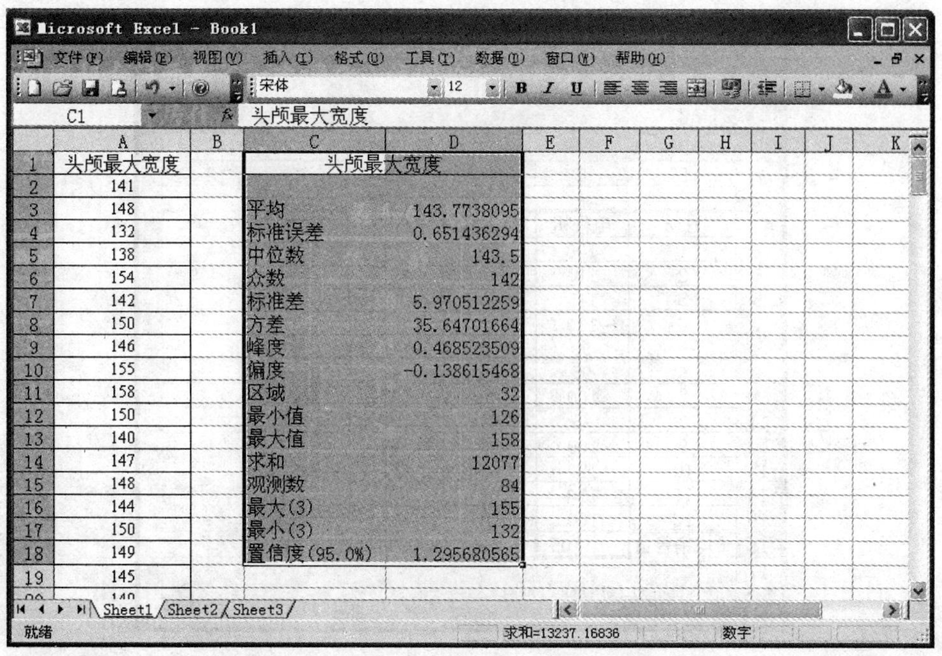

图 4-15　数据处理结果

【典型案例】 某商场家用电器销售情况如表 4-14 所示。

表 4-14　某商场家用电器销售　　单位：台

月　份	电 视 机	电 冰 箱	洗 衣 机	电　脑
1	100	50	100	40
2	110	45	120	45
3	115	50	130	48
4	120	46	98	45
5	90	60	99	50
6	95	70	110	55
7	100	90	100	60
8	96	60	100	60
9	100	40	150	65
10	120	60	110	55
11	110	60	100	50
12	100	50	100	55

（1）计算各种电器的全年平均销售量。

（2）计算各种电器销售量的中位数、众数、总体标准差。

（3）计算各种电器销售的偏度和峰度。

点评：

（1）计算各种电器的全年平均销售量，如图 4-16 所示。

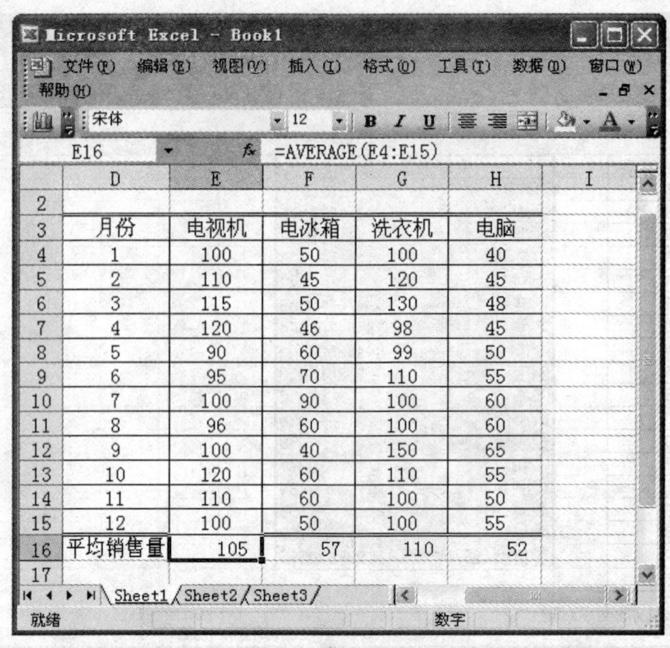

	D	E	F	G	H	I
2						
3	月份	电视机	电冰箱	洗衣机	电脑	
4	1	100	50	100	40	
5	2	110	45	120	45	
6	3	115	50	130	48	
7	4	120	46	98	45	
8	5	90	60	99	50	
9	6	95	70	110	55	
10	7	100	90	100	60	
11	8	96	60	100	60	
12	9	100	40	150	65	
13	10	120	60	110	55	
14	11	110	60	100	50	
15	12	100	50	100	55	
16	平均销售量	105	57	110	52	
17						

图 4-16　全年平均销售量的计算

（2）计算各种电器销售量的中位数、众数、总体标准差，如图 4-17 ~ 图 4-19 所示。

E16　=MODE(E4:E15)

	D	E	F	G	H	I
2						
3	月份	电视机	电冰箱	洗衣机	电脑	
4	1	100	50	100	40	
5	2	110	45	120	45	
6	3	115	50	130	48	
7	4	120	46	98	45	
8	5	90	60	99	50	
9	6	95	70	110	55	
10	7	100	90	100	60	
11	8	96	60	100	60	
12	9	100	40	150	65	
13	10	120	60	110	55	
14	11	110	60	100	50	
15	12	100	50	100	55	
16	众数	100	60	100	55	
17						

图 4-17　众数的计算

（3）计算各种电器销售的偏度和峰度，如图 4-20 所示。

计算结果表明，电视机和电脑的偏度值趋于零，说明销售量呈对称分布；电冰箱和洗衣机的销售量的偏度值大于零，说明其分布呈右偏形态。电视机和电脑的峰度值小于零，说明销售量分布形态趋于平缓；电冰箱和洗衣机的销售量的峰度值大于零，说明销售量分布形态

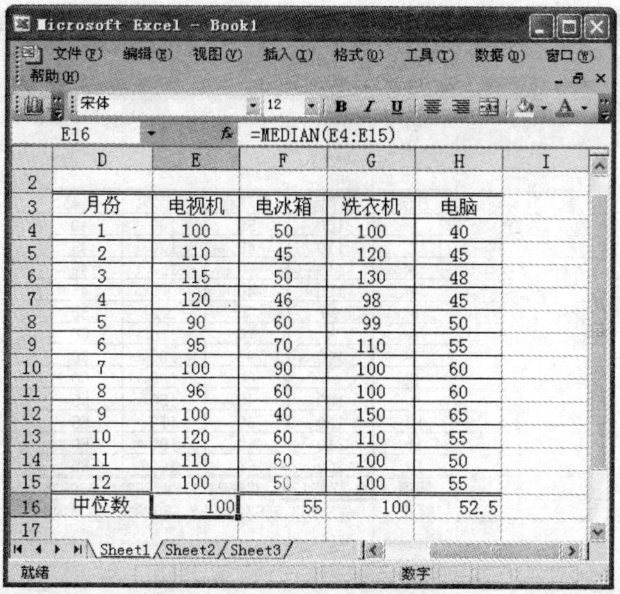

Microsoft Excel - Book1

E16 =MEDIAN(E4:E15)

	D	E	F	G	H
3	月份	电视机	电冰箱	洗衣机	电脑
4	1	100	50	100	40
5	2	110	45	120	45
6	3	115	50	130	48
7	4	120	46	98	45
8	5	90	60	99	50
9	6	95	70	110	55
10	7	100	90	100	60
11	8	96	60	100	60
12	9	100	40	150	65
13	10	120	60	110	55
14	11	110	60	100	50
15	12	100	50	100	55
16	中位数	100	55	100	52.5

图 4-18　中位数的计算

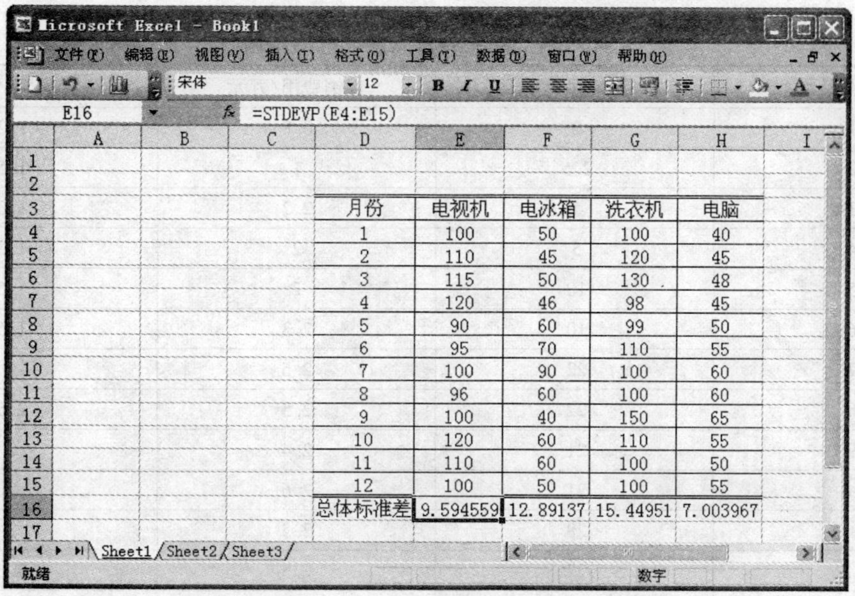

Microsoft Excel - Book1

E16 =STDEVP(E4:E15)

	D	E	F	G	H
3	月份	电视机	电冰箱	洗衣机	电脑
4	1	100	50	100	40
5	2	110	45	120	45
6	3	115	50	130	48
7	4	120	46	98	45
8	5	90	60	99	50
9	6	95	70	110	55
10	7	100	90	100	60
11	8	96	60	100	60
12	9	100	40	150	65
13	10	120	60	110	55
14	11	110	60	100	50
15	12	100	50	100	55
16	总体标准差	9.594559	12.89137	15.44951	7.003967

图 4-19　总体标准差的计算

趋于陡峭。

【典型案例】 联华超市位于浙江省某市，是该市的一个较大型的连锁超市。超市的总经理希望了解超市的总销售额受哪些因素的影响，进而决定应采取哪些措施来提高超市的销售额和竞争力，达到战胜竞争对手的目的。总经理组织人员收集了该超市的各个连锁营业点某周六的销售额、营业点经营面积及上周花费的促销费用等信息。总经理希望数据分析人员通过对这些数据的分析，找到该超市销售额的影响因素，为今后的决策提供必要的帮助。收集的各个营业点的数据如表 4-15 所示。

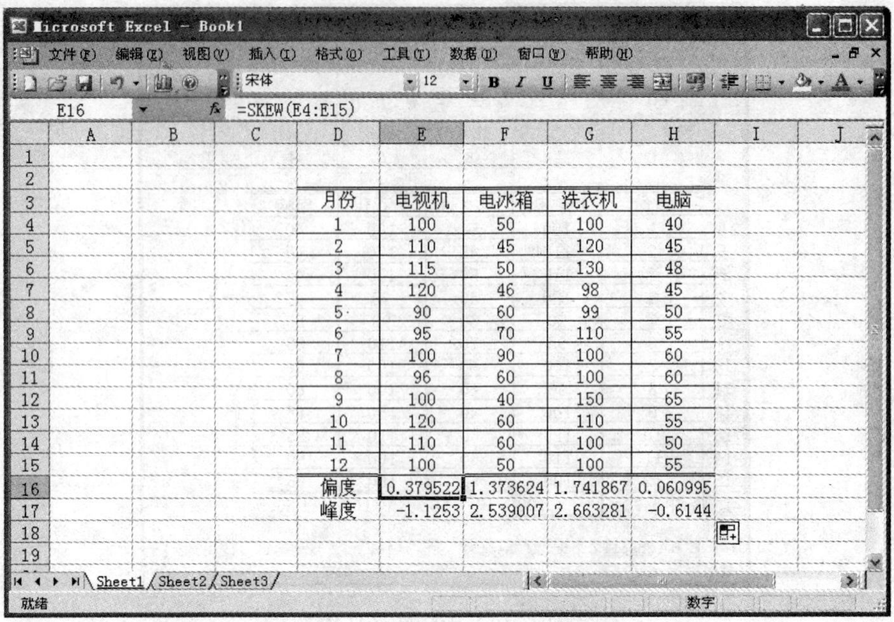

图 4-20　偏度和峰度的计算结果

表 4-15　联华超市各营业点的数据

营业点编号	销售额/万元	促销费用/万元	面积/百平方米
1	2	0.8	1.2
2	2.5	1	1.5
3	5	2.2	1.3
4	5	2	1.3
5	10	2	1.5
6	10	2.3	1.5
7	22	2.5	2
8	22	2.5	2.5
9	21	2.4	2
10	21	2.6	2
11	28	2.5	3
12	22	2.5	2.6
13	41	4	4
14	42	4.1	3.5
15	44	4	3.5
16	45	4.3	3.5
17	48	4.5	5.5
18	46	4.4	5
19	47	4	6
20	48	4.1	7

根据收集到的联华超市各个营业点的数据，数据分析人员应当分析这些数据间的关系，建立数学模型，进而帮助总经理进行决策。需要完成的工作如下。

（1）绘制散点图初步了解各个变量间的关系。

（2）通过相关分析描述各个变量间的关系。

（3）通过回归分析建立相应的数学模型来描述各个变量间的关系。

点评：

（1）绘制散点图初步了解各个变量间的关系。

利用 Excel 软件绘制销售额与促销费用的散点图、销售额与营业面积的散点图，如图 4–21 和图 4–22 所示。

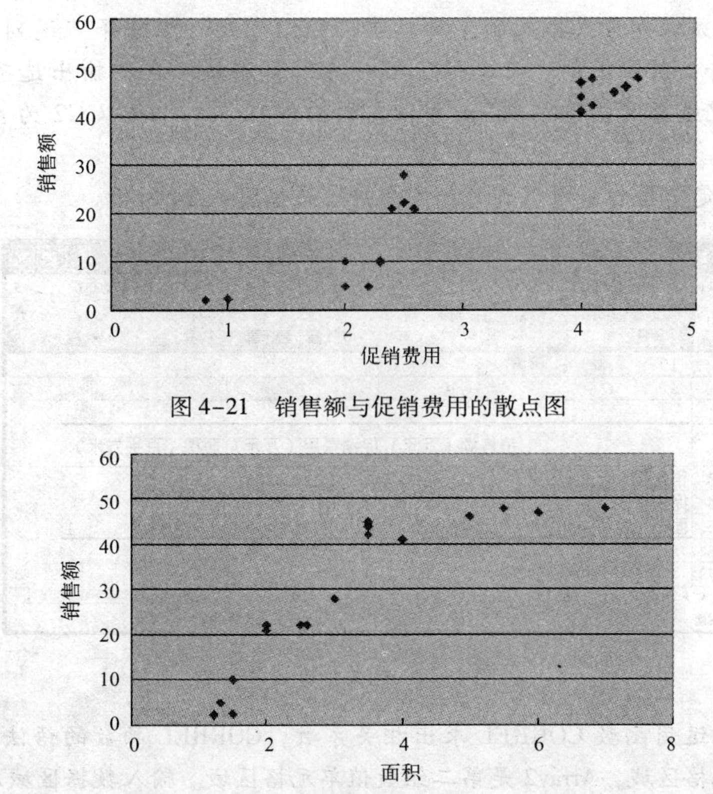

图 4–21　销售额与促销费用的散点图

图 4–22　销售额与营业面积的散点图

从图 4–21 和图 4–22 中可以看出销售额与促销费用、营业面积之间是存在相关关系的，而且，散点图基本呈现了线性的变化趋势。

（2）通过相关分析描述各个变量间的关系。

影响联华超市销售额的有两个自变量：促销费用与营业面积。下面分析它们与因变量销售额的相关性。Excel 具体操作步骤如下：

1）选择“工具”菜单中的“数据分析”命令，弹出“数据分析”对话框。如果没有该命令，需要通过安装 Excel 的加载宏之后，才会在编辑窗口的菜单中出现。

2）在“分析工具”列表框中，选择“相关系数”。这时将出现“相关系数”对话框，如图 4–23 所示。

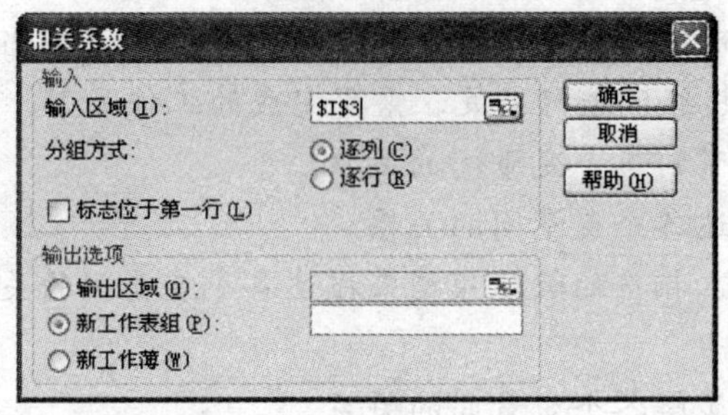

图 4-23 “相关系数”对话框

3）在输入框中指定输入参数。在“输入区域”中指定数据所在的单元格区域 C1：E22；因输入数据是以列方式排列的，所以在“分组方式”中选择“逐列”；因指定的输入区域包含标志行，所以选中“标志位于第一行”复选框；在“输出选项”选项组中指定输出选项，这里选择“输出区域”，并指定输出到当前工作表以 G2 为左上角的单元格区域。

4）单击“确定”按钮，所得到的相关分析结果如图 4-24 所示。

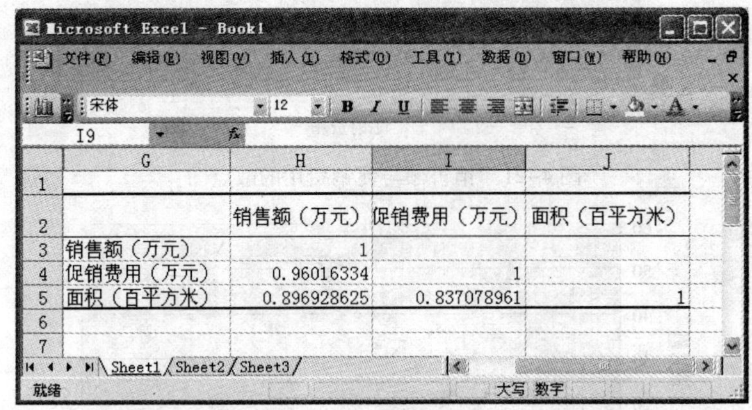

	G	H	I	J
1				
2		销售额（万元）	促销费用（万元）	面积（百平方米）
3	销售额（万元）	1		
4	促销费用（万元）	0.96016334	1	
5	面积（百平方米）	0.896928625	0.837078961	1
6				
7				

图 4-24 相关分析结果

另外，也可以运用函数 CORREL 求出相关系数，CORREL 函数的语法格式为：Array1 是第一组数值单元格区域，Array2 是第二组数值单元格区域。输入数据区域后可以得到参数计算结果，如图 4-25 所示。

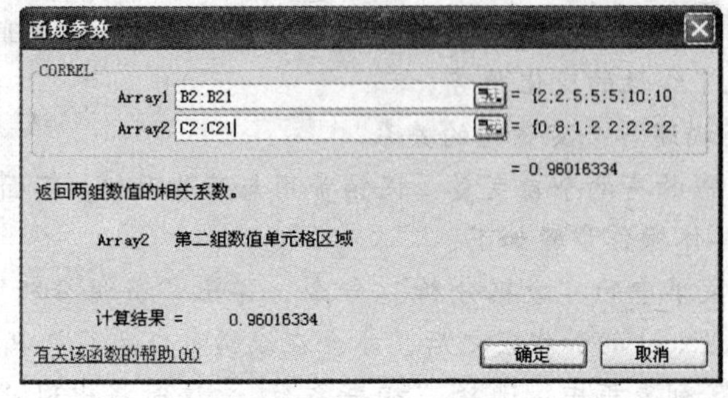

图 4-25 CORREL 函数

(3) 通过回归分析建立相应的数学模型来描述各个变量间的关系。

1) 选择“工具”菜单中的“数据分析”命令，弹出“数据分析”对话框。在“分析工具”列表框中，选择“回归”，这时将弹出“回归”对话框，如图 4-26 所示。

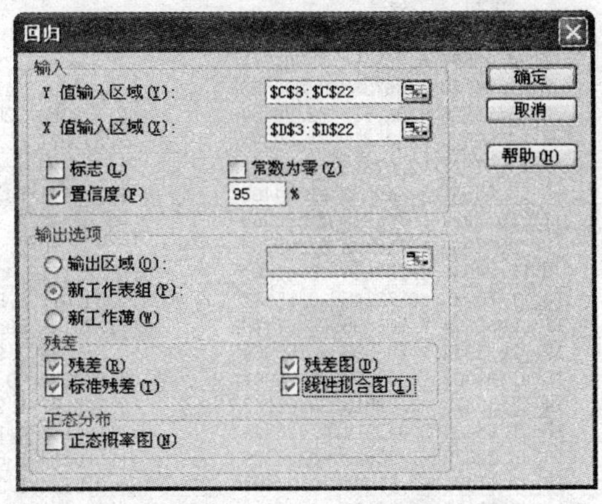

图 4-26 “回归”对话框

2) 指定输入参数。在“Y 值输入区域”和“X 值输入区域”，指定相应数据所在的单元格区域，这里分别指定为 C3:C22 和 D3:D22。选中“标志”复选框，并在“置信度”框内输入 95%。

3) 指定输出选项。这里选择输出到“新工作表组”，选中“残差”选项组中的所有输出选项，以观察相应的结果。

4) 单击“确定”按钮，得到回归分析的计算结果。图 4-27 是有关回归分析的统计量、方差分析表和回归系数及其 t 检验、预测区间等数据；图 4-28 给出了预测值、残差值以及所计算的 DW 统计值；图 4-29 给出了自变量 X（促销费用）的残差分析图；图 4-30 给出了自变量与因变量的最佳适配回归线图。

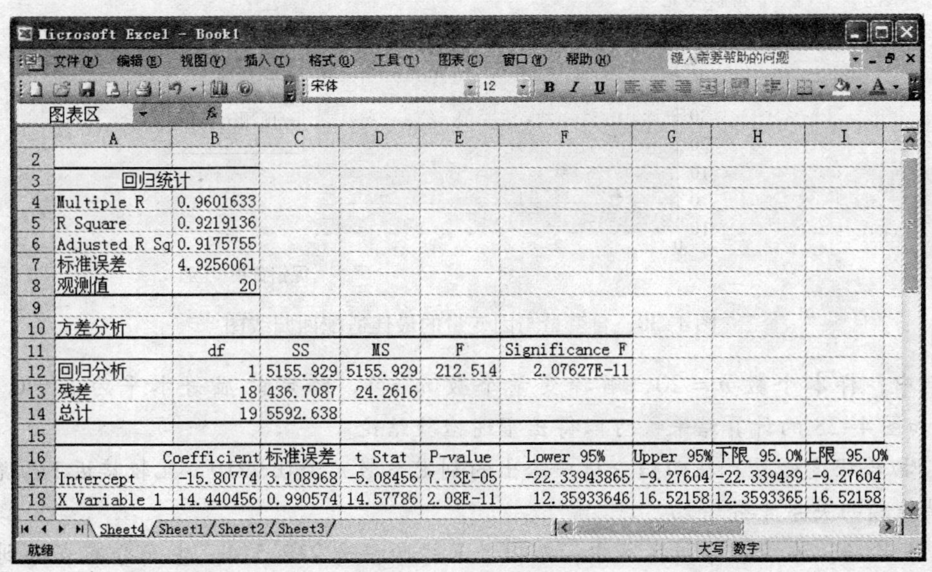

	A	B	C	D	E	F	G	H	I
2									
3	回归统计								
4	Multiple R	0.9601633							
5	R Square	0.9219136							
6	Adjusted R Sq	0.9175755							
7	标准误差	4.9256061							
8	观测值	20							
9									
10	方差分析								
11		df	SS	MS	F	Significance F			
12	回归分析	1	5155.929	5155.929	212.514	2.07627E-11			
13	残差	18	436.7087	24.2616					
14	总计	19	5592.638						
15									
16		Coefficient	标准误差	t Stat	P-value	Lower 95%	Upper 95%	下限 95.0%	上限 95.0%
17	Intercept	-15.80774	3.108968	-5.08456	7.73E-05	-22.33943865	-9.27604	-22.339439	-9.27604
18	X Variable 1	14.440456	0.990574	14.57786	2.08E-11	12.35933646	16.52158	12.3593365	16.52158

图 4-27 回归分析结果

F46 | =F45/G45

	A	B	C	D	E	F	G
22	RESIDUAL	OUTPUT					
23							
24	观测值	预测 销售额（万元）	残差（e_i）	标准残差		$(e_i-e_{i-1})^2$	e_i^2
25	1	-4.25537	6.255374	1.304771			39.1297
26	2	-1.36728	3.867283	0.806653		5.70298	14.95588
27	3	15.96126	-10.9613	-2.28634		219.8858	120.1493
28	4	13.07317	-8.07317	-1.68393		8.341071	65.17613
29	5	13.07317	-3.07317	-0.64101		25	9.444395
30	6	17.40531	-7.40531	-1.54463		18.76741	54.83862
31	7	20.2934	1.706598	0.355969		83.02688	2.912478
32	8	20.2934	1.706598	0.355969		0	2.912478
33	9	18.84936	2.150644	0.44859		0.197177	4.62527
34	10	21.73745	-0.73745	-0.15382		8.341071	0.543828
35	11	20.2934	7.706598	1.607473		71.30191	59.39166
36	12	20.2934	1.706598	0.355969		36	2.912478
37	13	41.95409	-0.95409	-0.19901		7.079241	0.91028
38	14	43.39813	-1.39813	-0.29163		0.197177	1.954772
39	15	41.95409	2.045914	0.426745		11.86145	4.185765
40	16	46.28622	-1.28622	-0.26829		11.10314	1.654369
41	17	49.17431	-1.17431	-0.24494		0.012524	1.379013
42	18	47.73027	-1.73027	-0.36091		0.309085	2.993829
43	19	41.95409	5.045914	1.052497		45.91665	25.46125
44	20	43.39813	4.601869	0.959876		0.197177	21.17719
45					合计	553.2408	436.7087
46					DW=	1.266842	

图 4-28　DW 检验

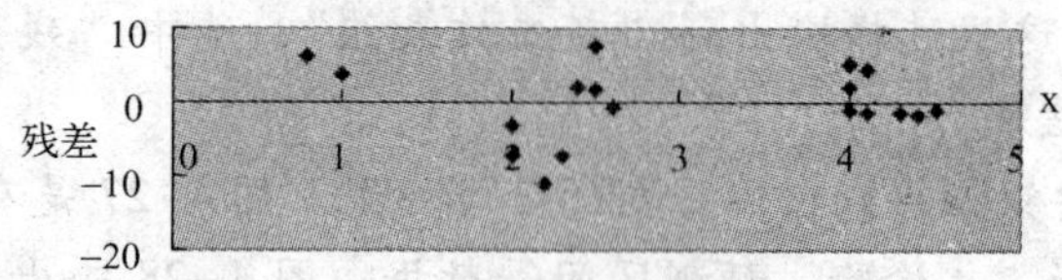

图 4-29　残差分析图

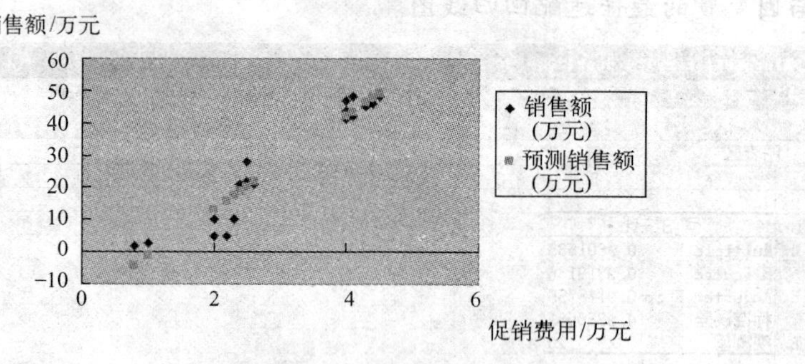

图 4-30　自变量与因变量的最佳适配回归线图

本例中，样本个数 $n=20$，解释变量个数 $m=1$，给定的显著水平为 $\alpha=0.05$。从图 4-27 和图 4-28 的计算结果，可以得出下述检验结论。

（1）拟合程度检验。在回归分析中给出的判定系数 r^2 为 0.9219，比较接近 1，说明促销费用与销售额的关系十分密切。

（2）F 检验。在方差分析区域中，给出了 F 检验值为 212.514。查 F 分布表得到临界值为 $F_{0.05}(1,20-1-1)=4.41$，F 检验值远远大于临界值，说明促销费用作为自变量与销售额作为因变量建立的回归方程是显著的。

（3）t检验。在回归模型区域中给出了t检验值，回归系数 b 的t检验值为14.5779，查t分布表得到临界值为 $t_{0.025}(20-2)=2.101$，t检验值远远大于临界值，说明促销费用对销售额有显著影响。回归模型系数 $b_0=-15.81$，$b_1=14.44$。

（4）DW检验。在Excel软件中，回归分析结果没有DW检验值，因此要自行按公式计算。如图4-27所示，先要利用公式分别求出 $(e_t-e_{t-1})^2$ 和 e_t^2 的值，再单击工具栏上的求和按钮进行求和计算，最后将两个求和值相除，便求得DW＝1.2668。查DW检验表，表中样本容量 n 为20时临界值 $d_l=1.20$ 和 $d_u=1.41$。可见DW统计值在 $d_l<DW<4-d_u$ 之间，所以该回归模型不存在序列自相关，通过检验。实际上，对于本例中我们取的数据为联华超市同一时间不同营业点的数据，不是时间序列数据，可以不进行DW检验。

综合上述计算结果和检验结果，确定回归模型如下：

$$y=-15.81+14.44x$$

$$R^2=0.9219 \quad n=20$$

$$F=212.514 \quad S=4.9256 \quad DW=1.2668$$

这是一个较为优良的回归模型。现在利用该回归模型，就可以根据预测期的促销费用预测销售额。假定第20个营业点准备花费5万元促销费用，则其销售额预测值为：

$$y=-15.81+14.44x=-15.81+14.44\times5=56.39(\text{万元})$$

图4-27还给出了回归系数 a、b 的估计值及其标准误差、回归系数估计区间的上下限等。因标准误差 $S=4.9256$，则在显著水平 $\alpha=0.05$ 下，第20个营业点销售额的预测区间为：

$$y\mp t_{\frac{\alpha}{2}}(n-m-1)\cdot S=56.39\mp2.101\times4.9256=56.39\mp10.35$$

即当第20营业点投入促销费用为5万元时，在显著水平 $\alpha=0.05$ 下，其销售额预测区间在46.04～66.74万元之间。

下面利用Excel软件的“数据分析”工具来建立联华超市销售额与促销费用和营业点面积的回归模型，并对其进行检验，然后利用模型进行预测。具体操作与一元线性回归分析基本相同。

输入相关参数如图4-31所示，系统输出计算结果如图4-32所示。图4-32显示了有关回归分析的统计量、方差分析表和回归系数及t检验、预测区间等数据。由于我们取的数据为联华超市同一时间不同营业点的数据，不是时间序列数据，所以可以不进行DW检验。

本例样本个数 $n=20$，解释变量个数 $m=2$，分析图4-32的计算结果，可以得出下述检验结论。

（1）拟合程度检验。在回归统计中给出的 R^2 为0.9509，调整后的 $\overline{R}^2$ 为0.9452，均很接近1，说明联华超市销售额与促销费用和营业点面积的关系很密切。

（2）F检验。在方差分析中给出的F检验值为164.7331，$F_{0.05}(2,20-2-1)=3.59$，F检验值远远大于临界值，说明联华超市销售额与促销费用和营业点面积的回归方程是显著的。

（3）t检验。在回归模型区域A16:I19中给出了回归系数 b_0、b_1、b_2 的估计值极其标准误差、t检验值和回归系数估计区间的上下限等。$b_0=-13.69$、$b_1=10.52$、$b_2=3.11$，两个

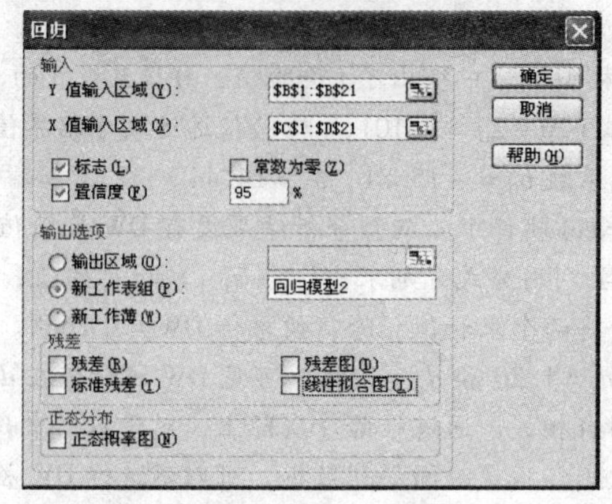

图 4-31 “回归”对话框

	A	B	C	D	E	F	G	H	I
1	SUMMARY OUTPUT								
2									
3	回归统计								
4	Multiple	0.975158							
5	R Square	0.950933							
6	Adjusted	0.945161							
7	标准误差	4.017703							
8	观测值	20							
9									
10	方差分析								
11		df	SS	MS	F	gnificance F			
12	回归分析	2	5318.225	2659.112	164.7331	7.44E-12			
13	残差	17	274.413	16.14194					
14	总计	19	5592.638						
15									
16		Coefficien	标准误差	t Stat	P-value	Lower 95%	Upper 95%	下限 95.0%	上限 95.0%
17	Intercept	-13.6854	2.622754	-5.21796	6.96E-05	-19.219	-8.15191	-19.219	-8.15191
18	促销费用（万元）	10.52038	1.476906	7.123254	1.71E-06	7.404377	13.63638	7.404377	13.63638
19	面积（百平方米）	3.106999	0.979863	3.17085	0.005587	1.039668	5.174329	1.039668	5.174329

图 4-32 回归分析结果

回归系数检验值分别为 7.12 和 3.17，$t_{0.025}(20-2-1)=2.11$，t 检验值大于临界值，故拒绝原假设，可以断言促销费用和营业点面积对销售额有显著影响。

综合上述计算结果和检验结果，可以得出如下的回归模型。

$$y=-13.69+10.52x_1+4.11x_2$$

$$R^2=0.9509 \quad \overline{R}^2=0.9452 \quad n=20$$

$$F=164.7331 \quad S=4.0177$$

任务小结

市场调查中，调查资料的整理和分析是一个非常重要的环节，也是一项比较复杂的工作，基本原理是通过对收集到的原始数据的整理，使其在一定程度上显现出一定的含义，并通过分析、研究，在揭示不同数据间关系的基础上，得出某些市场研究的结论或推断。市场调查资料整理和分析的方法主要有资料分类和汇总方法、资料展示方法、资料审核方法、资料分析方法等。在日常资料整理和分析工作中，这些方法的运用都很普遍，在学习掌握这些方法的同时，一定要清醒地看到，对资料进行分类、汇总、审核、展示、分析可以初步说明事物发展的方向和趋势，得到有关对新事物的浅显认识，却不能说明事物发展的深度和广度，也无法得到事物在更深层次上的认识。另外，市场调查资料的整理和分析应该按一定程序进行，遵循一定原则，选择适当方法，围绕确定内容制定整理分析方案，加以组织实施，才能得出比较客观的调查结论。另外，随着信息技术的发展，统计工作离不开相关软件的支持，认真学习 Excel、SPSS 等统计软件是十分重要的。

巩固与提升

课堂研讨

【实训内容】利用 Excel 计算均值、中位数与众数。

【实训目的】学会计算全距、组距，确定组数、组限，能够进行汇总整理并能用适当的图形加以描述。

【实训步骤】

(1) 阅读以下材料：某企业开发了一种新产品，主要针对年收入 10 万元左右的消费群体。现准备开发某市市场，但对该市购买力水平不了解。为此，企业做了一次小范围的问卷调查，收回有效问卷 110 份，被调查者年收入情况如下（单位：千元）：

154 133 116 128 85 100 105 150 118 97 110 131 119 103 93 108 100
111 130 104 135 113 122 115 103 90 108 114 127 87 127 108 112
100 117 121 105 136 123 108 89 94 139 82 113 110 109 118 115 126
106 108 115 133 114 119 104 147 134 117 119 91 137 101 107 112
121 125 103 89 110 122 123 124 125 115 113 128 85 113 143 80 102
132 96 129 83 142 112 120 107 108 111 100 97 111 131 109 145 93
135 98 142 127 106 110 101 116 110 123

(2) 计算全距、组距；确定组数、组限。

(3) 进行汇总整理，即将各个变量值归入相应的组中，最后的结果用次数分布表显示。

(4) 汇总整理出结果，用适当的图形加以描述。

【实训课时】2 学时。

课后自测

（一）洛伦茨曲线与居民收入差异分析

洛伦茨曲线是美国经济统计学家洛伦茨根据意大利经济学家巴雷特提出的，由收入分配公式绘制成的描述收入和财富分配性质的曲线。曲线横轴是累计人口百分比，纵轴是累计收入或财富的百分比。当一个国家的收入分配完全按人均分配时，同一累计百分比的人口就一定占有相同的累计收入百分比。此时该国的收入分配曲线就与对角线重合。如果绝大多数人口占有很少的财富和收入，而少部分人占有了绝大部分的收入，则该国的曲线就靠近下横轴和右纵轴。一般来说，国家的收入分配不会是绝对平均的，也不会是绝对不平均的。将任一国家或地区的收入分配情况绘制成洛伦茨曲线就可以观察分析该国家或地区收入分配的平均程度。

某地区 2013 年的人口及收入情况见表 4-16，试绘制该地区的洛伦茨曲线。

表 4-16　某地区 2013 年的人口及收入情况

户数/户	月可支配收入/万元
280785	4000
242250	6000
167400	8000
150000	10500
93900	12500
66300	17000
58350	22000
41400	28000
37500	35000
19800	55000
9450	85000
5592	125000

（二）资料分析

阅读下列资料，该资料进行的是总量指标分析还是相对指标分析，请说明理由。

2014 年 7 月，中国互联网络信息中心（CNNIC）发布了《2014 年中国社交类应用用户行为研究报告》，调查显示微信支付的功能涉及打车、话费充值、彩票、购物、公益等多方面。从本次调查的结果来看（图 4-33），微信支付的各项业务中，知名度最高的是滴滴打车，52.3% 的微信用户表示知道滴滴打车，29.1% 的微信用户使用过滴滴打车，2014 年伊始，滴滴打车与快的打车的补贴大战，给这两个打车软件积累了大量的用户；手机话费充值的知名度为 51.8%，排在第二位，使用率为 32.6%，排在首位；Q 币充值的知名度为 40.7%，排在第三。

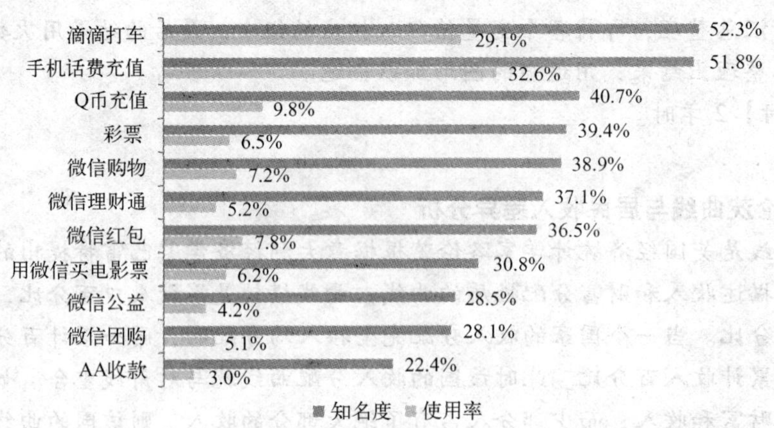

（资料来源：中国互联网络信息中心（CNNIC）《2014 年中国社交类应用用户行为研究报告》）

图 4-33　网民使用微信内容

实操演练

【演练内容】浙江夏发鞋业有限公司准备开拓大学生鞋类市场，现在请自拟题目，设计调查方案，实施调查，最后对调查资料进行汇总分析，形成报告。

【演练目的】学会如何进行市场调查，选择调查技术、资料汇总分析、撰写调查报告。

【演练要求】① 自由组合调查小组，5~6 名同学为一组；② 了解客户希望通过调查达到的目的；③ 选择合适的调查技术进行调查；④ 形成调查报告。

任务 4.3 动 态 分 析

任务目标

1. 知识目标

（1）理解动态数列的含义和形式；

（2）理解动态水平指标的含义；

（3）理解动态速度指标的含义。

2. 能力目标

（1）学会动态数列的水平指标分析；

（2）学会动态数列的速度指标分析；

（3）能应用 Excel 进行动态分析。

任务导入

某公司 9 月上旬每天的职工人数资料见表 4-17，试计算该公司 9 月上旬平均每天的职工人数。

表 4-17 职工人数　　单位：人

日期	1	2	3	4	5	6	7	8	9	10
人数	52	55	53	56	56	58	63	61	66	63

任务分解

一、动态数列的含义

将某种现象在时间上变化发展的一系列同类的统计数据，按照时间先后顺序排列，就形成了一个动态数列，也称为时间序列。动态数列由两部分构成，一部分是反映时间顺序变化的时间数列，一部分是反映各个指标值变化的指标数值数列。

动态数列分析法的目的是运用数学方法找出数列的发展变化规律，并使其向外延伸，预测未来的市场变化趋势。动态数列分析法的目的就是寻找预测目标随时间变化的规律。

编制动态数列时，应考虑以下问题：① 动态数列中数据之间的时间间隔应当保持一致，否则就失去了可比性；② 要注意掌握动态数列的不同变动趋势。动态数列的变动趋势一般可以分解为以下几种。

1. 长期趋势变动

在动态数列中，尽管各个数据在相等的时间间隔中呈现随机起伏的状态，但在一个较长的时间内，动态数列会沿着一个方向变化，呈现逐渐上升或下降的变动趋势。

2. 季节性变动

季节性变动是指动态数列受季节影响而发生的变动。这种变动的特点是随着季节的轮换，动态数列呈现周期性重复变化。

3. 循环变化

虽然动态数列具有长期的或升或降的变动趋势，但在一定时间内，动态数列会发生周期性的涨落起伏波动，通常这种波动是由于经济发展的周期性引起的。

4. 不规则变动

在动态数列中，除了上述各种变动之外，还有因临时的、偶然性因素引起的非周期性、非趋势性的随机变动，这就是不规则变动。

一个动态数列的变动就是上述四种变动成分的混合。动态数列的分析方法如图 4-34 所示。

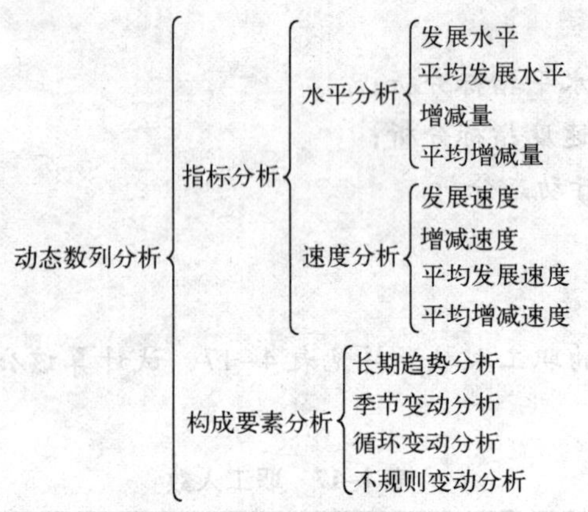

图 4-34　动态数列分析方法

二、动态数列的水平指标分析

对动态数列的水平分析，是通过计算动态水平指标进行分析的。动态水平指标主要有平均发展水平、增长量和平均增长量等。

（一）平均发展水平

动态数列中的每一指标值都代表某一特定时间下事物的发展水平。平均发展水平是一个较长时期各发展水平的平均数。由于不同种类动态数列的性质不同，平均发展水平的计算方法也有所不同。

如果动态数列由时期指标构成，计算平均发展水平的公式如下：

$$\bar{a} = \frac{a_1 + a_2 + \cdots + a_{n-1} + a_n}{n} = \frac{\sum_{i=1}^{n} a_i}{n}$$

式中　$\bar{a}$——平均发展水平；

a_i——第 i 时期的发展水平；

n——动态数列中时期的个数。

如果动态数列由时点指标构成，计算平均发展水平的公式如下：

$$\bar{a}=\frac{\frac{1}{2}a_1+a_2+a_3+\cdots+a_{n-1}+\frac{1}{2}a_n}{n-1}$$

式中　$\bar{a}$——平均发展水平；

a_i——第 i 时点的发展水平；

n——动态数列中时点的个数。

【例】　某地2003～2012年各年末职工总人数的资料如表4-18所示。试计算这10年内各年平均职工总人数。

表4-18　某地区2003～2012年各年末的职工总人数

年　度	2003	2004	2005	2006	2007	2008	2009	2010	2011	2012
职工总人数	788	815	842	841	748	723	718	704	694	683

解：

$$\bar{a}=\frac{\frac{1}{2}\times788+815+842+841+748+723+718+704+694+\frac{1}{2}\times683}{10-1}$$

$$=\frac{6820.5}{9}=757.8(\text{万人})$$

（二）增长量和平均增长量

增长量是动态数列中两个不同时间下的发展水平的差额。其中，研究中作为考察对象的发展水平称为报告期水平，作为报告期对比的基础发展水平称为基期水平。用公式表示为：

增长量＝报告期水平－基期水平

在增长量中，如果基期水平固定不变，增长量的大小将取决于报告期水平的大小，这样的增长量称为累计增长量；如果基期水平随着报告期水平的变化而变化，而且基期为报告期的前一期，这样的增长量称为逐期增长量。对于受明显季节变动影响的时间序列，计算增长量时，应避免在不同季节比较的错误做法。这时，应把基期选定为与报告期属于同一季节的上年或前几年的时期，这样计算的增长量称为年距增长量。

平均增长量是时间序列中逐期增长量的平均数，它表明研究总体在一定时间内平均每期增长（减少）的数量。用公式表示如下：

平均增长量＝∑逐期增长量/逐期增长量的个数

三、动态数列的速度指标分析

对动态数列的动态速度分析，是通过计算动态速度指标进行分析的。动态速度指标主要有发展速度、增长速度、平均发展速度和平均增长速度等。

（一）发展速度

发展速度是动态数列中两个不同时间下的发展水平的比值，表明研究总体在报告期水平已经发展到基期水平的几分之几。用公式表示为：

发展速度＝报告期水平/基期水平

在发展速度中，如果基期水平固定不变，发展速度的大小将取决于报告期水平的大小，这样的发展速度称为定基发展速度；如果基期水平随着报告期水平的变化而变化，而且基期为报告期的前一期，这样的发展速度称为环比发展速度。对于明显受季节变动影响的动态数列，计算发展速度时，应避免不同季节发展水平的比较。这时，应把基期选定为与报告期属于同一季节的上年或前几年的时期，这样计算的发展速度称为年距发展速度。

（二）增长速度

增长速度是报告期增长量与基期水平的比值，表明报告期水平比基期增长（或降低）了几分之几。用公式表示为：

增长速度＝报告期增长量/基期发展水平

增长速度与发展速度相对应，也可以分为定基增长速度、环比增长速度以及年距增长速度等具体增长速度。各种增长速度的计算均可以通过发展速度来计算，公式为：

增长速度＝发展速度－1

增长速度使用相对数的形式分析事物的增长情况，因而抽象掉了这一增长的绝对数量。所以，对增长速度的分析需要结合分析同期的增长量，进行相互补充。为此，可以通过计算和分析增长1%的绝对值达到这一目的。增长1%的绝对值计算公式为：

增长1%的绝对值＝逐期增长量/逐期增长速度

（三）平均发展速度和平均增长速度

平均发展速度是一定时期内动态数列的各期环比发展速度的平均数。平均发展速度的计算有两种方法。

如果研究时我们所关心的重点是动态数列最后一个时间的发展水平，而不在乎其他时间发展水平的大小，如由产量水平构成的动态数列，这样，在计算平均发展速度时采用几何平均法。计算公式为：

$$平均发展速度 = \sqrt[n]{\prod(环比发展速度)}$$

式中 $\prod$——连乘符号；

n——参与运算的环比发展速度的个数。

如果研究时我们关心的是动态数列中每个时间上的发展水平及其总和，而不单单是最后一个时间上的发展水平，如由造林面积所构成的动态数列，这样，在计算平均发展速度时采用累计法，或称为方程式法。如果用 v 代表平均发展速度，则 v 可以通过解如下高次方程求得：

$$v + v^2 + v^3 + \cdots + v^{n-1} + v^n = \sum_{i=1}^{n} a_i/a_0$$

式中 n——计算平均发展速度的时期内所用的时间单位数；

a_i——第 i 时间的发展水平；

a_0——固定的基期发展水平。

四、动态数列分析指标汇总表

动态数列分析指标汇总表如表4-19所示，常用的综合指数和加权平均指数公式表如表

4-20 所示，指数体系公式表如表 4-21 所示。

表 4-19　动态数列分析指标汇总表

指标名称和适用的现象		计 算 公 式	作　用
发展水平		通常用 a_0、a_1、a_2、…、a_{n-1}、a_n 表示	反映现象在一定时期或时点上所达到的规模或水平
增长量	逐期增长量	报告期水平 - 前一期水平　$a_i - a_{i-1}$	反映报告期比基期增加（减少）的绝对数量
	累计增长量	报告期水平 - 某一固定基期水平　$a_i - a_0$	
发展速度	环比发展速度	$\frac{报告期水平}{前一期水平}$　$\frac{a_i}{a_{i-1}}$	表明报告期水平已发展到基期水平的几分之几
	定基发展速度	$\frac{报告期水平}{某一固定基期水平}$　$\frac{a_i}{a_0}$	
增长速度	环比增长速度	环比发展速度 - 1（100%）	表明报告期水平比基期水平增长（或降低）的百分比
	定基增长速度	定基发展速度 - 1（100%）	
增长 1% 的绝对值		$\frac{前一期水平}{100}$　$\frac{a_{i-1}}{100}$	表明每增长 1% 包含的绝对量
平均增长量		$\overline{\Delta} = \frac{\sum(a_i - a_{i-1})}{n} = \frac{a_n - a_0}{N-1}$	反映现象的平均增长水平
平均发展水平	时期数列	$\bar{a} = \frac{\sum a}{n}$	反映现象在一段较长时期内发展的一般水平，便于同类现象在不同发展阶段进行比较分析
	间隔相等的连续时点数列	$\bar{a} = \frac{\sum a}{n}$	
	间隔不等的连续时点数列	$\bar{a} = \frac{\sum at}{\sum t}$	
	间隔相等的间断时点数列	$\bar{a} = \frac{\frac{a_1}{2} + a_2 + a_3 + \cdots + a_{n-1} + \frac{a_n}{2}}{n-1}$	
	间隔不等的间断时点数列	$\bar{a} = \frac{\frac{a_1 + a_2}{2}t_1 + \frac{a_2 + a_3}{2}t_2 + \cdots + \frac{a_{n-1} + a_n}{2}t_{n-1}}{\sum_{i=1}^{n-1} t_i}$	
	静态平均数动态数列	$\bar{c} = \frac{\bar{a}}{\bar{b}}$	
	动态平均数动态数列	$\bar{a} = \frac{\sum a}{n}$ 或 $\bar{a} = \frac{\sum at}{\sum t}$	
平均发展速度	侧重考察最末一期的水平	$\bar{x} = \sqrt[n]{\frac{a_n}{a_0}} = \sqrt[n]{\prod x} = \sqrt[n]{R} = \sqrt[n]{2^m}$	反映现象在一个较长时期内逐期平均发展变化的速度
	侧重考察整个过程的总和	$\bar{x} + \bar{x}^2 + \bar{x}^3 + \cdots + \bar{x}^n - \frac{\sum_{i=1}^{n}}{a_0} = 0$	
平均增长速度		平均发展速度 - 1（100%）	反映现象在一个较长时期内逐期平均增长变化的速度

表 4-20　常用的综合指数和加权平均指数公式表

指数名称	指数化因素	个体指数	综合指数		加权平均指数	
			同度量因素	公式	权数	公式
产品产量指数	q	$k_q=\frac{q_1}{q_0}$	p_0	$\bar{k}_q=\frac{\sum q_1p_0}{\sum q_0p_0}$	q_0p_0	$\bar{k}_q=\frac{\sum k_qq_0p_0}{\sum q_0p_0}$
商品销售量指数	q	$k_q=\frac{q_1}{q_0}$	p_0	$\bar{k}_q=\frac{\sum q_1p_0}{\sum q_0p_0}$	q_0p_0	$\bar{k}_q=\frac{\sum k_qq_0p_0}{\sum q_0p_0}$
物价指数	p	$k_p=\frac{p_1}{p_0}$	q_1	$\bar{k}_p=\frac{\sum q_1p_1}{\sum q_1p_0}$	q_1p_1	$\bar{k}_p=\frac{\sum q_1p_1}{\sum \frac{1}{k_p}q_1p_1}$
单位成本指数	p	$k_z=\frac{z_1}{z_0}$	q_1	$\bar{k}_z=\frac{\sum q_1z_1}{\sum q_1z_0}$	q_1z_1	$\bar{k}_z=\frac{\sum q_1z_1}{\sum \frac{1}{k_z}q_1z_1}$

表 4-21　指数体系公式表

指数名称	指数体系形式	指数体系公式
综合指数	相对数	$\frac{\sum q_1p_1}{\sum q_0p_0}=\frac{\sum q_1p_0}{\sum q_0p_0}\times\frac{\sum q_1p_1}{\sum q_1p_0}$
	绝对数	$\sum q_1p_1-\sum q_0p_0=(\sum q_1p_0-\sum q_0p_0)+(\sum q_1p_1-\sum q_1p_0)$
加权平均指数	相对数	$\frac{\sum q_1p_1}{\sum q_0p_0}=\frac{\sum k_qq_0p_0}{\sum q_0p_0}\times\frac{\sum q_1p_1}{\sum \frac{1}{k_p}q_1p_1}$
	绝对数	$\sum q_1p_1-\sum q_0p_0=(\sum k_qq_0p_0-\sum q_0p_0)+\left(\sum q_1p_1-\sum \frac{1}{k_p}q_1p_1\right)$
平均指标指数	相对数	$\frac{\sum x_1f_1}{\sum f_1}:\frac{\sum x_0f_0}{\sum f_0}=\left(\frac{\sum x_1f_1}{\sum f_1}:\frac{\sum x_0f_1}{\sum f_1}\right)\times\left(\frac{\sum x_0f_1}{\sum f_1}:\frac{\sum x_0f_0}{\sum f_0}\right)$
	绝对数	$\frac{\sum x_1f_1}{\sum f_1}-\frac{\sum x_0f_0}{\sum f_0}=\left(\frac{\sum x_1f_1}{\sum f_1}-\frac{\sum x_0f_1}{\sum f_1}\right)+\left(\frac{\sum x_0f_1}{\sum f_1}-\frac{\sum x_0f_0}{\sum f_0}\right)$

五、Excel 应用

（一）测定增长量和平均增长量

根据我国 1998 ~2003 年社会消费品零售总额，计算逐期增长量、累计增长量和平均增长量。如图 4-35 所示。

计算步骤如下。

1）在 A 列输入年份，在 B 列输入社会消费品零售总额。

2）计算逐期增长量，在 C3 中输入公式“ = B3 - B2”，并用鼠标拖曳将公式复制到 C4:C7 区域。

3）计算累计增长量，在 D3 中输入公式“ = B3 - $B$2”，并用鼠标拖曳将公式复制到 D4:D7 区域。

4）计算平均增长量（水平法），在 C10 中输入公式“ =(B7 - B2)/5”，按〈Enter〉键，即可得以平均增长量。

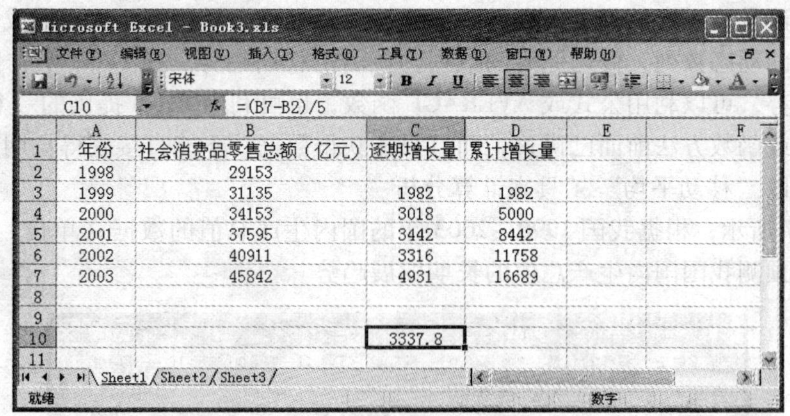

Microsoft Excel - Book3.xls

C10 = (B7-B2)/5

	A	B	C	D	E	F
1	年份	社会消费品零售总额（亿元）	逐期增长量	累计增长量		
2	1998	29153				
3	1999	31135	1982	1982		
4	2000	34153	3018	5000		
5	2001	37595	3442	8442		
6	2002	40911	3316	11758		
7	2003	45842	4931	16689		
8						
9						
10			3337.8			
11						

图 4-35　用 Excel 计算增长量和平均增长量资料及结果

（二）测定发展速度和平均发展速度

以 1998 ~ 2003 年社会消费品零售总额为例，说明如何计算定基发展速度、环比发展速度和平均发展速度。如图 4-36 所示。

Microsoft Excel - Book3.xls

C9 =GEOMEAN(D3:D7)

	A	B	C	D	E
1	年份	社会消费品零售总额（亿元）	定基发展速度	环比发展速度	
2	1998	29153			
3	1999	31135	1.067986142	1.067986142	
4	2000	34153	1.171508936	1.096932712	
5	2001	37595	1.289575687	1.100781776	
6	2002	40911	1.403320413	1.088203219	
7	2003	45842	1.572462525	1.120529931	
8					
9			1.09475279		
10					
11					

图 4-36　用 Excel 计算发展速度和平均发展速度资料及结果

1）在 A 列输入年份，在 B 列输入社会消费品零售总额。

2）计算定基发展速度，在 C3 中输入公式“ = B3/ $B$2”，并用鼠标拖曳将公式复制到 C4:C7 区域。

3）计算环比发展速度，在 D3 中输入公式“ = B3/B2”，并用鼠标拖曳将公式复制到 D4:D7 区域。

4）计算平均发展速度（水平法），选中 C9 单元格，单击“插入”菜单，选中“函数”选项，出现“插入函数”对话框后，选择 GEOMEAN（返回几何平均值）函数，在数值区域中输入 D3：D8 即可。

（三）计算长期趋势

影响动态数列各项数值变动的因素是多方面的，主要有 4 种：长期趋势（T）、季节变动（S）、循环变动（C）、不规则变动（I）。本书主要就长期趋势与季节变动进行分析。以直线趋势说明长期趋势的测定与预测方法，而测定直线趋势的方法主要采用移动平均法。

移动平均法是按一定的间隔逐期移动，计算一系列动态平均数，从而形成一个由动态平均数组成的新的动态数列，修匀原时间数列，显示出长期趋势。在 Excel 中，使用移动平均法测定长期趋势，可以利用公式或 AVERAGE 函数，也可利用 Excel 提供的“移动平均”工具。由于公式或函数方法前面已讲过，而且只能获得数据，不能直接获得长期趋势图，因此长期趋势主要以“移动平均”工具来计算分析。

如图 4-37 所示，根据我国 1990～2003 年的国内生产总值的数据（单位：亿元），用移动平均法计算预测我国国内生产总值的长期发展趋势。

	A	B	C	D	E	F
1	年份	国内生产总值				
2	1990	18547.9				
3	1991	21617.8				
4	1992	26638.1				
5	1993	34634.4				
6	1994	46759.4				
7	1995	58478.1				
8	1996	67884.6				
9	1997	74462.6				
10	1998	78345.2				
11	1999	82067.5				
12	2000	89468.1				
13	2001	97314.8				
14	2002	105172.3				
15	2003	117251.9				
16						

图 4-37　1990～2003 年国内生产总值数据表

1）单击“工具”菜单，选择“数据分析”选项。打开“数据分析”对话框，从其“分析工具”列表中选择“移动平均”，单击“确定”按钮，打开“移动平均”对话框，如图 4-38 所示。

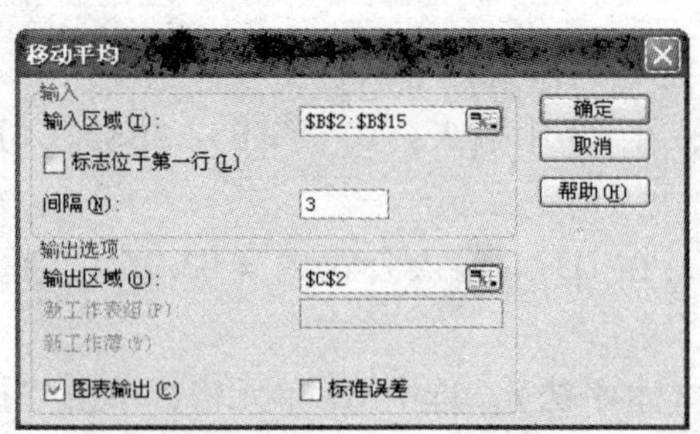

图 4-38　“移动平均”对话框

2）确定“输入区域”和“输出区域”，选中“图表输出”复选框。

3）单击“确定”按钮后，在指定位置给出移动平均计算结果，如图 4-39 所示。

（四）计算季节变动

季节变动是指在一年之内，受自然季节和社会习俗等因素影响而发生的有规律的、周期

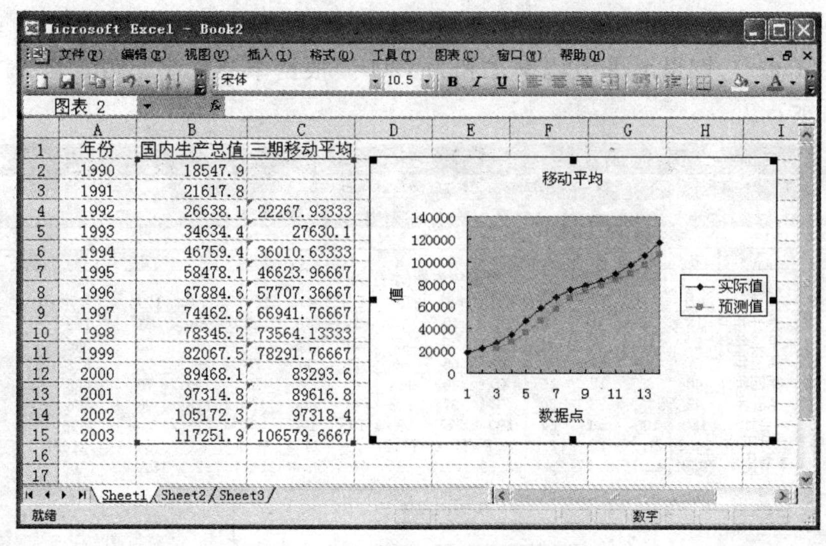

	A	B	C
1	年份	国内生产总值	三期移动平均
2	1990	18547.9	
3	1991	21617.8	
4	1992	26638.1	22267.93333
5	1993	34634.4	27630.1
6	1994	46759.4	36010.63333
7	1995	58478.1	46623.96667
8	1996	67884.6	57707.36667
9	1997	74462.6	66941.76667
10	1998	78345.2	73564.13333
11	1999	82067.5	78291.76667
12	2000	89468.1	83293.6
13	2001	97314.8	89616.8
14	2002	105172.3	97318.4
15	2003	117251.9	106579.6667

图 4-39　移动平均法计算结果

性的变动。测定季节变动的方法有两种：按月（季）平均法和移动平均趋势剔除法。

1. 按月平均法

例如，某啤酒厂近五年全年及分月啤酒销售量数据如图 4-40 所示。结合五年分月数据，利用 Excel 按月平均法测定季节变动。

年份	啤酒销售量(单位:吨)											
	1月	2月	3月	4月	5月	6月	7月	8月	9月	10月	11月	12月
第一年	18	10	4	4	11	15	18	12	10	25	30	31
第二年	20	12	5	6	25	30	42	21	15	40	72	58
第三年	27	18	10	9	40	55	90	25	17	75	80	72
第四年	40	30	18	15	45	80	114	40	35	90	105	73
第五年	48	36	23	30	78	97	125	47	45	103	128	96

图 4-40　某酒厂近五年分月啤酒销售量

1）按已知数据资料列出计算表，将各年同月的数值列在同一列内。

2）计算各年合计与各年同月数值之和。计算每年的啤酒销量总数的方法是：单击 N3 单元格，输入“=SUM(B3:M3)”，并用鼠标拖曳将公式复制到 N4：N7 区域，得到各年销量总数。计算各年同月销售总数的方法是：单击 B8 单元格，输入“=SUM(B3:B7)”，并用鼠标拖曳将公式复制到 C8:N8 区域，得到各年同月销量总数与全部销量之和。

3）计算同月平均数与总的月平均数。计算同月平均数的方法是：单击 B9 单元格，输入“=B8/5”，并用鼠标拖曳将公式复制到 C9:M9 区域。计算总的月平均数的方法是：单击 N9 单元格，输入“=N8/60”按〈Enter〉键得出结果为 43.21667。

4）计算季节比率。单击 B10 单元格，输入“=B9*100/43.21667”，并用鼠标拖曳将公式复制到 C10:M10 区域。

5）计算季节比率之和，绘制季节变动曲线。单击 N10 单元格，输入“=SUM(B10:M10)”，按〈Enter〉键得出季节比率之和为1200。根据季节比率，可绘制季节变动曲线，如图4-41所示。

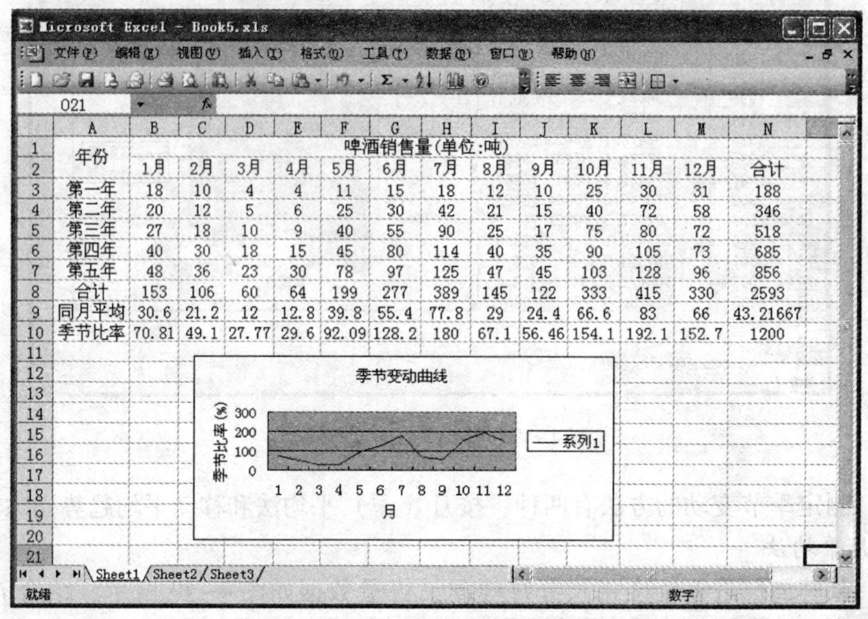

	A	B	C	D	E	F	G	H	I	J	K	L	M	N
1	年份	啤酒销售量(单位:吨)												
2		1月	2月	3月	4月	5月	6月	7月	8月	9月	10月	11月	12月	合计
3	第一年	18	10	4	4	11	15	18	12	10	25	30	31	188
4	第二年	20	12	5	6	25	30	42	21	15	40	72	58	346
5	第三年	27	18	10	9	40	55	90	25	17	75	80	72	518
6	第四年	40	30	18	15	45	80	114	40	35	90	105	73	685
7	第五年	48	36	23	30	78	97	125	47	45	103	128	96	856
8	合计	153	106	60	64	199	277	389	145	122	333	415	330	2593
9	同月平均	30.6	21.2	12	12.8	39.8	55.4	77.8	29	24.4	66.6	83	66	43.21667
10	季节比率	70.81	49.1	27.77	29.6	92.09	128.2	180	67.1	56.46	154.1	192.1	152.7	1200

图4-41　按月平均法分析季节变动数据

2. 移动平均趋势剔除法

直接用按月平均法忽略了长期趋势的影响，因此得出的季节比率不够精确。为了弥补这一缺点，可以采用移动平均趋势剔除法来测定季节变动。利用移动平均趋势剔除法分析季节变动有两种方法：乘法型动态数列季节变动分析和加法型动态数列季节变动分析。下面仍以前面啤酒厂的资料，采用乘法型动态数列变动分析说明移动平均趋势剔除法的操作方法。

1）输入各年季度数据资料，如图4-42所示。

	A	B	C	D	E	F
1	年份	季度	啤酒销售量Y(单位：吨)			
2	第一年	1	32			
3		2	30			
4		3	40			
5		4	86			
6	第二年	1	37			
7		2	61			
8		3	78			
9		4	170			
10	第三年	1	55			
11		2	104			
12		3	132			
13		4	227			
14	第四年	1	88			
15		2	140			
16		3	189			
17		4	268			
18	第五年	1	107			
19		2	205			
20		3	217			
21		4	327			
22						

图4-42　某酒厂近五年全年及分季啤酒销售量

2）在如图 4-43 的表上计算四个季度的移动平均数。计算移动平均数，可以采用“移动平均”工具，也可以使用公式与函数。“移动平均”工具在前面内容中已讲过，本例采用公式与函数方法来计算。单击 D4 单元格，输入“ = AVERAGE(C2:C5)”，并用鼠标拖曳将公式复制到 D5:D20 区域。

3）移正平均。因为本例是偶数项移动平均，所以还需将四项移动平均值再进行两项“移正”平均，如果是奇数项移动平均，则该步骤省去。单击 E4 单元格，输入“ = AVERAGE(D4:D5)”，并用鼠标拖曳将公式复制到 E5:E19 区域。

4）消除长期趋势。本例采用乘法模型，因此，将原数列除以趋势值以消除长期趋势。单击 F4 单元格，输入“ = C4 * 100/E4”，并用鼠标拖曳将公式复制到 F5:F19 区域。

5）计算季节比率。将图 4-43 中 Y/T * 100 得到的数据重新编排，得到如图 4-44 中左边数据表中前五行的基本数据（本例将图 4-43 中 Y/T * 100 的数据四舍五入，保留两位小数）。然后利用按月平均法计算季节比率，具体步骤参见月平均法，本例省略，最终结果如图 4-44 所示。

Microsoft Excel - Book5.xls

	A	B	C	D	E	F
1	年份	季度	啤酒销售量Y(单位:吨)	一次移动平均	二次移动平均	Y/T*100
2	第一年	1	32			
3		2	30			
4		3	40	47	47.625	83.98950131
5		4	86	48.25	52.125	164.9880096
6	第二年	1	37	56	60.75	60.90534979
7		2	61	65.5	76	80.26315789
8		3	78	86.5	88.75	87.88732394
9		4	170	91	96.375	176.3942931
10	第三年	1	55	101.75	108.5	50.69124424
11		2	104	115.25	122.375	84.98467824
12		3	132	129.5	133.625	98.7839102
13		4	227	137.75	142.25	159.5782074
14	第四年	1	88	146.75	153.875	57.18927701
15		2	140	161	166.125	84.27389014
16		3	189	171.25	173.625	108.8552916
17		4	268	176	184.125	145.5532926
18	第五年	1	107	192.25	195.75	54.66155811
19		2	205	199.25	206.625	99.21355112
20		3	217	214		
21		4	327			

图 4-43　移动平均及剔除趋势数据

（五）指数计算

指数分析法是研究社会经济现象数量变动情况的一种统计分析法。指数有总指数与平均指数之分，这一节介绍如何用 Excel 进行指数分析与因素分析。

1. 用 Excel 计算总指数

图 4-45 是某企业甲、乙、丙三种产品的生产情况，以基期价格 p 作为同度量因素，计算生产量指数。计算步骤如下。

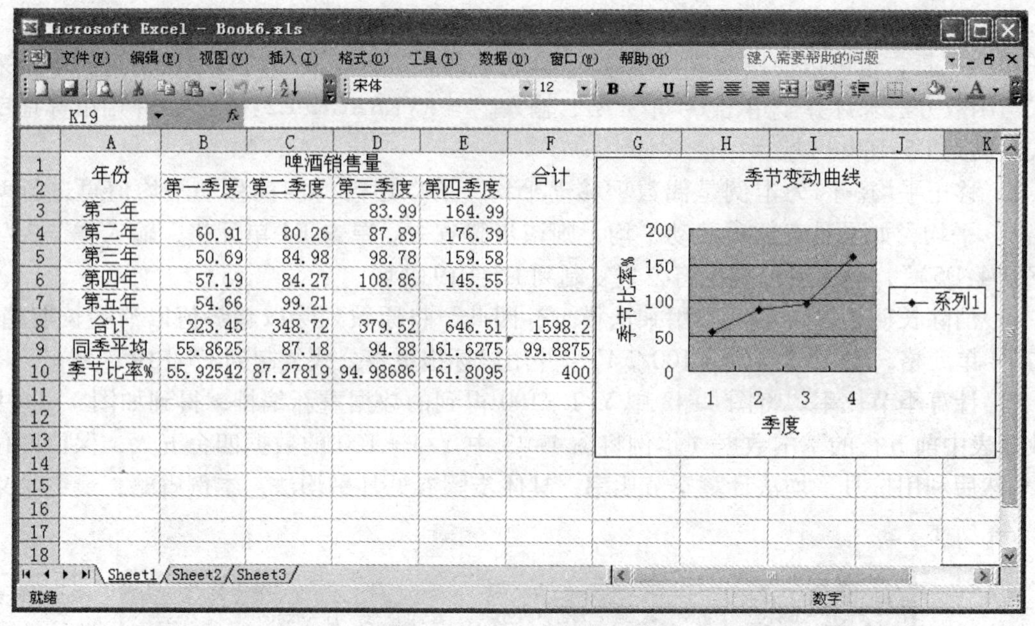

年份	啤酒销售量				合计
	第一季度	第二季度	第三季度	第四季度	
第一年			83.99	164.99	
第二年	60.91	80.26	87.89	176.39	
第三年	50.69	84.98	98.78	159.58	
第四年	57.19	84.27	108.86	145.55	
第五年	54.66	99.21			
合计	223.45	348.72	379.52	646.51	1598.2
同季平均	55.8625	87.18	94.88	161.6275	99.8875
季节比率%	55.92542	87.27819	94.98686	161.8095	400

图 4-44　利用移动平均趋势剔除法分析季节变动数据图

Microsoft Excel - Book3

C6　=H5/G5

	A	B	C	D	E	F	G	H
1	产品	计量单位	基期单位成本 p_0	基期产量 q_0	报告期单位成本 p_1	报告期产量 q_1	p_0*q_0	p_0*q_1
2	甲	万件	8	20	6	24	160	192
3	乙	万吨	10	8	8	11	80	110
4	丙	万吨	20	4	17	5	80	100
5							320	402
6	生产量指数		1.25625					

图 4-45　用 Excel 计算总指数资料及结果

1）计算各个 p_0q_0。在 G2 中输入“ = C2 * D2”，并用鼠标拖曳将公式复制到 G3:G4 区域。

2）计算各个 p_0q_1。在 H2 中输入“ = C2 * F2”，并用鼠标拖曳将公式复制到 H3:H4 区域。

3）计算 $\sum p_0q_0$ 和 $\sum p_0q_1$：选定 G2:G4 区域，单击工具栏上的“∑”按钮，在 G5 出现该列的求和值。选定 H2:H4 区域，单击工具栏上的“∑”按钮，在 H5 出现该列的求和值。

4）计算生产量综合指数 $Iq = \sum p_0q_1 / \sum p_0q_0$：在 C6 中输入“ = H5/G5”便可得到生产量综合指数。

2. 用 Excel 计算平均指数

现以生产量平均指数为例，说明加权算术平均法的计算方法。图 4-46 是某企业生产情况的统计资料，下面以基期总成本为同度量因素，计算生产量平均指数。

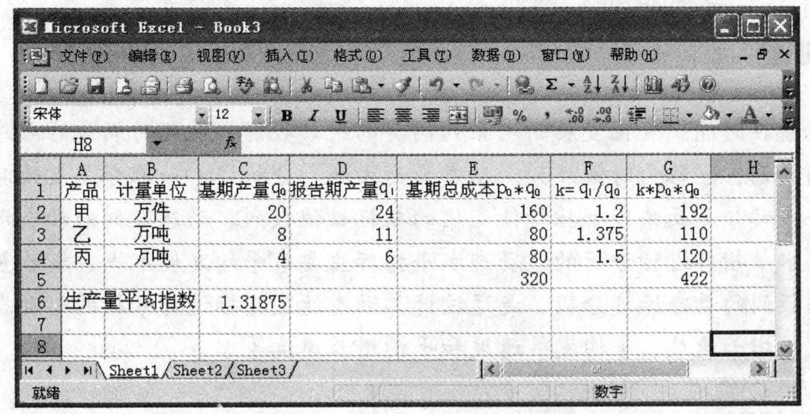

	A	B	C	D	E	F	G	H
1	产品	计量单位	基期产量q_0	报告期产量q_1	基期总成本p_0*q_0	$k=q_1/q_0$	$k*p_0*q_0$	
2	甲	万件	20	24	160	1.2	192	
3	乙	万吨	8	11	80	1.375	110	
4	丙	万吨	4	6	80	1.5	120	
5					320		422	
6	生产量平均指数		1.31875					
7								
8								

图 4-46　用 Excel 计算平均指数资料及结果

计算步骤如下。

1）计算个体指数 $k=q_1/q_0$。在 F2 中输入“=D2/C2”，并用鼠标拖曳将公式复制到 F3:F4 区域。

2）计算 $k*p_0q_0$ 并求和。在 G2 中输入“=F2*E2”，并用鼠标拖曳将公式复制到 G3:G4 区域。选定 G2:G4 区域，单击工具栏上的“∑”按钮，在 G5 列出现该列的求和值。

3）计算生产量平均指数。在 C6 中输入“=G5/E5”即得到所求的值。

3. 用 Excel 进行因素分析

资料如图 4-45 所示，进行因素分析的步骤如下。

1）计算各个 p_0q_0 和 $\sum p_0q_0$。

2）计算各个 p_0q_1 和 $\sum p_0q_1$。

3）计算各个 p_1q_1 和 $\sum p_1q_1$。在 I2 中输入“=E2*F2”，并用鼠标拖曳将公式复制到 I3：I4 区域。选定 I2：I4 区域，单击工具栏上的“∑”按钮，在 I5 出现该列的求和值。

4）计算总成本指数。在 C6 中输入“=I5/G5”，即求得总成本指数。

5）计算产量指数。在 C7 中输入“=H5/G5”，即得产量指数。

6）计算单位成本指数。在 C8 中输入“=I5/H5”即求得单位成本指数。如图 4-47 所示。

	A	B	C	D	E	F	G	H	I
1	产品	计量单位	基期单位成本 p_0	基期产量 q_0	报告期单位成本p_1	报告期产量q_1	p_0*q_0	q_0*q_1	p_1*q_1
2	甲	万件	8	20	6	24	160	192	144
3	乙	万吨	10	8	8	11	80	110	88
4	丙	万吨	20	4	17	6	80	120	102
5							320	422	334
6	总成本指数		1.04375						
7	产量指数		1.31875						
8	单位成本指数		0.791469194						
9									
10									

图 4-47　用 Excel 进行因素分析资料及结果

任务小结

将某种现象在时间上变化发展的一系列同类的统计数据，按照时间先后顺序排列，就形成了一个动态数列，也称为时间序列。动态数列由两部分构成，一部分是反映时间顺序变化的时间数列，一部分是反映各个指标值变化的指标数值数列。动态数列的动态水平分析，是通过计算动态水平指标进行分析的。动态水平指标主要有平均发展水平、增长量和平均增长量等。对动态数列的动态速度分析，是通过计算动态速度指标进行分析的。动态速度指标主要有发展速度、增长速度、平均发展速度和平均增长速度等。

巩固与提升

课堂研讨

调查某大学近三年新生入学时的性别，发现女生所占比重分别为58%、60%和59%，请问这三年女生平均的比重为多少？

课后自测

（1）什么是动态数列？有哪些种类？

（2）动态水平指标有哪些？动态速度指标有哪些？

（3）某年某地生猪存栏资料如表4-22所示，要求根据资料计算该年生猪平均存栏数。

表4-22　某年某地生猪存栏资料

登记时间	1月1日	3月1日	7月1日	10月1日	12月31日
生猪存栏数（只）	1000	600	800	1200	1000

（4）某工业企业2010～2014年的工业增加值资料如表4-23所示，请将该表补充完整。

表4-23　某工业企业2010～2014年的工业增加值资料

年　份		2010	2011	2012	2013	2014
序号		a_1	a_2	a_3	a_4	a_5
工业增加值/万元（发展水平）		677	732	727	779	819
增长量/万元	逐期					
	累计					
发展速度/（%）	环比					
	定基					

实操演练

某商业银行最近五天的存款余额（万元）分别为：766、664、843、578、639，计算这五天的平均余额。

任务4.4　项目综合实训

结合本项目内容，每个小组的学生对回收的调查问卷及掌握的有关资料借助于计算机进行整理，形成若干文字资料、统计表和统计图，对有关资料进行集中趋势、离散趋势分析，形成若干分析成果。

项目5 市场调查报告的撰写

任务5.1 认识市场调查报告

1. 知识目标

(1) 了解市场调查报告的含义、特点；

(2) 了解市场调查报告的种类；

(3) 掌握市场调查报告写作的原则和要求。

2. 能力目标

(1) 学会市场调查报告写作要领；

(2) 能区别市场调查报告的类别。

随着社会经济的迅速发展，人们越来越注重生活的品质，人们出行往往用自己驾车来代替步行。交通问题在人民群众心里越来越重要，成为了广大人民群众最关心的话题之一。温州是浙江省人口最多的城市，并且经济发达，几乎每户家庭都有私家车，交通满意问题几乎牵涉到每个市民的切身利益，对建设和谐温州有重要意义。通过问卷调查和专题访谈，以SPSS为工具，调查了温州市民对交通状况的满意度总体情况，发现总体满意度一般；通过分析市民交通满意度的内容结构，找到了影响交通满意度的主要因素，最后提出建议。

思考题：根据上述内容，你认为“温州交通满意度”的调查报告属于什么类型的报告？

一、市场调查报告的含义

市场调查报告是反映市场调查成果的一种书面报告，它以文字、图表等形式将调查研究的过程、方法和结果表现出来。其目的是告诉有关读者，对于所研究的问题是如何进行调查的，取得了哪些结果，这些结果对于认识和解决这一问题有哪些理论意义和实际意义等。

二、市场调查报告的特点

市场调查报告是对市场的全面情况，或某一侧面、某一问题进行调查研究之后撰写出来的报告，是针对市场状况进行的调查、分析与研究，因而有着不同于其他报告的特点。具体表现在如下三点。

（1）针对性。针对性主要包括两方面：①调查报告必须明确调查目的。任何调查都是目的性很强的，是为了解决某一问题，或是说明某一问题。因此，撰写报告时必须做到目的明确、有的放矢，围绕主题开展论述。②调查报告必须明确阅读对象。阅读对象不同，他们的要求和所关注问题的侧重点也不同。

（2）新颖性。市场调查报告应紧紧抓住市场活动的新动向、新问题，引用一些人们未知的通过调查研究得到的新发现，提出新观点，形成新结论。只有这样的调查报告，才有使用价值，达到指导企业营销活动的目的。

（3）时效性。调查报告必须讲究时间效益，做到及时反馈，以顺应瞬息万变的市场形势。只有及时到达使用者手中，使决策跟上市场形势的发展变化，才能发挥调查报告的作用。

为使市场调查报告发挥作用，在撰写市场调查报告时应做到：调研的目标应体现于报告之中；报告内容应扼要、重点突出；报告文字应简短中肯，用字避免晦涩，技术性名词要少用；报告的内容应力求客观；报告内容应加以组织，能给读者在最短的时间内一个全盘的印象；应具有报告的形式与结构。

三、市场调查报告的种类

（一）按照报告的内容划分

调查报告按内容可以分为综合报告、专题报告、研究性报告和技术报告。

（1）综合报告。这是提供给用户的最基本的报告。此类报告的目的是反映整个调研活动的全貌，详细说明调查结果及其发现。

（2）专题报告。它是针对某个问题而撰写的报告，例如针对住房消费问题、私人轿车问题，都可以分别写出专题调查报告。

（3）研究性报告。这实际上也可以看成是某种类型的专题报告，但是学术性较强，需要进行更深入的分析研究。

（4）技术报告。它是针对调查中许多技术性问题进行的说明，如对抽样方法、调查方法、误差计算等问题的说明，以反映调查结果的客观性和可靠性。

（二）按照报告的形式划分

调查报告按形式可以分为书面报告和口头报告。

（1）书面报告。这是完整的报告，涵盖了市场调查的所有信息和结论及事实根据等。

（2）口头报告。在很多情况下，需要将市场调查结果向管理层或委托单位做口头报告，口头报告惯例上总是由项目主持者来做，也非常重要。

四、撰写市场调查报告的原则与要求

（一）原则

（1）坚持实事求是的原则。市场调查报告作为调查研究的成果，最基本的特点就是尊重客观实际，用事实说话。

（2）符合市场规律及各项政策规定的原则。在社会主义市场经济条件下，市场供需活动有其特有的规律性，市场调查报告应该反映市场的规律。

（二）要求

（1）以调查资料为依据，做到调查资料与观点相统一。市场调查报告的独特风格就是以调查资料为依据，通过定性分析与定量分析的有效结合，达到透过现象看本质的目的，从而深究市场活动的发展、变化过程及其规律性。

（2）表达意思要准确。准确性是市场调查报告的生命。准确性包括数字要准确，情况要真实，观点要恰当三个方面，只有掌握了准确的资料，才能做出正确的判断和结论。

任务小结

市场调查报告的一个基本标准是与读者的沟通程度。也就是说，调查报告必须是为读者所特制的，必须考虑读者的背景、兴趣、所处的环境以及他们将如何使用报告。调查报告的类型主要包括：一般性报告和技术性报告。调查报告的写作标准是真实、完整、简明扼要、紧扣主题。

巩固与提升

课堂研讨

现在请你对“温州交通满意度”撰写书面报告，应该遵循什么原则？

课后自测

（1）什么是市场调查报告？

（2）市场调查报告有哪些种类？

（3）撰写市场调查报告有哪些原则与要求？

实操演练

请选择你所熟悉的某种日用商品，对其在本地的市场销售状况做市场调查，写出一篇小型市场调查报告。

任务 5.2　了解市场调查报告的格式

任务目标

1. 知识目标

（1）了解市场调查报告的格式；

（2）掌握市场调查报告的内容和撰写步骤。

2. 能力目标

（1）能按照市场调查报告的格式拟出报告框架；

（2）会按照市场调查报告的步骤撰写调查报告。

任务导入

温州交通满意度调查报告格式如下：题目、目录、摘要、关键词、正文、结论和建议、附件，根据你的理解，该调查报告符合市场调查报告的格式要求吗？

一、市场调查报告的格式构成

市场调查报告的格式一般是由题目、目录、摘要、正文、结论和建议、附件等几部分组成。

1. 题目

题目包括市场调查题目、报告日期、委托方、调查方，一般应打印在扉页上。关于题目，一般是通过标题把被调查单位、调查内容明确而具体地表示出来，如《关于××居民收支、消费及储蓄情况的调查》。有的调查报告还采用正、副标题形式，一般正标题表达调查的主题，副标题则具体表明调查的单位和问题。如《"上帝"眼中的《××青年报》——《××青年报》读者调查总体研究报告》。

2. 目录

为了方便读者阅读，应当使用目录或索引形式列出报告所分的主要章节和附录，并注明标题、有关章节号码及页码，一般来说，目录的篇幅不宜超过一页。例如：

目　录

3. 摘要

摘要主要阐述课题的基本情况，按照市场调查课题的顺序将问题展开，并阐述对调查的原始资料进行选择、评价、做出结论、提出建议的原则等。主要包括：简要说明调查目的，即简要地说明调查的由来和委托调查的原因；介绍调查对象和调查内容，包括调查时间、地点、对象、范围、调查要点及所要解答的问题；简要介绍调查研究的方法。

4. 正文

正文是市场调查分析报告的主要部分。正文部分必须准确阐明全部有关论据，从问题的提出到引出的结论，论证的全部过程，分析研究问题的方法。还应当有可供市场活动的决策者进行独立思考的全部调查结果和必要的市场信息，以及对这些情况和内容的分析、评论。

5. 结论和建议

结论和建议是撰写综合的分析报告的主要目的。这部分内容包括对引言和正文部分所提出的主要内容的总结，提出如何利用已证明为有效的措施和解决某一具体问题可供选择的方案与建议。结论和建议与正文部分的论述要紧密对应，不可以提出无论据的结论，也不要没有结论性意见的论证。

6. 附件

附件是指调查报告正文包含不了或没有提及，但与正文有关的必须附加说明的部分。它是对正文报告的补充或更详尽说明。

二、市场调查报告的内容和撰写步骤

（一）市场调查报告的内容

市场调查报告的内容应该包括：说明调查目的及所要解决的问题；介绍市场资料；分析的方法；调查数据；提出论点，即摆出自己的观点和看法；论证所提观点的基本理由；提出解决问题可供选择的建议、方案和步骤；预测可能遇到的风险、对策。

（二）市场调查报告的撰写步骤

1. 构思

构思是根据思维运动的基本规律，是从感性认识上升到理性认识的过程。构思要完成以下几步。

（1）确立主题思想。在认识客观事物的基础上，确立主题思想。

（2）确立观点，列出论点、论据。

在做出结论时，应注意以下几个问题：①一切有关实际情况及调查资料是否全部考虑了；②是否有相反结论足以说明调查事实；③立场是否公正客观，前后一致。

（3）安排文章层次结构。在完成上述几步后，构思基本上就有个框架了。在此基础上，考虑文章正文的大致结构与内容，安排文章层次段落。层次一般分为三层，即：①基本情况介绍；②综合分析；③结论与建议。

2. 选取数据资料

市场调查报告的撰写必须根据数据资料进行分析。反映问题要用数据做定量分析，提建议、措施同样要用数据来论证其可行性。

选取数据资料后，在写作时，要努力做到用资料说明观点，用观点论证主题，详略得当，主次分明，使观点与数据资料协调统一，以便更好地突出主题。

3. 撰写初稿

根据撰写提纲的要求，由单独一人或数人分工负责撰写，各部分的协作格式、文字数量、图表和数据要协调，统一控制。

4. 定稿

写出初稿，征得各方意见进行修改后，就可以定稿。

任务小结

市场调查报告应该开门见山，准确简练。一篇完整的调查报告从结构上一般包括题目、目录、摘要、正文和附件等几个部分。

巩固与提升

课堂研讨

表 5-1 是一份市场调研报告结构表，请结合该表谈谈对市场调研报告结构和内容的体会。

表 5-1　市场调研报告结构表

市场调研报告结构
前文（front page）
1. 标题扉页（tittle fly page）
2. 标题页（tittle page）
3. 授权信（tittle of authorization）
4. 提交信（letter of transmittal）
5. 目录（table of contents）
6. 图表目录（list of illustrations）
7. 摘要（summary）
正文（body）
8. 引言（introduction）
9. 研究目的（research objectives）
10. 方法（methodology）
11. 结果（results）
12. 局限性（limitations）
13. 结论和建议（conclusions or recommendations）
结尾（end matter）
14. 附录（appendix）

课后自测

（1）简述市场调查报告的格式构成。

（2）简述市场调查报告的内容和撰写步骤。

实操演练

请选择你所熟悉的某种日用商品，对其在本地的市场销售状况做市场调查，写出调查报告的结构框架。

任务5.3　撰写市场调查报告

任务目标

1. 知识目标

（1）掌握市场调查报告的撰写形式；

（2）理解市场调查报告的撰写应注意的问题。

2. 能力目标

（1）能撰写市场调查报告；

（2）能解决市场调查报告撰写中遇到的问题。

任务导入

（1）认真阅读《第32次中国互联网络发展状况统计报告》（请自行到http://www.cnnic.net.cn/下载）。

（2）分组讨论：在报告中阐明的调查目标是什么？采用了什么调查方法？采用了哪些图表形式？调查结论是什么？撰写形式有什么特点？

任务分解

一、市场调查报告的撰写形式

1. 标题的形式

标题是画龙点睛之笔。它必须准确揭示调查报告的主题思想，做到题文相符。标题要简单明了，高度概括，具有较强的吸引力。

标题的形式有以下三种。

（1）“直叙式”的标题。它是反映调查意向或只透出调查地点、调查项目的标题，如“××市居民住宅消费需求调查”等调查报告的标题。

（2）“表明观点式”的标题。它是直接阐明作者的观点、看法，或对事物的判断、评价的标题，如“对当前巨额结余购买力不可忽视”等调查报告的标题。

（3）“提出问题式”的标题。它是以设问、反问等形式，突出问题的焦点和尖锐性，吸引读者阅读，促使读者思考，如“××牌产品为什么滞销？”等形式的标题。

以上几种标题的形式各有所长，特别是第二、三种形式的标题，它们既表明了作者的态度，又揭示了主题，具有很强的吸引力。但从标题上不易看出调查的范围和调查对象。因此，这种形式的标题又可分为正标题和副标题，并分成两行表示，如：

① ××牌产品为什么滞销

——对××牌产品销售情况的调查分析

② 女人生来爱逛街

——京城女士购物消费抽样调查报告

2. 开头部分的形式

“万事开头难”，好的开头，既可使分析报告顺利展开，又能吸引读者。开头的形式一般有以下几种。

(1) 开门见山，揭示主题。文章开始先交代调查的目的或动机，揭示主题。例如“我公司受北京××电视机厂的委托，对消费者进行一项有关电视机的市场调查，预测未来几年大众对电视机的需求量及需求的种类，使××电视机厂能根据市场需求及时调整其产量及种类，确定今后发展方向。”

(2) 结论先行，逐步论证。先将调查结论写出来，然后再逐步论证。例如“××牌收银机是一种高档收款机，通过对××牌收银机在北京各商业部门的拥有、使用情况的调查，我们认为它在北京不具有市场竞争能力，原因主要从以下几个方面阐述……”

(3) 交代情况，逐层分析。可先介绍背景情况、调查数据，然后逐层分析，得出结论。也可先交代调查时间、地点、范围等情况，然后分析。例如“关于香皂的购买习惯与使用情况的调查报告”的开头：“本次关于对香皂的购买习惯和使用情况的调查，调查对象主要集中于中青年，其中青年（20~35岁）占55%，中年（36~50岁）占25%，老年51岁以上占20%；女性为70%，男性30%……”

(4) 提出问题，引入正题。例如“关于方便面市场调查的分析报告”中的开头部分：“从去年下半年开始，随着中国台湾康师傅方便面的上市，各种合资的、国产的方便面如雨后春笋般涌现，面对激烈的市场竞争，什么样的产品能立于不败之地？带着这个问题，我们对北京市部分消费者和销售单位进行了有关调查。”

3. 论述部分的形式

论述部分是调查报告的核心部分，它决定着整个调查报告质量的高低和作用的大小。这一部分着重通过调查了解到的事实分析说明被调查对象的发生、发展和变化过程，调查的结果及存在的问题，提出具体的意见和建议。

由于论述一般涉及的内容很多，文字较长，有时也可以用概括性或提示性的小标题，突出文章的中心思想。论述部分的结构安排是否恰当，直接影响着分析报告的质量。论述部分主要分为基本情况部分和分析部分两部分内容。

(1) 基本情况部分。主要有三种方法：第一，是先对调查数据资料及背景资料做客观的说明，然后再分析部分阐述情况的看法、观点或分析；第二，首先提出问题，提出问题的目的是要分析问题，找出解决问题的办法；第三，先肯定事物的一面，由肯定的一面引申出分析部分，又由分析部分引出结论，循序渐进。

(2) 分析部分。分析部分是调查报告的主要组成部分。在这个阶段，要对资料进行质和量的分析，通过分析，了解情况，并说明问题和解决问题。分析有三类情况：第一类原因分析，是对出现问题的基本成因进行分析，如“对××牌产品滞销原因分析”，就属于这类；第二类利弊分析，是对事物在市场活动中所处的地位，起到的作用进行利弊分析等；第三类预测分析，是对事物的发展趋势和发展规律做出的分析，如“对××市居民住宅需求意向的调查”，通过调查居民家庭人口情况、住房现有状况、收入情况及居民对储蓄的认识，对分期付款购房的想法等，对××市居民住房需求意向进行预测。

此外，论述部分的层次段落一般有四种形式：①层层深入形式，各层意思之间是一层深入一层，层层剖析；②先后顺序形式，按事物发展的先后顺序安排层次，各层意思之间有密切联系；③综合展开形式，先说明总的情况，然后分段展开，或先分段展开，然后综合说明，展开部分之和为综合部分；④并列形式，各层意思之间是并列关系。

4. 结尾部分的形式

结尾部分是调查报告的结束语，好的结尾，可使读者明确题旨，加深认识，启发读者思考和联想。结尾一般有四种形式。

（1）概括全文。经过层层剖析后，综合说明调查报告的主要观点，深入文章的主题。

（2）形成结论。在对真实资料进行深入细致科学分析的基础上，得出报告结论。

（3）基础看法和建议。通过分析，形成对事物的看法，在此基础上，提出建议和可行性方案。提出的建议必须能确实掌握企业状况及市场变化，使建议有付诸实施的可能性。

（4）展望未来，说明意义。通过调查分析展望未来前景。

二、市场调查报告的撰写应注意的问题

（1）切忌将分析工作简单化。根据资料就事论事，简单介绍式的分析多，深入细致的分析及观点少，无结论和建议，整个调查报告的系统性很差，使分析报告的价值不大。

（2）切忌面面俱到、事无巨细地进行分析。一篇调查报告自有它的重点和中心，在对情况有了全面了解之后，经过全面系统的构思，应能有详有略，抓住主题，深入分析。

（3）报告长短根据内容确定。确定调查报告的长短，要根据调查目的和调查报告的内容而定，对调查报告的篇幅，做到宜长则长，宜短则短，尽量做到长中求短，力求写到短小精悍。

（4）语言不要冗余。调查报告是用书面形式表达的语言，提高语言表达能力，是写好调查报告的重要条件之一。报告的语言要逻辑严谨、数据准确、文风质朴、简洁生动、通俗易懂、用词恰当，并且善于使用表格、图示表达意图，避免文字上的累赘。

任务小结

撰写市场调查报告应尽量少地使用文字，广泛使用图表来说明结论，使报告变得有趣；应通过整合信息，用简洁概括的语言总结出结论；市场调查者必须避免提出很确切的建议，而代之以一般化的、笼统的建议。

巩固与提升

课堂研讨

如何理解市场调查报告撰写的形式。

课后自测

(1) 简述市场调查报告的撰写形式。

(2) 简述市场调查报告的撰写应注意的问题。

实操演练

仔细阅读下面案例，思考撰写市场调研报告应注意哪些问题，对该案例的撰写形式和格式进行总结。

武汉葡萄酒市场调查报告

一、调查目的

(1) 初步了解样本市场（主要大型商场和超市）甜型葡萄酒的市场现状，分析武汉市场甜型葡萄酒的整体情况。

(2) 收集样本市场不同品牌葡萄酒的市场分布、销售价格、销售状况以及同一品牌葡萄酒的产品分类、销售价格、销售状况，并进行对比分析。寻找武汉葡萄酒市场最佳突破点。

(3) 了解样本市场消费者对葡萄酒的需求层次、品牌认知程度。

(4) 了解样本市场消费者的饮酒（葡萄酒）类型、习惯、场合、男女比例、年龄层次等因素，挖掘潜在市场消费者。

二、调查方法

(1) 大型商场超市的走访和调查。

(2) 与部分商场超市促销员的访谈调查。

(3) 与部分商场超市消费者的访谈调查。

(4) 在互联网上查找资料进行补充。

三、调查概况

3月24日至3月25日对样本市场（主要大型商场和超市）进行了市场走访和调研。此次调研的大型商场和超市包括：中南超市、亚贸超市、中百仓储超市（武昌珞狮路店）、徐东平价超市、麦德龙超市（徐东店）、好又多超市（民意广场店）、家乐福超市（武胜路十升店）、武商千禧龙超市、武汉广场、世贸广场、华联超市（汉阳店）等。这些商场超市为武汉市场知名度较高的商场超市，几乎垄断了武汉市场大部分百货零售和批发。另外，它们分布于武昌、汉口、汉阳，由点及面辐射整个武汉三镇。因此，上述调查的样本可以比较真实地反映武汉市场葡萄酒销售现状。

本次调查普遍感受到消费者在选择甜型葡萄酒时较为看重产品品牌、葡萄酒的包装、葡萄酒的价位和葡萄酒的容量。以上四点是促成消费者购买某一品牌甜型葡萄酒产品的主要因素。而在选择档次较高的的干红时则更注重品牌，对品牌似乎已经产生了一定的忠诚度。像张裕、王朝等强势品牌，无论其甜型葡萄酒还是其干红葡萄酒都在武汉市场取得了销售佳绩。但是如果加上促销手段，那么情况就有一定的变化。例如××系列产品，历来是人们公认的低档产品制造商。但是，在武汉一些卖场，他们开展了一些买一送一的促销活动，销售量就立刻超过了几大品牌。

在武汉市场红酒主要品牌排序：张裕、长城、王朝、威龙、丰收。张裕大约占30%左右的市份额。

甜型红酒的市场适应面较干红要广，消费群体要大。因为在调查的过程中，我们发现女性和一般不胜酒精的群体对甜型红酒更加青睐。而在一般的家庭消费中，为了适应全家所有人的口感，购买时选择甜型产品的可能性较干红要大。

四、调研内容

1. 主导产品品牌情况

(1) 国内品牌。

① 张裕。张裕葡萄酒在武汉大型商场超市的部分品种、容量、度数、价格详见表5-2。

表5-2 张裕葡萄酒价格表

序号	品名	容量/ml	度数	价格/元
1	金张裕干红葡萄酒	750	12°	50.00
2	解百纳高级干红	750	12°	76.00
3	精品张裕干红	750	12°	36.00
4	赤霞珠高级干红	750	12°	67.00
5	高级珍珠红葡萄酒	750	12°	9.90
6	红宝石葡萄酒	750	8°	12.70
7	天然红葡萄酒	750	11°	9.10
8	天然白葡萄酒	750	11°	9.10
9	万客乐红葡萄酒	1000	12°	12.00
10	苹果万客乐红葡萄酒	500	4°~5°	14.20
11	张裕干白葡萄酒	750	12°	24.30
12	玫瑰白葡萄酒	1000	13°	16.80
13	味美思营养葡萄酒	1000	18°	19.30
14	100%全汁玫瑰红葡萄酒	1000	12°	16.80

注：1. 本表格不包括张裕礼品盒产品。

2. 以上产品价格以中南超市为准，其余商场超市同种类型产品价格略有差异。

由上表可以看出，张裕甜型葡萄酒在武汉市场种类很多，有珍珠红葡萄酒、红宝石葡萄酒、万客乐红葡萄酒、玫瑰红白葡萄酒、味美思营养葡萄酒等。这些甜型葡萄酒容量从500 ml、750 ml到1000 ml，价格从9.10元到24.30元，极大满足了消费者差异化的需求。除甜型葡萄酒之外，张裕在高档葡萄酒上也是强势出击，其解百纳高级干红、赤霞珠高级干红、金张裕高级干红和精品张裕干红深受消费者喜爱。张裕甜型葡萄酒和高档干红葡萄酒的价格最大差异为66.90元（详见表5-2中价格）。

张裕甜型酒系列度数多样，有4°~5°、8°、12°、13°、18°等；而干红则统一为12°。在市场分布中，张裕高档干红分布于各个调查样品市场，而甜型酒系列则主要占据大型超市酒柜（如麦德龙、家乐福、好又多），而在武汉广场超市等小规模超市则没有张裕甜型系列。（注：该超市主要零售高档次产品。）据样本市场中的促销小姐介绍，张裕甜型葡萄酒销量较好的为天然系列、红宝石系列以及万客乐系列。而消费者介绍他们选择这些系列产品的原因是因为价格便宜、度数适中、容量较大，而且适应面广。

② 长城（昌黎长城）。长城葡萄酒在武汉大型商场超市的部分品种、容量、度数、价格详见表5-3。

表 5-3　长城葡萄酒价格表

序　号	品　名	容量/ml	度　数	价格/元
1	赤霞珠干红	750	11.5°	115.60
2	佐餐干红	750	11.5°	31.90
3	优质干红（梅鹿辄）	750	11.5°	56.60
4	三星干红	750	11.5°	68.40
5	二号干红	750	11.5°	29.00
6	长城干白	500	11.5°	18.90
7	长城天然白葡萄酒	750	11°	12.10
8	长城桃红葡萄酒	1000	6°	16.00

长城在武汉也有一定的口碑。但是，由于套用“长城”商标的葡萄酒繁多，如“华夏长城”“沙城长城”“安徽长城”等若干品牌，所以影响了其一定的销量。

③ 王朝。王朝葡萄酒在武汉大型商场超市的部分品种、容量、度数、价格详见表 5-4。

表 5-4　王朝葡萄酒价格表

序　号	品　名	容量/ml	度　数	价格/元
1	经典干红葡萄酒	750	11.5°	33.60
2	金王朝干红葡萄酒	750	11.5°	80.20
3	王朝干桃红葡萄酒	750	11.5°	33.00
4	御用水制礼盒（2 瓶）	750	11.5°	91.50
5	王朝半甜葡萄酒	750	11.5°	12.60
6	王朝干白	750	11.5°	22.00
7	王朝甜葡萄酒	1000	8°	12.00

在调查中发现，长城、王朝在样本市场中的甜型葡萄酒品种不多，原汁白葡萄酒更少，笔者仅仅只看到长城天然白葡萄酒。这种在超市中售价为 12.00 元的甜型葡萄酒在大型超市上销售业绩相对干型产品要好。但是，据了解在酒店消费中该甜型相对干型葡萄酒要差得多。

长城、王朝高档葡萄酒则在样本市场中与张裕几乎平分秋色，成为干红、干白市场销售的主流品牌。在样本市场中，像张裕一样，它们的高档葡萄酒贯穿于所有的调查市场，在有的商场中还设有专卖摊位，并且反响都不错。总之，在样品市场中，这两大品牌主要定位于高档葡萄酒，只是兼顾甜型葡萄酒。

④ 威龙。威龙葡萄酒在武汉大型商场超市的部分品种、容量、度数、价格详见表 5-5。

表 5-5　威龙葡萄酒价格表

序　号	品　名	容量/ml	度　数	价格/元
1	品丽珠橡木桶陈酿干红	780	11.5°	53.80
2	白标高级解百纳干红	750	11.5°	35.90
3	薏丝琳干白	750	11.5°	22.40

（续）

序　号	品　　名	容量/ml	度　数	价格/元
4	高级红葡萄酒	750	11.5°	54.00
5	绿标干红葡萄酒	750	11.5°	26.90
6	贵族干红葡萄酒	750	11.5°	30.00
7	威龙纯汁葡萄酒（半干）	750	11.5°	25.50
8	威龙鲜汁葡萄酒	750	11.5°	8.80
9	威龙鲜汁红葡萄酒	1500	11.5°	17.00
10	威龙红葡萄酒	1000	11.5°	12.50
11	威龙红葡萄酒	750	11.5°	7.70
12	威龙全汁红葡萄酒	1000	11.5°	12.00
13	威龙冰爽葡萄酒	500	4°	8.20
14	威龙小香槟	750	11.5°	11.60
15	威龙苹果香槟	1500	11.5°	18.00
16	威龙大红香槟	1500	11.5°	24.00

注：本表格不包括威龙礼品盒产品。

威龙在样本市场中算得上是甜型葡萄酒的一大卖家，这符合其“甜酒大王”的称号。其冰爽葡萄酒、鲜汁葡萄酒、全汁葡萄酒、纯汁葡萄酒大面积出现在陈列卖场，迎合工薪消费，并且销路不错，而且还有款式新颖的礼品装系列。另外，在所走访的超市中，威龙是为数不多的国产几大葡萄酒品牌中出现香槟的葡萄酒之一，其小香槟、苹果香槟、大红香槟销售情况较好，成为市场亮点。

从调查市场促销小姐和顾客反映的情况来看，选择威龙甜型葡萄酒主要因素是价格优势。在品牌和价格上，威龙表现为品牌大（濮存昕出演其广告代言人）、价格低，似乎找到了比较好的契合点。另外，特色也是威龙甜型葡萄酒的一大卖点，新品纷呈，其生产的冰爽甜型酒，度数仅只有4°，500 ml 售价为 8 元左右，深受消费者喜爱。另外，瓶签出现濮存昕的 1000 ml 红葡萄酒和全汁红葡萄酒也成为甜型葡萄酒的主打产品。

⑤ 丰收。丰收葡萄酒在武汉大型商场超市的部分品种、容量、度数、价格详见表 5-6。

表 5-6　丰收葡萄酒价格表

序　号	品　　名	容量/ml	度　数	价格/元
1	2000 解百纳干红	750	12°	40.30
2	丰收干红葡萄酒	750	12°	33.00
3	丰收干红葡萄酒	500	12°	21.80
4	丰收干红葡萄酒	375	12°	17.60
5	高樽丰收红葡萄酒	750	12°	11.00
6	桂花陈酒	750	11°	10.30
7	丰收纯汁红葡萄酒	1000	12°	12.00
8	丰收北京红葡萄酒	1000	12°	12.50

丰收葡萄酒在调查的样本市场中，主要进驻了家乐福、麦德龙、亚贸超市、中百仓储等市场，主要销售干红系列。其甜型葡萄酒有纯汁红葡萄酒、北京红葡萄酒和桂花陈酒，销售情况一般。

⑥ 新品牌。新品牌主要是指云南红、新天红和藏秘干红等近几年在广告上动作最大的品牌。其中，藏秘干红由于是青稞酿造，口味不太符合武汉人风格，所以回头率稍低；云南红和新天红由于广告品味较高（云南红的民族风情广告、新天红的仿花样年华广告）很受人们欢迎，加上其产品品种繁多，品名新颖，如云南红的“柔红”，很富于创意，受到消费者青睐，已经成为新品牌中的新宠，后劲很足。

⑦ 其他品牌。其他品牌的部分品种、容量、度数、价格详见表5–7。

表5–7 其他品牌价格表

序 号	品 名	容量/ml	度 数	价格/元
1	小利口葡萄酒	350	8°	4.90
2	狮王红葡萄酒	1500	8°	15.30
3	狮王白葡萄酒	730	7°	8.90
4	狮王全汁水晶红葡萄酒	730	8°	8.90
5	狮王浓香山葡萄酒	660	8°	18.30
6	狮王浓香山葡萄酒	360	8°	12.40
7	玫瑰红葡萄酒	700	12°	10.80
8	劲牌红珠干红葡萄酒	750	12°	30.00
9	劲牌西部红珠葡萄酒	1000	12°	16.00
10	劲牌西部红珠葡萄酒	500	8°	9.00
11	白洋河甜妹子原汁葡萄酒	1000	7°	13.20
12	白洋河紫薇红葡萄酒	700	7°	11.20
13	爱心原汁红葡萄酒	1000	8°	13.90
14	通化爽口葡萄酒	500	7°	11.30
15	通化爽口葡萄酒	740	7°	13.20
16	通化原汁红葡萄酒	750	7°	11.30
17	新天新疆红葡萄酒	750	7°	9.90
18	新疆红葡萄酒	750	7°	9.90
19	北京富瑞斯天然白葡萄酒	1000	8°	4.90
20	北京富瑞斯野山葡萄酒	3600	8°	16.90

这几种品牌的葡萄酒在样本市场的共同特点是进驻卖场不多，像新天，在样品市场中只有麦德龙超市一家有这种品牌的甜型葡萄酒销售；富瑞斯也只有家乐福一家超市中出现。

造成甜型葡萄酒在样品市场中群雄割据，竞争激烈的原因有以下两点：一是干型葡萄酒市场格局还没有完全形成，甜型产品具有一定的市场基础，而且风险较低；二是有利可图。在高档的葡萄酒市场上，以张裕、王朝、长城、威龙为首的四大国产品牌占去了大半壁江山，再加之洋品牌的渗入，一些实力弱小的葡萄酒生产企业在夹缝中不得不另找出路。于是，纷纷把生产战略调整到甜型葡萄酒生产领域。在这个领域中，由于地域的关系，使得竞争相对减弱。又由于消费面广，市场拓展较容易。另外，开发甜型葡萄酒不仅可以获利，还可以对高档葡萄酒进行产品补充和市场补充，提升品牌知名度和维护品牌营销网络，可谓一举数得。

(2) 国外品牌。国外品牌葡萄酒在武汉大型商场超市的部分品种、容量、度数、价格详见表5-8。

表5-8　国外品牌价格表

序　号	品　名	容量/ml	度　数	价格/元
1	法国蓝红葡萄酒	750	12°	20.20
2	法国干特级波尔多酒（10年100%红葡萄汁）	750	12°	174.40
3	法国特级地利坊葡萄酒	750	12°	72.20
4	法国雅图因葡萄酒	750	12°	60.20
5	法国古堡贵族葡萄酒	750	12°	48.80
6	西班牙斗牛士干红	750	13°	86.90
7	美国阳光干红	750	13°	90.00

国外品牌的葡萄酒在样本市场中基本上都为高档葡萄酒，只有法国蓝红葡萄酒价格在20元左右。这种甜型葡萄酒满足了一部分人花很少的钱买洋酒的心愿，在市场销售中还有一席之地。从调查结果了解到，国外品牌的葡萄酒由于纯正的进口原装产品甚少，加上消费者害怕上当受骗购买了假冒伪劣产品，所以，市场份额相对较小，大约相当于一个新品牌（如云南红）的消费量。

2. 销售情况

从样本市场上了解到：在春节期间，高档干红的销量较好，甚至出现了供不应求的现象。消费者购买干红主要认定的是品牌知名度，像张裕的赤霞珠干红、长城的三星干红、王朝的金王朝干红成为市场销售的主流。消费者购买主要是用于同朋友聚会、家人吃团圆饭等。这一方面体现了档次，另一方面也体现了饮用葡萄酒的氛围。到了三月份，葡萄酒的销售主流则为甜型的葡萄酒。消费者购买主要是因为这些葡萄酒的价格较低、容量较多、味道较好，而且酒精度也不是很高。在样本市场中，甜型葡萄酒销量较好的有张裕天然红白葡萄酒、威龙鲜汁全汁葡萄酒、狮王小利口红葡萄酒、通化原汁葡萄酒等。这些葡萄酒的价格普遍在5~12元左右，口味淡雅，甜度适中，能为大多数消费者接受且长期饮用。

3. 消费者调查

从总体上看，约有6成的消费者饮用葡萄酒的原因是出于“在特定场合下，调节气氛和氛围”，约有2成的消费者出于“保健作用”而饮用葡萄酒。但是如果从年龄的角度对消费者进行细分，则会发现饮用目的随年龄的不同有着显著的差别。分析表明，在35岁以下的消费者中，62%的消费者饮用葡萄酒是追求一种情调和氛围，甚至是当饮料喝，而出于保健目的饮用的人数比例并不大，这种类型的消费者倾向于饮用味道较甜的葡萄酒；随着年龄的上升，消费者出于保健目的而饮用葡萄酒的人数比例越来越大。在36~55岁之间的人群中，追求情调和出于保健目的而饮用葡萄酒的比例已经大体接近，分别为36.4%和43.6%；而在56岁以上的人群中，出于保健目的而饮用葡萄酒的比例则超过了半数，达56.35%，这种类型的消费者倾向于饮用档次较高的干红葡萄酒。而且在这个群体中，“嗜酒者”的比例也比较多，有12.5%的人表示饮用葡萄酒就是因为“喜欢喝”。

调查表明，酒店是具体消费葡萄酒的重要场所。除此之外，家中也是葡萄酒的消费场所之一。

年轻人朋友聚会时在家中饮用统计显示，朋友聚会和平时在家是饮用葡萄酒的主要场合。交叉分析结果表明，半数左右的年轻人主要在朋友聚会时饮用葡萄酒。随着年龄的增加和社交活动的减少，年长者在朋友聚会时饮用葡萄酒的比例逐渐降低，而在家里饮用葡萄酒的比例则呈明显上升趋势。值得注意的是，虽然半数的年轻人主要是在朋友聚会时饮用葡萄酒，但是在18~25岁和26~35岁的年轻人中仍然有20%~30%的消费者表示主要的饮用葡萄酒的场合是“在家里饮用”。

参考相关资料，从总体上看，消费者每月饮用葡萄酒的次数为5.29次。但不同类型的消费者饮用的频次存在一定差异：把葡萄酒作为保健饮品的消费者属于高频次消费者，每月消费的次数高达8.49次。虽然出于调节气氛和氛围饮用葡萄酒的消费者比例最高，但这部分群体并非高频次饮用群体。场所主要是酒吧、酒店或者朋友聚会地点。

从饮用场合上将消费者进行划分，可以发现，平时在家饮用群体每月饮用葡萄酒的频次最高。其次是工作应酬的消费群体，这是饮用量最大的群体。

从饮用不同种类葡萄酒的角度对消费者进行划分，可以发现，饮用干红的消费者群体的饮用频次最高。

从饮用不同价格葡萄酒的群体来看，饮用20~40元的消费者的饮用频次最高。

交叉分析表明，在家饮用和在外饮用旗鼓相当。

总体上讲，消费者在家饮用和在外饮用葡萄酒的比例接近1:1，但男性在外饮用的比例要高于在家饮用的比例，而女性在家饮用的比例则略高于在外饮用的比例。男性侧重于饮用干红，而女性侧重于饮用味道较为甜的甜型葡萄酒。同时，随着消费年龄的上升，人们在家饮用的比例也呈上升趋势，尤其是46岁以上的消费者在家饮用的比例占绝对多数。

参考相关资料，从总体上看，约有60%的消费者每月在葡萄酒上的花费在50元以下。每月花费在80元以上的重度消费群体所占的比例仅1/4略强。

随着消费者文化水平的上升，每月在葡萄酒上的花费呈上升趋势；特别是随着消费者收入水平的上升，消费者在葡萄酒上花费的上升趋势表现得更为显著。

五、小结

通过对甜型葡萄酒的市场进行调查，得出以下结论。

(1) 在样本市场上，各种品牌葡萄酒竞争激烈。张裕、王朝、长城等传统品牌占据市场高档葡萄酒主导地位，约占53%的市场份额。其中，张裕、王朝、长城三个品牌约占50%的市场份额，其他品牌对市场进行补充。

(2) 武汉市场整体上葡萄酒消费呈现上升趋势。

(3) 国外品牌的葡萄酒在武汉市场主要以高档消费为主，价格在50~200元，价格在20元左右的葡萄酒只有法国蓝红葡萄酒。所以国外品牌葡萄酒基本上定位在高档或者洋消费群体，整体上所占比例不高。但是试图尝新者不少，潜在消费群体较大，不可小视。

(4) 强势品牌市场细分明确，终端完善，品种、价格齐全，这在销售中占有很大的优势。在家乐福、麦德龙等大型超市，促销架势使人汗颜。威龙的做法值得借鉴。武汉当地品牌劲牌公司生产的红珠葡萄酒开始为人所知，具有一定市场潜力。

(5) 品牌知名度成为葡萄酒高档市场消费者的首选因素，其次是价格；味道、容量、价格、度数是消费者选择甜型葡萄酒比较注重的方面。

(6) 中低档红酒市场需求很大。因为中低档消费群体所占的比例很大，加上节日假期走亲访友的需要，对货真价实的葡萄酒还是很受欢迎的。

（资料来源：中国营销传播网 http://www.emkt.com.cn/article/65/6563.html，作者：徐嘉锴、郭建军。引用时做了适当修改。）

任务 5.4　项目综合实训

结合本项目内容，按照要求，每个小组的学生撰写调研报告。

项目6　市场预测

任务6.1　认识市场预测

任务目标

1. 知识目标

(1) 理解市场预测的含义、作用；

(2) 掌握市场预测的基本程序；

(3) 掌握定性预测的主要方法；

(4) 掌握定量预测的主要方法。

2. 能力目标

(1) 会使用定性预测中常用的计算公式；

(2) 能将所学预测方法熟练应用于实际；

(3) 能分析市场现象发展的趋势和规律。

任务导入

内华达职业健康诊所火灾损失的预测

内华达职业健康诊所（Nevada Occupational Health Clinic）是一家私人医疗诊所，它位于内华达州的Spark市。这个诊所专攻工业医疗，并且在该地区经营已经超过15年。1991年初，该诊所进入了迅速发展的阶段。在其后的26个月里，该诊所每个月的账单收入从57000美元增长到超过30万美元。直至1993年4月6日，当诊所的主要建筑物被烧毁时，诊所一直经历着戏剧性的增长。

诊所的保险单包括实物财产和设备，也包括由于正常商业经营中断而引起的收入损失。确定实物财产和设备在火灾中的损失额，受理财产的保险索赔要求是一个相对简单的事情。但确定在进行重建诊所的7个月中收入的损失额则是一个很复杂的事情，它涉及业主和保险公司之间的讨价还价。对如果没有发生火灾，诊所账单的收入“将会有什么变化”的计算，没有预先制定的规则。为了估计失去的收入，诊所用一种预测方法，来测算在7个月的停业期间将要实现的营业增长。在火灾前的账单收入的实际历史资料，将为拥有线性趋势和季节成分的预测模型提供基础资料，这些成分将在本章中加以讨论。这个预测模型使诊所得到损失收入的一个准确估计值，这个估计量最终被保险公司所接受。

（资料来源：The authors indebted to Bard Betz, Director of Operations, and Curtis Brauer. Executive Administrative Assistant. Nevada Occupational Health Clinic. For providing this statistics in practice.）

任务分解

一、市场预测的含义

通过广泛的市场调查，我们获得了各种资料，包括第一手资料和第二手资料。在对这些资料进行整理分析后，我们对市场的历史和现状有了较清晰的认识。但在很多情况下，还需要对市场的未来趋势进行估计，这时候就要运用到市场预测的各种方法。

市场预测与市场调查的区别在于，前者是人们对市场未来的认识，后者是人们对市场的过去和现状的认识。市场预测能帮助经营者制定适应市场的行动方案，使自己在市场竞争中处于主动地位。

预测是对未来的推算和测定，是根据准确的历史和现实资料，有目的地运用已有知识和经验，判断事物未来发展的趋势的活动过程。根据预测内容可将其划分为社会预测、经济预测、科学预测、技术预测和军事预测。市场预测是一种经济预测，而市场需求预测又是一种在实际应用中为企业重视关心的市场预测。市场需求预测是在对影响市场需求变化的诸因素进行调查研究的基础上，运用科学的方法，对未来市场商品需求的发展趋势，以及有关的各种因素的变化进行分析、估计和判断。预测的目的在于最大限度地减少不确定性对预测对象的影响，为科学决策提供依据。

二、市场预测的种类

1. 按预测方法的性质划分

市场需求预测可分为定性预测和定量预测。定性预测由预测者根据自己掌握的实际情况、实践经验、业务水平对市场需求作出的判断。定量预测是以历史和现实的资料为依据，运用统计方法和数学模型，对市场需求作出推算的预测方法。

2. 按预测的时间长短划分

市场需求预测可分为短期预测、中期预测和长期预测。短期预测是一年之内的预测，中期预测指1~5年预测，长期预测指5年以上预测。

3. 按预测的范围大小划分

市场需求预测可分为宏观预测和微观预测。宏观预测是对整个市场的预测，而微观预测则是对某一局部市场的预测。

三、市场预测的程序

1. 明确预测目目标

即预测什么，通过预测要解决什么问题，进而明确规定预测目标、预测期限等。预测目标要避免空泛，要明确具体，如对某一种产品或几种产品销售量的预测等。

2. 搜集与分析历史与现实数据资料

预测的数据资料依据，就是市场调查中获得的直接情报信息和间接情报信息。资料的搜集一定要注意广泛性、适用性和可靠性。资料搜集得不全面、不系统，将会严重影响预测质量。

3. 选择预测方法，拟定预测模型

在进行预测时，应根据预测目标和占有的信息资料，选择适当的预测方法和模型进行预测。预测方法不同，其预测结果也会不一致。此外，预测方法和预测模型的选择，还要考虑预测费用的多少和对预测精度的要求。

4. 确定预测结果

将预测中发现的一些与过去不同的新因素（内部和外部的），尽量转化为数量概念，并分析这些因素的影响范围和影响程度；同时，分析出预测与实际可能产生的误差、误差的大小及其原因。

任务小结

预测是营销经理面临的最重要的工作之一，对于生产计划的制订也是至关重要的。按照不同的角度，预测分为不同种类；当然，运气因素也同样不容忽视。

巩固与提升

课堂研讨

温州民间借贷规模

目前，温州民间借贷市场处于阶段性活跃时期，估计市场规模约1100亿元，占全市银行贷款的20%。这个估计规模是根据抽样调查，从资金借入方和贷出方双向测算并相互验证而得到的，是指目前存续的债权债务关系的借贷余额。历史上，较大规模的一次调查是2001年末，我们曾经测算过当时民间借贷规模约为300亿元至350亿元。截至2010年，温州民间借贷规模增长了2.4倍以上。但同期银行贷款增长了7倍，长期来看，民间借贷与银行信贷的比例关系呈下降的态势。

2010年，人民银行温州市中心支行建立了温州民间借贷交易活跃指数监测。该项监测以全市近1000家融资中介的1300多个银行账户为样本，定期采集这些账户的资金交易，作为民间金融市场的活跃指数，反映市场交易规模变化。从监测结果看，2010年以来五个季度的账户交易额分别为208亿元、327亿元、262亿元、335亿元和396亿元，规模总体呈增长态势。其中，一季度的交易量是上年平均的1.4倍，因此可以认为，温州民间借贷市场处于比较活跃阶段，借贷规模的增长也比较明显，短期内与银行贷款的比例关系有小幅上升。

（资料来源：金融时报，2011年08月22日，作者：吴国联）

讨论：根据上述资料，请判断一下温州民间借贷的未来发展趋势。

课后自测

（1）什么是市场预测？

（2）市场预测有什么基本程序？

实操演练

【演练内容】网上冲浪——上网查询、收集自己有兴趣的行业趋势预测报告（如汽车、手机、房价等）

【演练要求】① 分析行业趋势预测的信息来源、预测方法；② 通过互联网收集有关报道，用经验预测法谈谈自己的预测；③ 写出分析报告，交教师评阅，并继续关注有关行业信息。

任务6.2　定性预测

任务目标

1. 知识目标

(1) 了解定性预测的含义；

(2) 掌握定性预测的种类及应用范围。

2. 能力目标

(1) 能运用集合意见法进行预测；

(2) 能运用专家意见法进行预测；

(3) 能运用德尔菲法进行预测。

任务导入

头脑风暴法

头脑风暴法出自“头脑风暴”一词。头脑风暴（Brain - storming）最早是精神病理学上的用语，是对精神病患者的精神错乱状态而言的，现在转为无限制的自由联想和讨论，其目的在于产生新观念或激发创新设想。

在群体决策中，由于群体成员心理相互作用影响，易屈于权威或大多数人意见，形成所谓的“群体思维”。群体思维削弱了群体的批判精神和创造力，损害了决策的质量。为了保证群体决策的创造性，提高决策质量，管理上发展了一系列改善群体决策的方法，头脑风暴法是较为典型的一个。

头脑风暴法又可分为直接头脑风暴法（通常简称为头脑风暴法）和质疑头脑风暴法（也称反头脑风暴法）。前者是使专家群体决策尽可能激发创造性，产生尽可能多的设想的方法，后者则是对前者提出的设想、方案逐一质疑，分析其现实可行性的方法。

采用头脑风暴法组织群体决策时，要集中有关专家召开专题会议，主持者以明确的方式向所有参与者阐明问题，说明会议的规则，尽力创造融洽轻松的会议气氛。主持者一般不发表意见，以免影响会议的自由气氛，而由专家们“自由”提出尽可能多的方案。

思考题：头脑风暴法有什么优点和缺点？

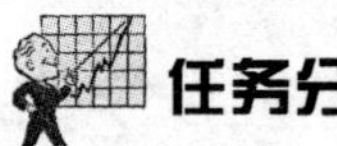

任务分解

定性预测主要依赖于预测人员丰富的经验和知识及综合分析能力，对预测对象的未来发展前景做出性质和程度上的估计和推测。

定性预测法不用或很少用数学模型，预测结果并没有经过量化或定量分析，所以具有不确定性。定性预测适合预测那些模糊的、无法计量的社会经济现象，并通常由预测者集体来进行。集体预测是定性预测的重要内容，能集中多数人的智慧，克服个人的主观片面性。

定性预测法简便、易于掌握，而且时间快、费用少，因此得到广泛采用。但是，定性预测法缺乏数量分析，主观因素的作用较大，预测的准确度难免受到影响。因此，在采用定性预测法时，应尽可能地结合定量分析方法，使预测过程更科学，预测结果更准确。

定性预测方法的具体形式较多，使用频率较高的方法有集合意见法、专家会议法和德尔菲法等。

一、集合意见法

集合意见法，是指各方人士（可以是企业内部经营管理人员、业务人员，也可以是企业外部的业务人员或用户）凭自己的经验判断，对市场未来需求趋势提出个人预测意见，再集合大家意见做出市场预测的方法。这种方法简便易行，可靠实用，注重发挥集体智慧，在一定程度上克服了个人直观判断的局限性和片面性，有利于提高市场预测的质量。

（一）集合意见法的操作步骤

集合意见法的主要操作步骤如下。

1. 提供资料

预测组织者根据企业经营管理的要求，向参加预测的相关人员提出预测项目和预测期限的要求，并尽可能提供有关背景资料。

2. 提出预测方案

有关人员根据预测要求及掌握的背景资料，凭个人经验和分析判断能力，提出各自的预测方案。在方案中，要确定三个重点。

（1）确定未来市场的几种可能状态（如市场销路好或市场销路差的状态）。

（2）估计各种可能状态出现的概率（主观概率）。

（3）确定每种可能状态下，可能达到的具体销售值（状态值）。

3. 计算各方案期望值

预测组织者计算有关人员预测方案的方案期望值。方案期望值等于各种可能状态主观概率与状态值乘积之和。

4. 计算各类综合期望值

将参与预测的有关人员分类，如厂长（经理）类、管理职能科室类、业务人员类等，计算各类综合期望值。由于预测参与者对市场的了解程度及经验等因素不同，因而他们每个人对最终预测结果的影响作用不同。

为表示这种差异，每类人员要分别给予不同的权数，最后采用加权平均法获得各类综合期望值。若给每个预测者以相同的权数，则表示各预测者的重要性相同，综合期望值可直接采用算术平均法或中位数法获得。

5. 确定最后的预测值

预测组织者将各类人员的综合期望值通过加权平均法等计算出最后的预测值。

（二）集合意见法的实践应用

例如，南方某皮鞋厂为了预测明年的产品销售额，要求企业三名经理、三名科室（营销科、计划科、财务科）主管人员以及三名一线的营销人员做出年度销售预测。

运用集合意见法预测的具体步骤如下。

1. 列出各预测人员的预测方案

皮鞋厂三名经理、三名科室负责人和三名一线营销人员提出各自的预测方案，如表6–1 ~ 表6–3 所示。

表6–1　三名经理的预测方案

经理	销售估计值/万元						期望值/万元	权　数
	销售好	概率	销售一般	概率	销售差	概率		
经理甲	1000	0.3	840	0.5	760	0.2	872	0.4
经理乙	1100	0.4	960	0.4	720	0.2	968	0.3
经理丙	1160	0.5	900	0.3	660	0.2	978	0.3

表6–2　三名科室主管的预测方案

科室主管	销售估计值/万元						期望值/万元	权　数
	销售好	概率	销售一般	概率	销售差	概率		
营销主管	1200	0.5	800	0.2	720	0.3	976	0.5
计划主管	1080	0.4	960	0.3	680	0.3	924	0.3
财务主管	1160	0.3	880	0.3	640	0.4	868	0.2

表6–3　三名营销人员的预测方案

营销人员	销售估计值/万元						期望值/万元	权　数
	销售好	概率	销售一般	概率	销售差	概率		
营销员甲	960	0.3	800	0.5	600	0.2	808	0.4
营销员乙	1040	0.3	880	0.4	720	0.3	880	0.3
营销员丙	1080	0.2	840	0.5	760	0.3	864	0.3

说明：①未来的市场销售前景有三种可能性：销售好、销售一般、销售差。每一种可能性发生的机会，称为概率，这三种可能性概率之和等于1。这里的概率为主观概率，由参与预测的人员根据其经验及对市场的分析判断给出。②权数。不同人员由于在企业中地位不同，权威性不同，他的预测意见的影响力也不同，凡是权威性大一些的人员，其权数也就大一些。

2. 计算各预测人员的方案期望值

方案期望值等于各种可能状态的销售值与对应的概率乘积。

经理甲的方案期望值为

$$1000 \times 0.3 + 840 \times 0.5 + 760 \times 0.2 = 872(\text{万元})$$

营销主管的方案期望值为

$$1200 \times 0.5 + 800 \times 0.2 + 720 \times 0.3 = 976(\text{万元})$$

营销员甲的方案期望值为

$$960 \times 0.3 + 800 \times 0.5 + 600 \times 0.2 = 808(\text{万元})$$

其他人员的方案期望值都依此计算，并填入相应表中。

二、专家会议法

专家会议法即通过组织一个具有相关知识的专家参与的专家会议，运用专家各方面的专业知识和经验，相互启发，集思广益，对市场未来发展趋势或企业某个产品的发展前景做出判断的一种预测方法。

（一）选择专家

专家会议法预测能否取得成功，在很大程度上取决于专家的选择。专家选择应依据以下要求。

1. 专家要有丰富经验和广博知识

专家一般应具有较高学历，有丰富的与预测课题相关的工作经验，思维判断能力敏锐，语言表达能力较强。

2. 专家要有代表性

要有各个方面的专家，如市场营销专家、管理专家、财务专家、生产技术专家等，不能只局限于某一个部门。

3. 专家要有一定的市场调查和市场预测方面的知识和经验

专家应受过市场调查和市场预测方面的训练或者从事过相关工作，熟悉市场调查与预测的内容和常用方法。

（二）专家会议法的实施程序

1. 做好会议的准备工作

会议的准备工作包括确定会议的主题，确定合适的主持人，选好会议的场所和时间，确定会议的次数，准备会议的记录、分析工具。确定主持人对于会议的成功与否起着非常重要的作用，要求其具有丰富的调查经验，掌握与讨论内容相关的知识，并能左右或引导会议的进程和方向。

2. 邀请专家参加会议

邀请出席会议的专家人数不宜太多，一般以 8 ~ 12 人最好，要尽量包括各个方面的专家。被邀请的专家必须能独立思考，不受某个权威意见所左右。

3. 控制好会议的进程

会议主持人提出预测题目，要求大家充分发表意见，提出各种各样的方案。在这一步中，需要强调的是会议上不要批评别人的方案，要打开思路、畅所欲言，方案多多益善，气氛民主热烈。同时，要做好会议的记录工作。可以由主持人边提问边记录，也可以由助手进行记录，还可以通过录音、录像的方法记录。

4. 确定预测方案

在会议结束后，主持人再对各种方案进行比较、评价、归类，最后确定出预测方案。

（三）专家会议法的特点

专家会议法可以在较短的时间里，充分利用专家群体的创造性思维和专业特长，对预测对象进行评估和推算，及时掌握第一手预测信息。预测工作实践发现，专家会议法既有突出的优点，也存在明显的局限性。

1. 优点

第一，与会专家能自由发表意见，各种观点能互相启发、互相借鉴，可以达到集思广益、互相补充的目的；第二，专家会议法节省费用和时间，应用灵活方便。

2. 局限性

局限性主要体现在三个方面：一是由于会议人数有限，有时会使预测意见缺少代表性及全面性；二是会议上权威性专家的意见有时会左右会场，多数人的意见有可能使少数人的意见受到压制；三是专家会议法的预测结果，极易受组织者和与会专家双方心理状态的影响。会议上的气氛很容易影响各位专家发表自己的意见，预测组织者的个人倾向也会影响预测值的准确性。

尽管专家会议法存在一定局限性，但只要在应用这种方法时充分注意，尽量扬长避短，这种方法还是行之有效的。尤其是对于缺少历史资料和时效性要求较高的市场预测，这种方法的适用性显得尤其突出。

三、德尔菲法

德尔菲法也叫专家小组法，是美国兰德公司在 20 世纪 40 年代末首创，最先用于科技预测，20 世纪 60 年代以来在市场预测中也得到广泛应用。德尔菲（Delphi）是阿波罗神殿所在地的希腊古城之名，传说阿波罗是预言神，众神每年集会于德尔菲以预测未来。因此，以专家小组的形式进行预测也称为德尔菲法。

德尔菲法是专家会议法的改进和发展，是为避免集体讨论存在的屈从于权威或盲目服从多数的缺陷而提出的一种专家预测方法。在预测过程中，各专家不通过会议形式交换意见和进行讨论，而是在互相保密的情况下，用书面形式独立地回答预测者提出的问题，并反复多次修改各自的意见，最后由预测者综合确定市场预测的结论。德尔菲的这一特点克服了在专家会议法中经常发生的专家们不能充分发表意见、权威人士的意见左右其他人的意见等弊病。

（一）德尔菲法的实施程序

1. 确定预测题目，选定专家小组成员

确定预测题目即明确预测目的和对象；选定专家小组成员则是决定请谁做有关的预测。这两点是有机地联系在一起的，即被选定的专家，必须是对确定的预测对象具有丰富知识的人，既包括理论方面的专家，也包括具有丰富实际工作经验的专家，这样组成的专家小组，才能对预测对象提出可信的预测值。专家小组人数一般不超过 20 人，某些特殊情况除外。

2. 设计调查表，准备相关材料

预测组织者要将预测对象的调查项目，按次序排列绘制成征询表，准备向有关专家发送；同时还应将填写要求、说明一并设计好，使各专家能够按统一要求做出预测值。

除设计调查表，预测组织者还应准备与预测有关的资料，以便专家在预测时参考。这是因为，各位专家虽对预测对象有所了解，但对全面情况的了解有时不够，或对某一方面的情况了解不多，这都需要预测组织者事先准备好尽可能详尽的材料。

3. 专家进行预测

各个专家根据他们所收到的材料，提出自己的预测意见，并说明自己是怎样利用这些材料和提出预测值的。

4. 对专家意见进行初次汇总

将各位专家第一次判断意见汇总，列成图表，进行对比，再分发给各位专家，让专家比较自己同他人的不同意见，修改自己的意见和判断。也可以把各位专家的意见加以整理，或请身份更高的其他专家加以评论，然后把这些意见再分送给各位专家，以便他们参考后修改自己的意见。

5. 反复收集意见和进行反馈

将所有专家的修改意见收集起来、汇总，再次分发给各位专家，以便做第二次修改。逐轮收集意见，并为专家反馈信息是德尔菲法的主要环节。收集意见和信息反馈通常要经过三、四轮。在向专家进行反馈的时候，只给出各种意见，但并不说明发表各种意见的专家的具体姓名。这一过程重复进行，直到每一个专家不再改变自己的意见为止。

6. 确定最后的预测值

预测组织者运用统计分析方法对专家最后一轮的预测意见加以处理，做出最后的预测结论。

（二）德尔菲法专家意见的统计处理

1. 对数量和时间答案的统计处理

当专家回答的是一系列可供比较大小的数据（如对销售量的预测）时，统计调查结果可用平均数或中位数来处理，用以求出调查结果的期望值。

（1）平均数法，就是用专家所有预测值的平均数作为综合的预测值。

其公式是：

$$y = \frac{\sum x_i}{n} \tag{8-1}$$

式中，x_i 为各位专家的预测值；n 为专家人数。

（2）中位数法，是用所有预测值的中位数作为最终的预测值。中位数的位置为$\frac{n+1}{2}$。

具体做法是：将最后一轮专家的预测值从小到大排列，碰到重复的数值舍去，那么中位数所处的位置$\left(\text{第}\frac{n+1}{2}\text{位}\right)$的数据，就是预测值。

2. 对等级比较答案的统计处理

在征询专家对某些调查项目做重要程度的排序内容时，通常采用总分比重法进行统计。

（三）德尔菲法的特点

1. 匿名性

背靠背地分头向各位专家征询意见是德尔菲法的特点。一般参加预测小组的专家互不见面，姓名保密，只保持同预测组织者的单独联系。专家们背靠背地给出各自的预测意见，有利于他们打消顾虑，进行独立思考判断，既依靠了专家，又克服了专家会议的缺点。

2. 反馈性

轮番向专家征询意见，每次向专家征询意见，预测组织者都应将上一轮专家的意见统计归纳后的结果反馈给专家，各位专家在了解各种不同意见及其理由、掌握全局情况的基础上，开拓思路，提出独立的新见解。

3. 统计性

每次收集到各位专家的意见，都应对每个问题进行定量统计归纳。通常用专家意见的中位数或平均数反映专家的集体意见。

与专家会议法相比较，德尔菲法的优点是：参与预测的专家能独立思考，各抒己见，能充分表达个人的预测判断，不受权威人物的影响；可以参考别的专家的看法，避免主观片面性，提高预测质量。主要缺点是：轮番征询专家意见需花费较长的时间；预测主要凭专家主观判断，缺乏一定的客观标准。

任务小结

定性预测在工程实践中被广泛使用，无论是有意还是无意的。特别适合于对预测对象的数据资料（包括历史的和现实的）掌握不充分，或影响因素复杂、难以用数字描述，或对主要影响因素难以进行数量分析等情况。定性预测的优点在于：注重事物发展在性质方面的预测，具有较大的灵活性，易于充分发挥人的主观能动作用，且简单迅速，省时省费用。定性预测的缺点是：易受主观因素的影响，比较注重人的经验和主观判断能力，从而易受人的知识、经验和能力的束缚和限制，尤其是缺乏对事物发展做数量上的精确描述。

巩固与提升

课堂研讨

专家会议法是指根据规定的原则选定一定数量的专家，按照一定的方式组织专家会议，发挥专家集体的智能结构效应，对预测对象未来的发展趋势及状况，做出判断的方法。“头脑风暴法”就是专家会议预测法的具体运用。

问题：利用网络查找资料，“头脑风暴法”适用于什么场合？

课后自测

（1）什么是定性预测？

（2）定性预测主要包括几种方法？各有什么应用范围？

实操演练

B建筑公司承建位于某市的商住楼的主体结构工程（框剪结构）的施工（以下简称H工程），建筑面积10000 m^2，20层，工期2013年1月至2013年2月。公司在施工之前将进行H工程的成本预测工作。试采用专家会议法预测成本。

解题思路：该公司召开由本公司的9位专业人员参加的预测会议，预测H工程的成本。各位专家的意见分别为：485、500、512、475、480、495、493、510、506（单位：元/m^2）。由于结果相差较大，经反复讨论，意见集中在480（3人）、495（3人）、510（3人），采用上述的方法确定预测成本为 $y=(480*3+495*3+510*3)/9=495$(元/$m^2$)。

任务6.3 定量预测

任务目标

1. 知识目标

（1）掌握移动平均预测法的含义；

（2）掌握指数平滑预测法的含义；

（3）理解季节指数预测法。

2. 能力目标

(1) 能应用 Excel 进行移动平均预测；

(2) 能应用 Excel 进行指数平滑预测；

(3) 能应用 Excel 进行季节指数预测；

(4) 能应用 Excel 进行回归分析预测。

任务导入

根据如表 6-4 所示的某地啤酒销量与新增成年人口统计表预测未来几年啤酒的销量。

表 6-4　某地啤酒销量与新增成年人口统计表

项目 \ 年份	2004	2005	2006	2007	2008	2009	2010	2011	2012	2013
啤酒销量/万箱	28	31	50	53	61	70	60	66	63	65
新增成年人口/万人	25	28	34	38	47	62	45	56	54	55

任务分解

定量预测，是指在占有充分数据资料的基础上，运用数学方法，有时还要结合计算机技术，对事物未来的发展趋势进行数量方面的估计与推测。

定量预测方法有两个明显的特点：一是依靠实际观察数据，重视数据的作用和定量分析；二是建立数学模型作为定量预测的工具。随着统计方法、数学模型和计算机技术日益为更多的人所掌握，定量预测的运用会越来越广泛。

定量预测方法的具体形式较多，常用的定量预测方法有移动平均预测法、指数平滑法、季节指数法和回归分析预测法等。

一、移动平均预测法

移动平均预测法是取预测对象最近的一组观察期的数据（或历史数据）的平均值作为预测值的方法。所谓“移动”是指参与平均的数据随着观察期的推移而不断更新，所谓“平均值”指算术平均值。当一个新的数据进入平均值时，要剔除平均值中最陈旧的一个数据，并且每一次参与平均的数据都有相同的个数。

移动平均法又可分为简单算术移动平均法和加权移动平均法两种。本书限于篇幅，只介绍简单算术移动平均法。简单算术移动平均法又可分为一次移动平均法和二次移动平均法。

（一）一次移动平均法

一次移动平均法是直接以本期移动的平均值作为下期预测值的方法。一次移动平均法的预测模型为：

$$\bar{x}_{t+1} = M_t^{(1)} = \frac{x_t + x_{t-1} + \cdots + x_{t-n+1}}{n}$$

式中　$\bar{x}^{t+1}$——为 $t+1$ 期的预测值；

$M_t^{(1)}$——为第 t 期一次移动平均值；

n——跨越期数，即参加移动平均的历史数据的个数。

例如，某市某商场某年的各月销售额资料见表 6–5，试计算 $n=3$ 和 $n=4$ 时的一次移动平均预测值。

表 6–5　采用一次移动平均法的某商场销售额预测计算表　　单位：万元

月　份	实际销售额	3 个月移动平均预测值	4 个月移动平均预测值
1	3068	—	—
2	2865	—	—
3	2698	—	—
4	2941	2877	—
5	2875	2834. 7	2893
6	2736	2838	2844. 8
7	2806	2850. 7	2812. 5
8	2759	2805. 7	2839. 5
9	2690	2767	2794
10	2796	2751. 7	2747. 8
11	2708	2748. 3	2762. 8
12	3091	2731. 3	2738. 3

解：按公式测算，各预测值见表 6–5。

其中，当 $n=3$ 时，5 月份的预测值为：

$$M_4^{(1)}=\frac{x_4+x_3+x_2}{3}=\frac{2941+2698+2865}{3}=2834.7(\text{万元})$$

当 $n=4$ 时，7 月份的预测值为：

$$M_6^{(1)}=\frac{x_6+x_5+x_4+x_3}{4}=\frac{2736+2875}{4}=2812.5(\text{万元})$$

其余预测值可以此逐一计算。必须指出的是，表 6–5 中的 1、2、3 期（月）平均数 2877 万元作为下一期的预测值，列在第 4 期第一栏上，故 $M_3^{(1)}$ 与 $t=4$ 是同一期。同理 $M_4^{(1)}$ 与 $t=5$ 也同期。其余各期以此类推。

在实际工作中，推荐用 Excel 进行计算。

“移动平均”功能需要使用 Excel 扩展功能，如果 Excel 尚未安装数据分析，则依次选择“工具”→“加载宏”，在安装光盘支持下加载“分析数据库”。加载成功后，可以在“工具”下拉菜单中看到“数据分析”选项。

操作步骤如下。

1）打开原始数据表格，制作本实例的原始数据单列，确认数据的类型。本实例为实际销售额随时间变化成对数据，在数据分析时仅采用实际销售额数据列。如图 6–1 所示。

需要注意的是，因为平均值的求取需要一定的数据量，那么就要求原始数据量不少于求取平均值的个数，在 Excel 中规定数据量不少于 3。我们先计算一下 3 个月移动平均预测值。

2）选择“工具”→“数据分析”→“移动平均”后，出现“移动平均”对话框，如图 6–2 所示。

• 输入区域：原始数据区域，如果有数据标签可以选择“标志位于第一行”。

某商场销售额预测计算表

月份	实际销售额
1	3068
2	2865
3	2698
4	2941
5	2875
6	2736
7	2806
8	2759
9	2690
10	2796
11	2708
12	3091

图 6–1　原始数据示例

- 输出区域：移动平均数值显示区域。
- 间隔：指定使用几组数据来得出平均值。
- 图表输出：原始数据和移动平均数值会以图表的形式来显示，以供比较。
- 标准误差：实际数据与预测数据（移动平均数据）的标准差，用以显示预测值与实际值的差距。数字越小则表明预测情况越好。

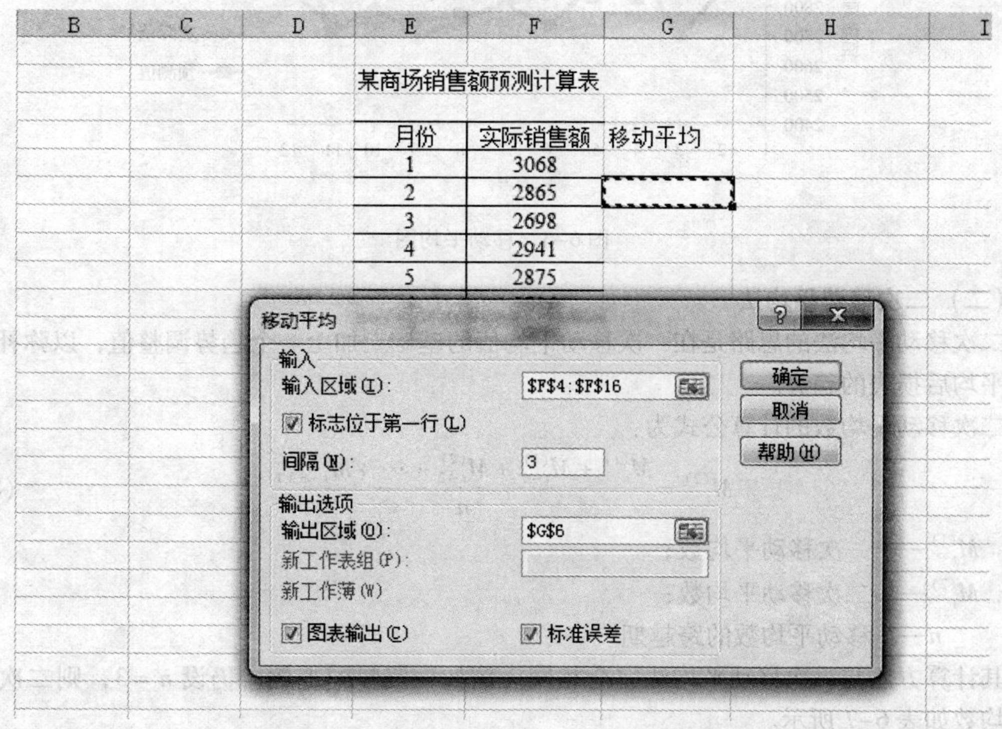

图 6–2　“移动平均”对话框

3）输入完毕后，则可立即生成相应的数据和图表，如表 6-6 和图 6-3 所示。

表 6-6　生成相应的数据　　　　单位：万元

月　份	实际销售额	移动平均	标准误差
1	3068		
2	2865		
3	2698		
4	2941	2877	
5	2875	2834.6667	
6	2736	2838	122.0884622
7	2806	2850.6667	92.77970723
8	2759	2805.6667	69.56425221
9	2690	2767	66.36403533
10	2796	2751.6667	35.90213034
11	2708	2748.3333	45.23600664
12	3091	2731.3333	46.97280537

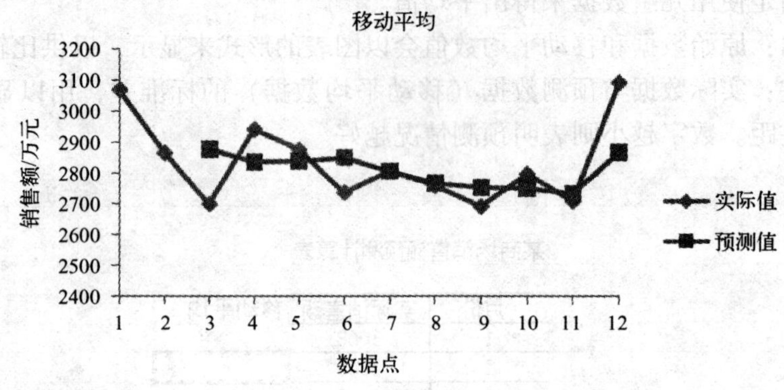

图 6-3　移动平均图

（二）二次移动平均法

二次移动平均法的思路是在一次移动平均值的基础上加上一个趋势调整值，以弥补一次移动平均后损失的趋势。

二次移动平均数的计算公式为：

$$M_t^{(2)} = \frac{M_t^{(1)} + M_{t-1}^{(1)} + M_{t-2}^{(2)} + \cdots + M_{t-n+1}^{(1)}}{n} \tag{8-3}$$

式中　$M_t^{(1)}$——一次移动平均数；

$M_t^{(2)}$——二次移动平均数；

n——移动平均数的跨越期。

其计算方法与一次移动平均法完全相同。例如，资料同上例，仍设 $n=3$，则二次移动的平均数如表 6-7 所示。

表 6-7　采用二次移动平均法的某商场销售额预测计算表　　　　单位：万元

月　份	实际销售额	$M_t^{(1)}$	$M_t^{(2)}$
1	3068	—	—
2	2865	—	—
3	2698	—	—
4	2941	2877	—
5	2875	2834.7	—
6	2736	2838	—
7	2806	2850.7	2849.9
8	2759	2805.7	2841.1
9	2690	2767	2831.5
10	2796	2751.7	2807.8
11	2708	2748.3	2774.8
12	3091	2731.3	2755.7

二次移动平均法不能独立进行预测，只能与一次移动平均法配合，求得移动系数，建立预测模型。所以，要进一步解决滞后偏差的问题，前提条件是时间序列的数据必须具有线性趋势。

用二次移动平均数所建立起来的直线方程式，只适用于做短期预测，对于离目前太远的中长期预测就不太适用，其原因在于无法适时调整直线方程式的移动系数值，从而预测值可能脱离实际。

利用 Excel 提供的移动平均工具只能作一次移动平均，所以在一次移动平均的基础上再进行移动平均即可。

二次移动平均的方法同上，求出的一次移动平均值与二次移动平均值的拟合曲线，如图 6-4 所示。

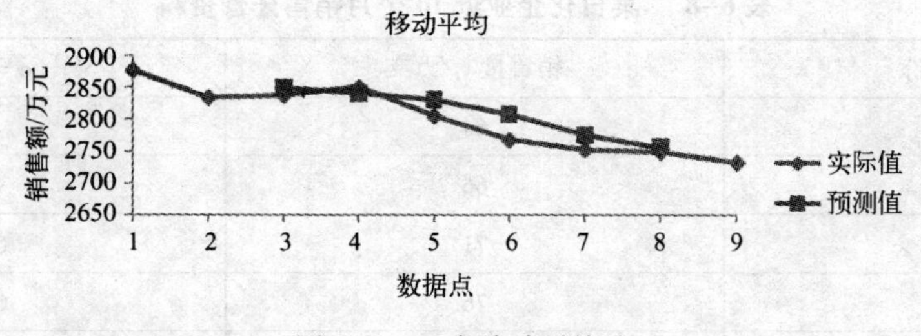

图 6-4　二次移动平均法

二、指数平滑法

指数平滑法是在移动平均法基础上发展起来的一种方法，实质上是一种特殊的加权移动平均法，该方法既重视远期数据，但更看重敏感的近期数据，它对各期数据赋予的权数，由近及远按指数规律递减。这种方法给予了确定权数的基本规则，使其在调整权数、处理资料时更为方便，因而在市场预测中被广泛应用。

指数平滑法按平滑次数的不同又分为一次指数平滑法、二次指数平滑法和多次（二次以上）指数平滑法。本文主要阐述一次指数平滑法。

（一）一次指数平滑法概述

一次指数平滑法是以预测对象的本期实际值和本期预测值为资料，用平滑系数来确定两者的权数，求得本期的平滑值，作为下一期的预测值。其计算公式为：

$$S_{t+1}^{(1)} = \alpha x_t + (1-\alpha) S_t^{(1)} \tag{8-4}$$

式中 $S_{t+1}^{(1)}$——下一期的预测值；

x_t——本期实际观测值（本期实际发生值）；

$S_t^{(1)}$——本期预测值；

α——平滑系数，其取值范围为$0 \leqslant \alpha \leqslant 1$。

在应用指数平滑法进行预测时，平滑系数α的选择非常重要的。当α取值接近1时，近期数据的作用显著；当α取值接近0时，各期历史数据的作用逐渐减弱。

因此，在实际应用中，若是跟踪近期变化，则α取值宜较大；若是需要消除随机波动，揭示长期变化趋势与规律，α取值宜较小。α值的选择，也可以通过用几个不同的α值试算预测值，比较预测值与实际值之间的平均绝对误差MAD，择其最小值来确定。

此外，由指数平滑法公式可知，要计算$S_{t+1}^{(1)}$就需要知道$S_t^{(1)}$。以此类推，要计算$S_1^{(1)}$就要知道$S_0^{(1)}$，而$S_0^{(1)}$是没有办法计算出来的，只能估算。当资料项数较多（如$n \geqslant 10$）时，初始值$S_0^{(1)}$对预测结果影响较小，可以选择第一期的实际值作为初始值；当资料项数较少时，初始值对预测结果影响较大，可选择前几期（一般是前3期）数据的平均值作为初始值。

（二）一次指数平滑法的应用

例如，某日化企业近10个月销售牙膏资料如表6-8所示。请用一次指数平滑法预测下月牙膏销售量。

表6-8　某日化企业近10个月销售牙膏资料

月　份	销售量 x_t/万支	$S_t^{(1)}$（$\alpha=0.7$）/万支
1	64	64
2	66	64
3	71	65.4
4	76	69.3
5	59	74
6	68	63.5
7	63	66.7
8	70	64.1
9	72	68.2
10	70	70.9
11		70.3

分析：具体步骤如下。

第一步：确定平滑系数 α，本实例中 $\alpha=0.7$。

第二步：确定初始平滑值 $S_1^{(1)}$。本例 $n=10$，故 $S_1^{(1)}=x_1=64$。

第三步：依次计算一次指数平滑值。当 $\alpha=0.7$ 时，

$$S_2^{(1)}=0.7\times64+0.3\times64=64$$

$$S_3^{(1)}=0.7\times66+0.3\times64=65.4$$

$$\cdots\cdots$$

$$S_{10}^{(1)}=0.7\times72+0.3\times68.2=70.9$$

第四步:计算下月销量的预测值:

$$S_{11}^{(1)}=\alpha x_{10}+(1-\alpha)S_{10}^{(1)}=0.7\times70+0.3\times70.9=70.3(\text{万支})$$

从上述计算过程中，可以发现，一次指数平滑法在计算每一个平滑值时，只需用一个实际观察值和一个上期的平滑值即可，它解决了需要储存过多数据带来的不便，且计算过程简便，计算工作量较小。但一次指数平滑法也存在一定缺陷，它只能向未来预测一期市场现象的表现，这在很多情况下造成了预测的局限性，不能满足市场预测者的需要。

此外，一次指数平滑预测模型中的第一个平滑值 $S_1^{(1)}$ 和平滑系数 α，在被确定时只是根据经验，尚无严格的数学理论加以证明。一次指数平滑法对无明显趋势变动的市场现象进行预测是适合的，但对于有趋势变动的市场现象则不适合。当市场现象存在明显趋势时，不论值取多大，其一次指数平滑值也会滞后于实际观察值。对于一次指数平滑法存在的缺陷，二次指数平滑法可以克服，对于二次指数平滑法本书不作论述。

在 Excel 中，利用指数平滑工具进行预测，具体步骤如下。

选择“工具”菜单中的“数据分析”命令，此时弹出“数据分析”对话框，如图 6-5 所示。在“分析工具”列表框中，选择“指数平滑”，这时将出现“指数平滑”对话框。

月份	销售量	一次指数平滑
1	64	
2	66	
3	71	
4	76	
5	59	
6	68	

数据分析

分析工具(A)

方差分析：可重复双因素分析
方差分析：无重复双因素分析
相关系数
协方差
描述统计
指数平滑
F-检验 双样本方差
傅利叶分析
直方图
移动平均

确定　取消　帮助(H)

图 6-5　指数平滑框图

在“输入”选项组中指定输入参数。在“输入区域”指定数据所在的单元格区域 E4:E14；因指定的输入区域包含标志行，所以选中“标志”复选框；“阻尼系数”指定加权系数 0.3。

在“输出”选项组中指定输出选项。本例选择“输出区域”，并指定输出到当前工作表以 F5 为左上角的单元格区域；选中“图表输出”复选框。单击“确定”按钮。

这时，Excel 给出一次指数平滑值，如图 6-6 所示。

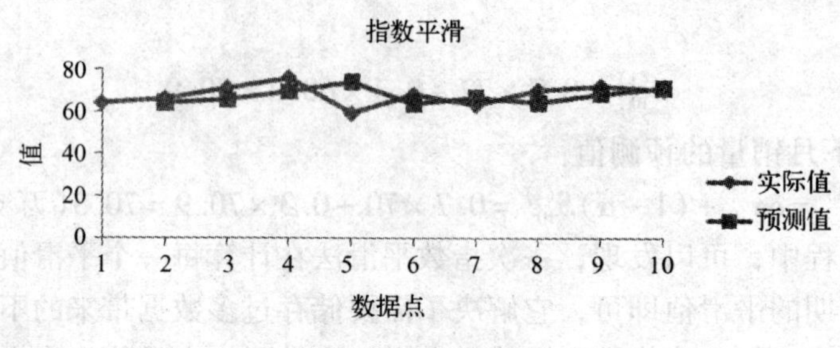

图 6-6 指数平滑图

三、季节指数法

（一）季节指数法概述

商品的供应与消费由于受生产条件、气候条件、人们生活消费习惯，以及人们经济收入季节分布的变化等影响，特别是商品生产和生活消费之间的时间间隔往往表现为季节性的间隔，如瓜果、蔬菜等产品是季节生产、季节消费；粮、油、茶、糖等产品是季节生产、常年消费；背心、羽绒衣等产品是常年生产、季节消费，这使得市场出现销售淡季和旺季之分的季节性变动规律。掌握了季节性变动规律，就可以利用它来对季节性的商品进行市场需求量预测。

季节指数法是一种周期预测技术，是时间序列预测的重要组成部分。它是根据预测目标各年按月（或季）编制的时间数列资料，以统计方法测定出反映季节变动规律的季节指数，并利用季节指数进行预测的预测方法。

（二）季节指数法操作步骤

季节指数法操作步骤如下。

（1）搜集历年（通常需要 3 年以上）各月或各季的统计资料（观察值）。

（2）求出各年同月或同季观察值的平均数（用 A 表示）。

（3）求出历年间所有月份或季度的平均值（用 B 表示）。

（4）计算各月或各季度的季节指数，即 S = A/B。

（5）计算预测期趋势值。趋势值是不考虑季节变动影响的市场趋势估计值，其计算通常采用以下三种。

1）以观察年的年均值除以一年月数或季度数。

2）观察年末的年值乘以预测年的年发展速度。

3）直接以观察年末年的年值除以一年月数或季度数。

如果估计预测年数值变化不大，可用上述的第三种方法。

（6）用预测期趋势值乘以相应季节指数，即得出未来年度内各月和各季度包含季节变动的预测值。

（三）季节指数法的应用

例如，一家咨询公司受某茶类饮料企业委托，为其所在地区的茶类饮料消费市场进行分析和预测。该咨询公司分别走访了省市统计局等相关部门，并搜集到了该地区 2008 ~ 2010 年的茶类饮料销售额数据，如表 6-9 所示。用季节指数法，预测该地区 2011 年各季度的茶类饮料销售额。

表 6-9　茶类饮料销售额数据表　　单位：百万元

时　间	2008 年	2009 年	2010 年
第一季度	56	62	68
第二季度	72	76	82
第三季度	82	89	93
第四季度	62	68	74

具体操作步骤如下。

（1）计算各年同季度销售平均值。

各季度销售平均值 = 各年同季度销售额总和/年数

其中，第一季度销售平均值为(56 + 62 + 68)/3 = 62；则由此类推可知，第二季度销售平均值为 76.7；第三季度销售平均值为 88；第四季度销售平均值为 68。

（2）计算历年的季度平均值。

2008 年的季度平均值为(56 + 72 + 82 + 62)/4 = 68；

2009 年的季度平均值为(62 + 76 + 89 + 68)/4 = 73.8；

2010 年的季度平均值为(68 + 82 + 93 + 74)/4 = 79.2。

所以 2008 ~ 2010 年这 3 年的季度平均值为(68 + 73.8 + 79.2)/3 = 73.7。

（3）计算各季度的季节指数。

各季节指数 = 各季节销售平均值/历年季节销售平均值

其中，第一季度季节指数 62/73.7 = 0.84；其他季度的季节指数可以此类推计算。

（4）预测 2011 年各季度的销售值。

各季节预测值 = 最近年份的平均值 × 季节指数

本题中最近年份的平均值为 79.2。则第一季度预测值为 79.2 × 0.84 = 66.53；其他季度的预测值可以此类推计算。

各个步骤的具体计算数值，如表 6-10 所示。

表 6-10　茶类饮料销售预测表　　单位：百万元

季度年份	2008 年	2009 年	2010 年	季度销售平均值	季节指数	预测值
第一季度	56	62	68	62	0.84	66.53
第二季度	72	76	82	76.7	1.04	82.37

（续）

季度年份	2008 年	2009 年	2010 年	季度销售平均值	季节指数	预测值
第三季度	82	89	93	88	1.19	94.25
第四季度	62	68	74	68	0.92	72.86
季度平均值	68	73.8	79.2	73.7		

四、回归分析预测法

（一）回归分析预测法的概念及类别

回归分析预测法是以遵循市场预测的因果原理为前提，从分析事物变化的因果联系入手，通过统计分析，并建立回归预测模型揭示预测目标与其他有关经济变量之间的数量变化关系，据此对预测目标进行预测的方法。即把其他相关因素视为“因”，把预测目标的变化视为“果”，建立因果之间的数学模型，并根据相关因素的变化，推断预测目标的变动趋势。

回归分析预测法是一种实用性较高的市场预测方法。当我们在对市场现象未来发展状况和水平进行预测时，如果能将影响市场预测对象的主要因素找到，并且能够取得其数量资料，就可以采用回归分析预测法进行预测。

回归分析预测法有多种类型。依据相关关系中自变量的个数不同分类，可分为只有一个自变量的一元回归分析预测法和有两个以上自变量的多元回归分析预测法。依据自变量和因变量之间相关关系的不同，又可分为线性回归预测法和非线性回归预测法。

（二）回归分析预测法的基本步骤

1. 根据预测目标，确定自变量和因变量

明确预测的具体目标，也就确定了因变量。如果预测具体目标是下一年度的销售量，那么销售量就是因变量。通过市场调查和查阅资料，寻找与预测目标的相关影响因素，即自变量，并从中选出主要的影响因素。

2. 进行相关分析

回归分析预测法是对具有因果关系的影响因素（自变量）和预测对象（因变量）进行的数理统计分析处理。只有当自变量与因变量确实存在某种关系时，拟合出的回归方程才有意义。自变量与因变量的相关程度，影响到预测值有效性的大小。因此，自变量与因变量之间存在着显著的相关性是应用回归分析预测法的基础。

3. 建立回归预测模型

根据对自变量和因变量分析的结果，利用它们在观察期的资料，建立适当的回归方程，以此来描述现象之间相关关系的发展变化规律，并将回归方程作为预测模型。建立预测模型，其关键是求得方程中的系数值。

4. 回归预测模型的检验及预测误差的计算

回归预测模型是否可用于实际预测，取决于对回归预测模型的检验和对预测误差的计算。回归方程只有通过各种检验，且预测误差较小，才能将回归方程作为预测模型进行预测。

5. 计算并确定预测值

回归分析预测法的最后一个步骤就是依据经过分析和检验后的回归预测模型，进行实际预测，并对预测的结果进行综合分析。利用回归预测模型确定预测值，是预测者的最终目标。预测值可以用一个点表示，但更多的情况下是根据需要求出预测值的区间估计值。区间预测值更能反映预测值的实际含义，在使用时留有充分的余地。

上述五个预测步骤仅仅是回归分析预测法建立预测模型和进行预测值确定的基本步骤。在实际的市场预测中，由于市场现象的复杂性，还必须结合预测者的经验和分析判断能力，对预测模型合理调整后才能应用。

（三）一元线性回归分析预测法

本节主要介绍最基本的回归分析预测模型，即一元线性回归分析预测模型。

1. 一元线性回归分析预测法的基本原理

一元线性回归分析预测法是指将一个变量（因变量）与另一（且仅为一个）变量（自变量）的变化看成线性关系，并通过统计数据来定量分析自变量变化而导致的因变量变化。若通过对大量统计数据的分析，发现两个变量的数据分布有近似的线性关系，则可以用下述方程式表示它们之间的关系，即一元线性回归分析预测模型为：

$$y_t = a + bx_t + e$$

式中 y_t——t 期的因变量，是要预测目标量；

x_t——t 期的自变量，是所选定预测目标（因变量）的相关量；

a——回归系数，是 y 轴上的截距；

b——回归系数，是回归直线的斜率；

e——随机误差。

一元线性回归分析预测法，就是通过对 y_t、x_t 大量的数据进行统计分析，寻找出线性分析规律，即确定 a、b、e；并根据所获得的以上线性关系式，在已知 x_t 时对 y_t 进行预测。

2. 一元线性回归分析预测法的应用及预测步骤

例如，已知南方某地区 2005～2014 年国内生产总值与固定资产投资额的资料如表 6-11 所示，试用一元线性回归预测法对该地区 2015 年和 2016 年的国内生产总值进行预测。

表 6-11　某地区 2005～2014 年国内生产总值与固定资产投资额　　单位：亿元

年　份	2005	2006	2007	2008	2009	2010	2011	2012	2013	2014
国内生产总值（y_i）	224	262	295	362	398	465	593	713	896	966
固定资产投资额（x_i）	65	69	79	92	117	136	168	231	296	352

解：

（1）建立一元线性回归模型，即：

$$\hat{y} = a + bx$$

式中 $\hat{y}$——因变量的预测估计值。

根据一元线性回归模型的参数计算公式，可知我们需要求得回归系数 a 和 b 的值。a 和 b 的值可采用最常用的最小平方法原理计算，则回归系数计算公式为：

$$b = \frac{n\sum x_i y_i - \sum y_i \sum x_i}{n\sum x_i^2 - \left(\sum x_i\right)^2}$$

$$a = \frac{\sum y_i - b \sum x_i}{n}$$

由上述两个公式可知，我们需要计算相关系数，具体如表6-12所示。

表6-12 相关系数计算表

序号	年份	y_i	x_i	x_iy_i	y_i^2	x_i^2
1	2005	224	65	14560	50176	4225
2	2006	262	69	18078	68644	4761
3	2007	295	79	23305	87025	6241
4	2008	362	92	33304	131044	8464
5	2009	398	117	46566	158404	13689
6	2010	465	136	63240	216225	18496
7	2011	593	168	99624	351649	28224
8	2012	713	231	164703	508369	53361
9	2013	896	296	265216	802816	87616
10	2014	926	352	325952	857476	123904
合计		5134	1605	1054548	3231828	348981

把相关系数代入参数 a 和 b 的最小二乘估计方程，得

$$b = \frac{n \sum x_iy_i - \sum y_i \sum x_i}{n \sum x_i^2 - \left(\sum x_i\right)^2} = \frac{10 \times 1054548 - 5134 \times 1605}{10 \times 348981 - (1605)^2} = 2.5229$$

$$a = \frac{\sum y_i - b \sum x_i}{n} = \frac{5134 - 2.5229 \times 1605}{10} = 108.4746$$

则一元线性回归模型为：

$$\hat{y} = 108.4746 + 2.5229x$$

（2）相关系数的计算。

相关系数是用来说明变量之间在直线相关条件下，相关关系密切程度和方向的统计分析指标。其定义公式为：

$$r = \frac{n \sum x_iy_i - \sum y_i \sum x_i}{\sqrt{n \sum x_i^2 - \left(\sum x_i\right)^2} \cdot \sqrt{n \sum y_i^2 - \left(\sum y_i\right)^2}}$$

把相关系数代入上式，即得：

$$r = \frac{10 \times 1054548 - 5134 \times 1605}{\sqrt{10 \times 348981 - (1605)^2} \cdot \sqrt{10 \times 3231828 - (5134)^2}} = 0.988$$

r 的绝对值接近于1，表明国内生产总值与固定资产投资额两变量之间线性相关关系密切。

（3）利用预测模型进行预测。

将今后每年固定资产投资额分别代入回归预测模型中，就能得到今后两年每年国内生产总值的预测值。

例如，预计2015年和2016年固定资产投资额分别为412亿元和509亿元，就可将此数据代入上述预测模型，得：

$$\hat{y}_{2011} = 108.4746 + 2.5229 \times 412 = 1147.91$$

$$\hat{y}_{2012} = 108.4746 + 2.5229 \times 509 = 1392.63$$

（4）回归预测模型的检验。

1）对回归模型作F检验。

F检验也是用来检验一元线性回归模型是否成立的一种方法。它是通过构造统计量 F，并给定显著水平 α，统计量 F 的计算公式为：

$$F = \frac{(n-2)R^2}{1-R^2}$$

即，$F = \frac{(10-2) \times 0.988^2}{1-0.988^2} = 327.2842$，给定显著水平 $\alpha = 0.05$，查F分布表（见附录）得 $F_{0.05}(1, n-2) = F_{0.05}(1,8) = 5.32, F > F_{0.05}(1,8)$。所以，所建立的一元线性回归预测模型成立。

2）回归系数的检验。

第一步，提出假设，即：

$$H_0: \beta = 0, H_1: \beta \neq 0$$

第二步，计算预测值的回归标准误差，计算回归标准误差的公式为：

$$S = \sqrt{\frac{\sum (y_i - \hat{y}_i)^2}{n-k}}$$

式中 S——回归标准误差；

y_i——因变量实际值；

$\hat{y}_i$——因变量估计值；

n——数据的总个数；

k——自变量、因变量的总个数。

第三步，求得标准误差之后，根据三标准误差原则，在正态分布条件下，预测值取值范围在 $g \pm S$ 之间的置信度为68.3%；预测值取值范围在 $g \pm 2S$ 之间的置信度为95%；预测值取值范围在 $g \pm 3S$ 之间的置信度为99%。

依据以上方法对上例进行置信区间估计，先得置信区间计算表，如表6-13所示。

表6-13　置信区间计算表

n	y_i	x_i	$\hat{y}_i$	$(y_i - \hat{y}_i)^2$
1	224	65	272.46	2348.67
2	262	69	282.56	422.61
3	295	79	307.78	163.37
4	362	92	340.58	458.79
5	398	117	403.65	31.97
6	465	136	451.59	179.71

（续）

n	y_i	x_i	$\hat{y}_i$	$(y_i - \hat{y}_i)^2$
7	593	168	532.32	3681.95
8	713	231	691.27	472.53
9	896	296	855.25	1660.44
10	926	352	996.54	4975.57
合计	5134	1605	5134	14395.61

将表中数据代入回归标准误差公式中，得：

$$S=\sqrt{\frac{\sum(y_i-\hat{y}_i)}{n-k}}=\sqrt{\frac{14395.61}{10-2}}=42.42$$

当该地区2015年的固定资产投资额为412亿元时，国内生产总值的预测值为1147.91亿元。利用2S原则计算置信区间，置信区间为$y\pm 2S$，即该地区2015年的国内生产总值的区间估计值为1063.07～1232.75亿元之间，置信度为95%。同理可得，该地区2016年的国内生产总值的区间估计值为1307.79～1477.47亿元之间，置信度同样也是95%。

上述预测置信区间是从统计意义上的定量分析推断，不能将统计上的有效性与客观的有用性完全等同。比如，置信区间太宽，几乎会使它失去作为预测模型的现实意义。

因此，在实际预测中，预测人员有必要在定量分析基础上，根据经验、环境或其他因素的综合分析，得出一个更有把握的预测区间范围，或使某一预测值对决策更具实用性。此外，一元回归分析建立的一元回归模型不是永恒不变的，要根据事物随时间的发展变化，不断收集新的资料以重新确立新的模型。

任务小结

市场预测分析方法是市场预测技术中的重要组成部分，本项目对定性预测与定量预测的各种方法的原理及其应用进行了介绍。

定性预测方法，主要介绍了集合意见法、专家会议法和德尔菲法。集合意见法，是指各方人士（可以是企业内部经营管理人员、业务人员，也可以是企业外部的业务人员或用户）凭自己的经验判断，对市场未来需求趋势提出个人预测意见，再集合大家意见做出市场预测的方法。专家会议法即通过组织一个具有相关知识的专家参与的专家会议，运用专家各方面的专业知识和经验，相互启发，集思广益，对市场未来发展趋势或企业某个产品的发展前景做出判断的一种预测方法。德尔菲法是专家会议法的改进和发展，是为避免集体讨论存在的屈从于权威或盲目服从多数的缺陷而提出的一种专家预测方法。在预测过程中，各专家不通过会议形式交换意见和进行讨论，而是在互相保密的情况下，用书面形式独立地回答预测者提出的问题，并反复多次修改各自的意见，最后由预测者综合确定市场预测的结论。

定量预测方法的具体形式较多，主要介绍了较常用的几种方法，如移动平均预测法、指数平滑法、季节指数法和回归分析预测法等。

课堂研讨

为了研究交通安全，美国交通部收集了每1000个驾驶员中发生死亡事故的车祸次数和有驾驶执照的司机中21岁以下者所占比例的数据，样本由42个城市组成，在一年间收集的数据如表6-14所示。

表6-14　交通安全数据

21岁以下者所占比例（%）	每千个驾驶员中发生车祸次数	21岁以下者所占比例（%）	每千个驾驶员中发生车祸次数
13	2.962	17	4.100
12	0.708	8	2.190
8	0.885	16	3.623
12	1.652	15	2.623
11	2.091	9	0.835
17	2.627	8	0.820
18	3.830	14	2.890
8	0.368	8	1.267
13	1.142	15	3.224
8	0.645	10	1.014
9	1.082	10	0.493
16	2.801	14	1.443
12	1.405	18	3.614
9	1.433	10	1.926
10	0.039	14	1.643
9	0.338	16	2.943
11	1.849	12	1.913
12	2.246	15	2.814
14	2.885	13	2.634
14	2.352	9	0.926
11	1.294	17	3.256

（资料来源：http://www.docin.com/p-646836663.html）

阅读以上资料，回答下列问题。

1. 对这些数据做出数值的和图形的描述。

2. 利用回归分析研究发生死亡事故的车祸次数和司机中21岁以下者所占比例之间的关系，并对你的结论进行讨论。

3. 从你的分析中，你能得出什么结论或提出什么建议？

课后自测

已知某商店近几年某商品销售量统计资料如表 6-15 所示。

表 6-15　某商品销售量

年　度	2011	2012	2013	2014
销售量（台）	260	266	270	279

试用直线趋势预测法，预测该店 2016 年这种商品的销量。要求：

（1）采用最小平方法，列出参数计算表。

（2）若置信度为 95%，求出预测误差及预测值置信区间。

实操演练

某服装店的销售额与该地区服装社会零售额历史统计资料如表 6-16 所示。

表 6-16　某地区服装销售额　　单位：百万元

年　份	商店销售额	服装社会零售额
2010	2.4	26
2011	2.7	29
2012	3.0	32
2013	3.4	37
2014	3.8	41

已知该地区 2015 年服装社会需求额预测值为 45 百万元，试采用直线回归方程，预测该店 2015 年销售额，并估计置信度为 95% 的置信区间。

附录 F 分布表

$\alpha = 0.10$

n_2 \ n_1	1	2	3	4	5	6	7	8	9	10	12	15	20	24	30	40	60	120	∞
1	39.86	49.50	53.59	55.83	57.24	58.20	58.91	59.44	59.86	60.19	60.71	61.22	61.74	62.00	62.26	62.53	62.79	63.06	63.33
2	8.53	9.00	9.16	9.24	9.29	9.33	9.35	9.37	9.38	9.39	9.41	9.42	9.44	9.45	9.46	9.47	9.47	9.48	9.49
3	5.54	5.46	5.39	5.34	5.31	5.28	5.27	5.25	5.24	5.23	5.22	5.20	5.18	5.18	5.17	5.16	5.15	5.14	5.13
4	4.54	4.32	4.19	4.11	4.05	4.01	3.98	3.95	3.94	3.92	3.90	3.87	3.84	3.83	3.82	3.80	3.79	3.78	3.76
5	4.06	3.78	3.62	3.52	3.45	3.40	3.37	3.34	3.32	3.30	3.27	3.24	3.21	3.19	3.17	3.16	3.14	3.12	3.10
6	3.78	3.46	3.29	3.18	3.11	3.05	3.01	2.98	2.96	2.94	2.90	2.87	2.84	2.82	2.80	2.78	2.76	2.74	2.72
7	3.59	3.26	3.07	2.96	2.88	2.83	2.78	2.75	2.72	2.70	2.67	2.63	2.59	2.58	2.56	2.54	2.51	2.49	2.47
8	3.46	3.11	2.92	2.81	2.73	2.67	2.62	2.59	2.56	2.54	2.50	2.46	2.42	2.40	2.38	2.36	2.34	2.32	2.29
9	3.36	3.01	2.81	2.69	2.61	2.55	2.51	2.47	2.44	2.42	2.38	2.34	2.30	2.28	2.25	2.23	2.21	2.18	2.16
10	3.29	2.92	2.73	2.61	2.52	2.46	2.41	2.38	2.35	2.32	2.28	2.24	2.20	2.18	2.16	2.13	2.11	2.08	2.06
11	3.23	2.86	2.66	2.54	2.45	2.39	2.34	2.30	2.27	2.25	2.21	2.17	2.12	2.10	2.08	2.05	2.03	2.00	1.97
12	3.18	2.81	2.61	2.48	2.39	2.33	2.28	2.24	2.21	2.19	2.15	2.10	2.06	2.04	2.01	1.99	1.96	1.93	1.90
13	3.14	2.76	2.56	2.43	2.35	2.28	2.23	2.20	2.16	2.14	2.10	2.05	2.01	1.98	1.96	1.93	1.90	1.88	1.85
14	3.10	2.73	2.52	2.39	2.31	2.24	2.19	2.15	2.12	2.10	2.05	2.01	1.96	1.94	1.91	1.89	1.86	1.83	1.80
15	3.07	2.70	2.49	2.36	2.27	2.21	2.16	2.12	2.09	2.06	2.02	1.97	1.92	1.90	1.87	1.85	1.82	1.79	1.76
16	3.05	2.67	2.46	2.33	2.24	2.18	2.13	2.09	2.06	2.03	1.99	1.94	1.89	1.87	1.84	1.81	1.78	1.75	1.72
17	3.03	2.64	2.44	2.31	2.22	2.15	2.10	2.06	2.03	2.00	1.96	1.91	1.86	1.84	1.81	1.78	1.75	1.72	1.69
18	3.01	2.62	2.42	2.29	2.20	2.13	2.08	2.04	2.00	1.98	1.93	1.89	1.84	1.81	1.78	1.75	1.72	1.69	1.66
19	2.99	2.61	2.40	2.27	2.18	2.11	2.06	2.02	1.98	1.96	1.91	1.86	1.81	1.79	1.76	1.73	1.70	1.67	1.63
20	2.97	2.59	2.38	2.25	2.16	2.09	2.04	2.00	1.96	1.94	1.89	1.84	1.79	1.77	1.74	1.71	1.68	1.64	1.61
21	2.96	2.57	2.36	2.23	2.14	2.08	2.02	1.98	1.95	1.92	1.87	1.83	1.78	1.75	1.72	1.69	1.66	1.62	1.59
22	2.95	2.56	2.35	2.22	2.13	2.06	2.01	1.97	1.93	1.90	1.86	1.81	1.76	1.73	1.70	1.67	1.64	1.60	1.57
23	2.94	2.55	2.34	2.21	2.11	1.05	1.99	1.95	1.92	1.89	1.84	1.80	1.74	1.72	1.69	1.66	1.62	1.59	1.55
24	2.93	2.54	2.33	2.19	2.10	2.04	1.98	1.94	1.91	1.88	1.83	1.78	1.73	1.70	1.67	1.64	1.61	1.57	1.53
25	2.92	2.53	2.32	2.18	2.09	2.02	1.97	1.93	1.89	1.87	1.82	1.77	1.72	1.69	1.66	1.63	1.59	1.56	1.52
26	2.91	2.52	2.31	2.17	2.08	2.01	1.96	1.92	1.88	1.86	1.81	1.76	1.71	1.68	1.65	1.61	1.58	1.54	1.50
27	2.90	2.51	2.30	2.17	2.07	2.00	1.95	1.91	1.87	1.85	1.80	1.75	1.70	1.67	1.64	1.60	1.57	1.53	1.49
28	2.89	2.50	2.29	2.16	2.06	2.00	1.94	1.90	1.87	1.84	1.79	1.74	1.69	1.66	1.63	1.59	1.56	1.52	1.48
29	2.89	2.50	2.28	2.15	2.06	1.99	1.93	1.89	1.86	1.83	1.78	1.73	1.68	1.65	1.62	1.58	1.55	1.51	1.47

(续)

$\alpha = 0.10$

n_2 \ n_1	1	2	3	4	5	6	7	8	9	10	12	15	20	24	30	40	60	120	∞
30	2.88	2.49	2.28	2.14	2.05	1.98	1.93	1.88	1.85	1.82	1.77	1.72	1.67	1.64	1.61	1.57	1.54	1.50	1.46
40	2.84	2.44	2.23	2.09	2.00	1.93	1.87	1.83	1.79	1.76	1.71	1.66	1.61	1.57	1.54	1.51	1.47	1.42	1.38
60	2.79	2.39	2.18	2.04	1.95	1.87	1.82	1.77	1.74	1.71	1.66	1.60	1.54	1.51	1.48	1.44	1.40	1.35	1.29
120	2.75	2.35	2.13	1.99	1.90	1.82	1.77	1.72	1.68	1.65	1.60	1.55	1.48	1.45	1.41	1.37	1.32	1.26	1.19
∞	2.71	2.30	2.08	1.94	1.85	1.77	1.72	1.67	1.63	1.60	1.55	1.49	1.42	1.38	1.34	1.30	1.24	1.17	1.00

$\alpha = 0.05$

n_2 \ n_1	1	2	3	4	5	6	7	8	9	10	12	15	20	24	30	40	60	120	∞
1	161.4	199.5	215.7	224.6	230.2	234.0	236.8	238.9	240.5	241.9	243.9	245.9	248.0	249.1	250.1	251.1	252.2	253.3	254.3
2	18.51	19.00	19.16	19.25	19.30	19.33	19.35	19.37	19.38	19.40	19.41	19.43	19.45	19.45	19.46	19.47	19.48	19.49	19.50
3	10.13	9.55	9.28	9.12	9.01	8.94	8.89	8.85	8.81	8.79	8.74	8.70	8.66	8.64	8.62	8.59	8.57	8.55	8.53
4	7.71	6.94	6.59	6.39	6.26	6.16	6.09	6.04	6.00	5.96	5.91	5.86	5.80	5.77	5.75	5.72	5.69	5.66	5.63
5	6.61	5.79	5.41	5.19	5.05	4.95	4.88	4.82	4.77	4.74	4.68	4.62	4.56	4.53	4.50	4.46	4.43	4.40	4.36
6	5.99	5.14	4.76	4.53	4.39	4.28	4.21	4.15	4.10	4.06	4.00	3.94	3.87	3.84	3.81	3.77	3.74	3.70	3.67
7	5.59	4.74	4.35	4.12	3.97	3.87	3.79	3.73	3.68	3.64	3.57	3.51	3.44	3.41	3.38	3.34	3.30	3.27	3.23
8	5.32	4.46	4.07	3.84	3.69	3.58	3.50	3.44	3.39	3.35	3.28	3.22	3.15	3.12	3.08	3.04	3.01	2.97	2.93
9	5.12	4.26	3.86	3.63	3.48	3.37	3.29	3.23	3.18	3.14	3.07	3.01	2.94	2.90	2.86	2.83	2.79	2.75	2.71
10	4.96	4.10	3.71	3.48	3.33	3.22	3.14	3.07	3.02	2.98	2.91	2.85	2.77	2.74	2.70	2.66	2.62	2.58	2.54
11	4.84	3.98	3.59	3.36	3.20	3.09	3.01	2.95	2.90	2.85	2.79	2.72	2.65	2.61	2.57	2.53	2.49	2.45	2.40
12	4.75	3.89	3.49	3.26	3.11	3.00	2.91	2.85	2.80	2.75	2.69	2.62	2.54	2.51	2.47	2.43	2.38	2.34	2.30
13	4.67	3.81	3.41	3.18	3.03	2.92	2.83	2.77	2.71	2.67	2.60	2.53	2.46	2.42	2.38	2.34	2.30	2.25	2.21
14	4.60	3.74	3.34	3.11	2.96	2.85	2.76	2.70	2.65	2.60	2.53	2.46	2.39	2.35	2.31	2.27	2.22	2.18	2.13
15	4.54	3.68	3.29	3.06	2.90	2.79	2.71	2.64	2.59	2.54	2.48	2.40	2.33	2.29	2.25	2.20	2.16	2.11	2.07
16	4.49	3.63	3.24	3.01	2.85	2.74	2.66	2.59	2.54	2.49	2.42	2.35	2.28	2.24	2.19	2.15	2.11	2.06	2.01
17	4.45	3.59	3.20	2.96	2.81	2.70	2.61	2.55	2.49	2.45	2.38	2.31	2.23	2.19	2.15	2.10	2.06	2.01	1.96
18	4.41	3.55	3.16	2.93	2.77	2.66	2.58	2.51	2.46	2.41	2.34	2.27	2.19	2.15	2.11	2.06	2.02	1.97	1.92
19	4.38	3.52	3.13	2.90	2.74	2.63	2.54	2.48	2.42	2.38	2.31	2.23	2.16	2.11	2.07	2.03	1.98	1.93	1.88
20	4.35	3.49	3.10	2.87	2.71	2.60	2.51	2.45	2.39	2.35	2.28	2.20	2.12	2.08	2.04	1.99	1.95	1.90	1.84
21	4.32	3.47	3.07	2.84	2.68	2.57	2.49	2.42	2.37	2.32	2.25	2.18	2.10	2.05	2.01	1.96	1.92	1.87	1.81
22	4.30	3.44	3.05	2.82	2.66	2.55	2.46	2.40	2.34	2.30	2.23	2.15	2.07	2.03	1.98	1.94	1.89	1.84	1.78
23	4.28	3.42	3.03	2.80	2.64	2.53	2.44	2.37	2.32	2.27	2.20	2.13	2.05	2.01	1.96	1.91	1.86	1.81	1.76
24	4.26	3.40	3.01	2.78	2.62	2.51	2.42	2.36	2.30	2.25	2.18	2.11	2.03	1.98	1.94	1.89	1.84	1.79	1.73

（续）

$\alpha = 0.05$

n_2 \ n_1	1	2	3	4	5	6	7	8	9	10	12	15	20	24	30	40	60	120	∞
25	4.24	3.39	2.99	2.76	2.60	2.49	2.40	2.34	2.28	2.24	2.16	2.09	2.01	1.96	1.92	1.87	1.82	1.77	1.71
26	4.23	3.37	2.98	2.74	2.59	2.47	2.39	2.32	2.27	2.22	2.15	2.07	1.99	1.95	1.90	1.85	1.80	1.75	1.69
27	4.21	3.35	2.96	2.73	2.57	2.46	2.37	2.31	2.25	2.20	2.13	2.06	1.97	1.93	1.88	1.84	1.79	1.73	1.67
28	4.20	3.34	2.95	2.71	2.56	2.45	2.36	2.29	2.24	2.19	2.12	2.04	1.96	1.91	1.87	1.82	1.77	1.71	1.65
29	4.18	3.33	2.93	2.70	2.55	2.43	2.35	2.28	2.22	2.18	2.10	2.03	1.94	1.90	1.85	1.81	1.75	1.70	1.64
30	4.17	3.32	2.92	2.69	2.53	2.42	2.33	2.27	2.21	2.16	2.09	2.01	1.93	1.89	1.84	1.79	1.74	1.68	1.62
40	4.08	3.23	2.84	2.61	2.45	2.34	2.25	2.18	2.12	2.08	2.00	1.92	1.84	1.79	1.74	1.69	1.64	1.58	1.51
60	4.00	3.15	2.76	2.53	2.37	2.25	2.17	2.10	2.04	1.99	1.92	1.84	1.75	1.70	1.65	1.59	1.53	1.47	1.39
120	3.92	3.07	2.68	2.45	2.29	2.17	2.09	2.02	1.96	1.91	1.83	1.75	1.66	1.61	1.55	1.50	1.43	1.35	1.25
∞	3.84	3.00	2.60	2.37	2.21	2.10	2.01	1.94	1.88	1.83	1.75	1.67	1.57	1.52	1.46	1.39	1.32	1.22	1.00

$\alpha = 0.025$

n_2 \ n_1	1	2	3	4	5	6	7	8	9	10	12	15	20	24	30	40	60	120	∞
1	647.8	799.5	864.2	899.6	921.8	937.1	948.2	956.7	963.3	968.6	976.7	984.9	993.1	997.2	1001	1006	1010	1014	1018
2	38.51	39.00	39.17	39.25	39.30	39.33	39.36	39.37	39.39	39.40	39.41	39.43	39.45	39.46	39.46	39.47	39.48	39.40	39.50
3	17.44	16.04	15.44	15.10	14.88	14.73	14.62	14.54	14.47	14.42	14.34	14.25	14.17	14.12	14.08	14.04	13.99	13.95	13.90
4	12.22	10.65	9.98	9.60	9.36	9.20	9.07	8.98	8.90	8.84	8.75	8.66	8.56	8.51	8.46	8.41	8.36	8.31	8.26
5	10.01	8.43	7.76	7.39	7.15	6.98	6.85	6.76	6.68	6.62	6.52	6.43	6.33	6.28	6.23	6.18	6.12	6.07	6.02
6	8.81	7.26	6.60	6.23	5.99	5.82	5.70	5.60	5.52	5.46	5.37	5.27	5.17	5.12	5.07	5.01	4.96	4.90	4.85
7	8.07	6.54	5.89	5.52	5.29	5.12	4.99	4.90	4.82	4.76	4.67	4.57	4.47	4.42	4.36	4.31	4.25	4.20	4.14
8	7.57	6.06	5.42	5.05	4.82	4.65	4.53	4.43	4.36	4.30	4.20	4.10	4.00	3.95	3.89	3.84	3.78	3.73	3.67
9	7.21	5.71	5.08	4.72	4.48	4.23	4.20	4.10	4.03	3.96	3.87	3.77	3.67	3.61	3.56	3.51	3.45	3.39	3.33
10	6.94	5.46	4.83	4.47	4.24	4.07	3.95	3.85	3.78	3.72	3.62	3.52	3.42	3.37	3.31	3.26	3.20	3.14	3.08
11	6.72	5.26	4.63	4.28	4.04	3.88	3.76	3.66	3.59	3.53	3.43	3.33	3.23	3.17	3.12	3.06	3.00	2.94	2.88
12	6.55	5.10	4.47	4.12	3.89	3.73	3.61	3.51	3.44	3.37	3.28	3.18	3.07	3.02	2.96	2.91	2.85	2.79	2.72
13	6.41	4.97	4.35	4.00	3.77	3.60	3.48	3.39	3.31	3.25	3.15	3.05	2.95	2.89	2.84	2.78	2.72	2.66	2.60
14	6.30	4.86	4.24	3.89	3.66	3.50	3.38	3.29	3.21	3.15	3.05	2.95	2.84	2.79	2.73	2.67	2.61	2.55	2.49
15	6.20	4.77	4.15	3.80	3.58	3.41	3.29	3.20	3.12	3.06	2.96	2.86	2.76	2.70	2.64	2.59	2.52	2.46	2.40
16	6.12	4.69	4.08	3.73	3.50	3.34	3.22	3.12	3.05	2.99	2.89	2.79	2.68	2.63	2.57	2.51	2.45	2.38	2.32
17	6.04	4.62	4.01	3.66	3.44	3.28	3.26	3.06	2.98	2.92	2.82	2.72	2.62	2.56	2.50	2.44	2.38	2.32	2.25
18	5.98	4.56	3.95	3.61	3.38	3.22	3.10	3.01	2.93	2.87	2.77	2.67	2.56	2.50	2.44	2.38	2.32	2.26	2.19
19	5.92	4.51	3.90	3.56	3.33	3.17	3.05	2.96	2.88	2.82	2.72	2.62	2.51	2.45	2.39	2.33	2.27	2.20	2.13

（续）

$\alpha=0.025$

n_2 \ n_1	1	2	3	4	5	6	7	8	9	10	12	15	20	24	30	40	60	120	∞
20	5.87	4.46	3.86	3.51	3.29	3.13	3.01	2.91	2.84	2.77	2.68	2.57	2.46	2.41	2.35	2.29	2.22	2.16	2.09
21	5.83	4.42	3.82	3.48	3.25	3.09	2.97	2.87	2.80	2.73	2.64	2.53	2.42	2.37	2.31	2.25	2.18	2.11	2.04
22	5.79	4.38	3.78	3.44	3.22	3.05	2.73	2.84	2.76	2.70	2.60	2.50	2.39	2.33	2.27	2.21	2.14	2.08	2.00
23	5.75	4.35	3.75	3.41	3.18	3.02	2.90	2.81	2.73	2.67	2.57	2.47	2.36	2.30	2.24	2.18	2.11	2.04	1.97
24	5.72	4.32	3.72	3.38	3.15	2.99	2.87	2.78	2.70	2.64	2.54	2.44	2.33	2.27	2.21	2.15	2.08	2.01	1.94
25	5.69	4.29	3.69	3.35	3.13	2.97	2.85	2.75	2.68	2.61	2.51	2.41	2.30	2.24	2.18	2.12	2.05	1.98	1.91
26	5.66	4.27	3.67	3.33	3.10	2.94	2.82	2.73	2.65	2.59	2.49	2.39	2.28	2.22	2.16	2.09	2.03	1.95	1.88
27	5.63	4.24	3.65	3.31	3.08	2.92	2.80	2.71	2.63	2.57	2.47	2.36	2.25	2.19	2.13	2.07	2.00	1.93	1.85
28	5.61	4.22	3.63	3.29	3.06	2.90	2.78	2.69	2.61	2.55	2.45	2.34	2.23	2.17	2.11	2.05	1.98	1.91	1.83
29	5.59	4.20	3.61	3.27	3.04	2.88	2.76	2.67	2.59	2.53	2.43	2.32	2.21	2.15	2.09	2.03	1.96	1.89	1.81
30	5.57	4.18	3.59	3.25	3.03	2.87	2.75	2.65	2.57	2.51	2.41	2.31	2.20	2.14	2.07	2.01	1.94	1.87	1.79
40	5.42	4.05	3.46	3.13	3.90	2.74	2.62	2.53	2.45	2.39	2.29	2.18	2.07	2.01	1.94	1.88	1.80	1.72	1.64
60	5.29	3.93	3.34	3.01	2.79	2.63	2.51	2.41	2.33	2.27	3.17	2.06	1.94	1.88	1.82	1.74	1.67	1.58	1.48
120	5.15	3.80	3.23	2.89	2.67	2.52	2.39	2.30	2.22	2.16	2.05	1.94	1.82	1.76	1.69	1.61	1.53	1.43	1.31
∞	5.02	3.69	3.12	2.79	2.57	2.41	2.29	2.19	2.11	2.05	1.94	1.83	1.71	1.64	1.57	1.48	1.39	1.27	1.00

$\alpha=0.01$

n_2 \ n_1	1	2	3	4	5	6	7	8	9	10	12	15	20	24	30	40	60	120	∞
1	4052	4999.5	5403	5625	5764	5859	5928	5982	6022	6056	6106	6157	6209	6235	6261	6287	6313	6339	6366
2	98.50	99.00	99.17	99.25	99.30	99.33	99.36	99.37	99.39	99.40	99.42	99.43	99.45	99.46	99.47	99.47	99.48	99.49	99.50
3	34.12	30.82	29.46	28.71	28.24	27.91	27.67	27.49	27.35	27.23	27.05	26.87	26.69	26.60	26.50	26.41	26.32	26.22	26.13
4	21.20	18.00	16.69	15.98	15.52	15.21	14.98	14.80	14.66	14.55	14.37	24.20	14.02	13.93	13.84	13.75	13.65	13.56	13.46
5	16.26	13.27	12.06	11.39	10.97	10.67	10.46	10.29	10.16	10.05	9.89	9.72	9.55	9.47	9.38	9.29	9.20	9.11	9.02
6	13.75	10.93	9.78	9.15	8.75	8.47	8.26	8.10	7.98	7.87	7.72	7.56	7.40	7.31	7.23	7.14	7.06	6.97	6.88
7	12.25	9.55	8.45	7.85	7.46	7.19	6.99	6.84	6.72	6.62	6.47	6.31	6.16	6.07	5.99	5.91	5.82	5.74	5.65
8	11.26	8.65	7.59	7.01	6.63	6.37	6.18	6.03	5.91	5.81	5.67	5.52	5.36	5.28	5.20	5.12	5.03	4.95	4.86
9	10.56	8.02	6.99	6.42	6.06	5.80	5.61	5.47	5.35	5.26	5.11	4.96	4.81	4.73	4.65	4.57	4.48	4.40	4.31
10	10.04	7.56	6.55	5.99	5.64	5.39	5.20	5.06	4.94	4.85	4.71	4.56	4.41	4.33	4.25	4.17	4.08	4.00	3.91
11	9.65	7.21	6.22	5.67	5.32	5.07	4.89	4.74	4.63	4.54	4.40	4.25	4.10	4.02	3.94	3.86	3.78	3.69	3.60
12	9.33	6.93	5.95	5.41	5.06	4.82	4.64	4.50	4.39	4.30	4.16	4.01	3.86	3.78	3.70	3.62	3.54	3.45	3.36
13	9.07	6.70	5.74	5.21	4.86	4.62	4.44	4.30	4.19	4.10	3.96	3.82	3.66	3.59	3.51	3.43	3.34	3.25	3.17
14	8.86	6.51	5.56	5.04	4.69	4.46	4.28	4.14	4.03	3.94	3.80	3.66	3.51	3.43	3.35	3.27	3.18	3.09	3.00

（续）

$\alpha=0.01$

n_2 \ n_1	1	2	3	4	5	6	7	8	9	10	12	15	20	24	30	40	60	120	∞
15	8.68	6.36	5.42	4.89	4.56	4.32	4.14	4.00	3.89	3.80	3.67	3.52	3.37	3.29	3.21	3.13	3.05	2.96	2.87
16	8.53	6.23	5.29	4.77	4.44	4.20	4.03	3.89	3.78	3.69	3.55	3.41	3.26	3.18	3.10	3.02	2.93	2.84	2.75
17	8.40	6.11	5.18	4.67	4.34	4.10	3.93	3.79	3.68	3.59	3.46	3.31	3.16	3.08	3.00	2.92	2.83	2.75	2.65
18	8.29	6.01	5.09	4.58	4.25	4.01	3.94	3.71	3.60	3.51	3.37	3.23	3.08	3.00	2.92	2.84	2.75	2.66	2.57
19	8.18	5.93	5.01	4.50	4.17	3.94	3.77	3.63	3.52	3.43	3.30	3.15	3.00	2.92	2.84	2.76	2.67	2.58	2.49
20	8.10	5.85	4.94	4.43	4.10	3.87	3.70	3.56	3.46	3.37	3.23	3.09	2.94	2.86	2.78	2.69	2.61	2.52	2.42
21	8.02	5.78	4.87	4.37	4.04	3.81	3.64	3.51	3.40	3.31	3.17	3.03	2.88	2.80	2.72	2.64	2.55	2.46	2.36
22	7.95	5.72	4.82	4.31	3.99	3.76	3.59	3.45	3.35	3.26	3.12	2.98	2.83	2.75	2.67	2.58	2.50	2.40	2.31
23	7.88	5.66	4.76	4.26	3.94	3.71	3.54	3.41	3.30	3.21	3.07	2.93	2.78	2.70	2.62	2.54	2.45	2.35	2.26
24	7.82	5.61	4.72	4.22	3.90	3.67	3.50	3.36	3.26	3.17	3.03	2.89	2.74	2.66	2.58	2.49	2.40	2.31	2.21
25	7.77	5.57	4.68	4.18	3.85	3.63	3.46	3.32	3.22	3.13	2.99	2.85	2.70	2.62	2.54	2.45	2.36	2.27	2.17
26	7.72	5.53	4.64	4.14	3.82	3.59	3.42	3.29	3.18	3.09	2.96	2.81	2.66	2.58	2.50	2.42	2.33	2.23	2.13
27	7.68	5.49	4.60	4.11	3.78	3.56	3.39	3.26	3.15	3.06	2.93	2.78	2.63	2.55	2.47	2.38	2.29	2.20	2.10
28	7.64	5.45	4.57	4.07	3.75	3.53	3.36	3.23	3.12	3.03	2.90	2.75	2.60	2.52	2.44	2.35	2.26	2.17	2.06
29	7.60	5.42	4.54	4.04	3.73	3.50	3.33	3.20	3.09	3.00	2.87	2.73	2.57	2.49	2.41	2.33	2.23	2.14	2.03
30	7.56	5.39	4.51	4.02	3.70	3.47	3.30	3.17	3.07	2.98	2.84	2.70	2.55	2.47	2.39	2.30	2.21	2.11	2.01
40	7.31	5.18	4.31	3.83	3.51	3.29	3.12	2.99	2.89	2.80	2.66	2.52	2.37	2.29	2.20	2.11	2.02	1.92	1.80
60	7.08	4.98	4.13	3.65	3.34	3.12	2.95	2.82	2.72	2.63	2.50	2.35	2.20	2.12	2.03	1.94	1.84	1.73	1.60
120	6.85	4.79	3.95	3.48	3.17	2.96	2.79	2.66	2.56	2.47	2.34	2.19	2.03	1.95	1.86	1.76	1.66	1.53	1.38
∞	6.63	4.61	3.78	3.32	3.02	2.80	2.64	2.51	2.41	2.32	2.18	2.04	1.88	1.79	1.70	1.59	1.47	1.32	1.00

$\alpha=0.005$

n_2 \ n_1	1	2	3	4	5	6	7	8	9	10	12	15	20	24	30	40	60	120	∞
1	16211	20000	21615	22500	23056	23437	23715	23925	24091	24224	24426	24630	24836	24940	25044	25148	35253	25359	25465
2	198.5	199.0	199.2	199.2	199.3	199.3	199.4	199.4	199.4	199.4	199.4	199.4	199.4	199.5	199.5	199.5	199.5	199.5	199.5
3	55.55	49.80	47.47	46.19	45.39	44.84	44.43	44.13	43.88	43.69	43.39	43.08	42.78	42.62	42.47	42.31	42.15	41.99	41.83
4	31.33	26.28	24.26	23.15	22.46	21.97	21.62	21.35	21.14	20.97	20.70	20.44	20.17	20.03	19.89	19.75	19.61	19.47	19.32
5	22.78	18.31	16.53	15.56	14.94	14.51	14.20	13.96	13.77	13.62	13.38	13.15	12.90	12.78	12.66	12.53	12.40	12.27	12.14
6	18.63	14.54	12.92	12.03	11.46	11.07	10.79	10.57	10.39	10.25	10.03	9.81	9.59	9.47	9.36	9.24	9.12	9.00	8.88
7	16.24	12.40	10.88	10.05	9.52	9.16	8.89	8.68	8.51	8.38	8.18	7.97	7.75	7.65	7.53	7.42	7.31	7.19	7.08
8	14.69	11.04	9.60	8.81	8.30	7.95	7.69	7.50	7.34	7.21	7.01	6.81	6.61	6.50	6.40	6.29	6.18	6.06	5.95
9	13.61	10.11	8.72	7.96	7.47	7.13	6.88	6.69	6.54	6.42	6.23	6.03	5.83	5.73	5.62	5.52	5.41	5.30	5.19

$\alpha = 0.005$ （续）

n_2 \ n_1	1	2	3	4	5	6	7	8	9	10	12	15	20	24	30	40	60	120	∞
10	12.83	9.43	8.08	7.34	6.87	6.54	6.30	6.12	5.97	5.85	5.66	5.47	5.27	5.17	5.07	4.97	4.86	4.75	4.64
11	12.23	8.91	7.60	6.88	6.42	6.10	5.86	5.68	5.54	5.42	5.24	5.05	4.86	4.76	4.65	4.55	4.44	4.34	4.23
12	11.75	8.51	7.23	6.52	6.07	5.76	5.52	5.35	5.20	5.09	4.91	4.72	4.53	4.43	4.33	4.23	4.12	4.01	3.90
13	11.37	8.19	6.93	6.23	5.79	5.48	5.25	5.08	4.94	4.82	4.64	4.46	4.27	4.17	4.07	3.97	3.87	3.76	3.65
14	11.06	7.92	6.68	6.00	5.56	5.26	5.03	4.86	4.72	4.60	4.43	4.25	4.06	3.96	3.86	3.76	3.66	3.55	3.44
15	10.80	7.70	6.48	5.80	5.37	5.07	4.85	4.67	4.54	4.42	4.25	4.07	3.88	3.79	3.69	3.58	3.48	3.37	3.26
16	10.58	7.51	6.30	5.64	5.21	4.91	4.69	4.52	4.38	4.27	4.10	3.92	3.73	3.64	3.54	3.44	3.33	3.22	3.11
17	10.38	7.35	6.16	5.50	5.07	4.78	4.56	4.39	4.25	4.14	3.97	3.79	3.61	3.51	3.41	3.31	3.21	3.10	2.98
18	10.22	7.21	6.03	5.37	4.96	4.66	4.44	4.28	4.14	4.03	3.86	3.68	3.50	3.40	3.30	3.20	3.10	2.99	2.87
19	10.07	7.09	5.92	5.27	7.85	4.56	4.34	4.18	4.04	3.93	3.76	3.59	3.40	3.31	3.21	3.11	3.00	2.89	2.78
20	9.94	6.99	5.82	5.17	4.76	4.47	4.26	4.09	3.96	3.85	3.68	3.50	3.32	3.22	3.12	3.02	2.92	2.81	2.69
21	9.83	6.89	5.73	5.09	4.68	4.39	4.18	4.01	3.88	3.77	3.60	3.43	3.24	3.15	3.05	2.95	2.84	2.73	2.61
22	9.73	6.81	5.65	5.02	4.61	4.32	4.11	3.94	3.81	3.70	3.54	3.36	3.18	3.08	2.98	2.88	2.77	2.66	2.55
23	9.63	6.73	5.58	4.95	4.54	4.26	4.05	3.88	3.75	3.64	3.47	3.30	3.12	3.02	2.92	2.82	2.71	2.60	2.48
24	9.55	6.66	5.52	4.89	4.49	4.20	3.99	3.83	3.69	3.59	3.42	3.25	3.06	2.97	2.87	2.77	2.66	2.55	2.43
25	9.48	6.60	5.46	4.84	4.43	4.15	3.94	3.78	3.64	3.54	3.37	3.20	3.01	2.92	2.82	2.72	2.61	2.50	2.38
26	9.41	6.54	5.41	4.79	4.38	4.10	3.89	3.73	3.60	3.49	3.33	3.15	2.97	2.87	2.77	2.67	2.56	2.45	2.33
27	9.34	6.49	5.36	4.74	4.34	4.06	3.85	3.69	3.56	3.45	3.28	3.11	2.93	2.83	2.73	2.63	2.52	2.41	2.29
28	9.28	6.44	5.32	4.70	4.30	4.02	3.81	3.65	3.52	3.41	3.25	3.07	2.89	2.79	2.69	2.59	2.48	2.37	2.25
29	9.23	6.40	5.28	4.66	4.26	3.98	3.77	3.61	3.48	3.38	3.21	3.04	2.86	2.76	2.66	2.56	2.45	2.33	2.21
30	9.18	6.35	5.24	4.62	4.23	3.95	3.74	3.58	3.45	3.34	3.18	3.01	2.82	2.73	2.63	2.52	2.42	2.30	2.18
40	8.83	6.07	4.98	4.37	3.99	3.71	3.51	3.35	3.22	3.12	2.95	2.78	2.60	2.50	2.40	2.30	2.18	2.06	1.93
60	8.49	5.79	4.73	4.14	3.76	3.49	3.29	3.13	3.01	2.90	2.74	2.57	2.39	2.29	2.19	2.08	1.96	1.83	1.69
120	8.18	5.54	4.50	3.92	3.55	3.28	3.09	2.93	2.81	2.71	2.54	2.37	2.19	2.09	1.98	1.87	1.75	1.61	1.43
∞	7.88	5.30	4.28	3.72	3.35	3.09	2.90	2.74	2.62	2.52	2.36	2.19	2.00	1.90	1.79	1.67	1.53	1.36	1.00

$\alpha = 0.001$

n_2 \ n_1	1	2	3	4	5	6	7	8	9	10	12	15	20	24	30	40	60	120	∞
1	4053 +	5000 +	5404 +	5625 +	5764 +	5859 +	5929 +	5981 +	6023 +	6056 +	6107 +	6158 +	6209 +	6235 +	6261 +	6287 +	6313 +	6340 +	6366 +
2	998.5	999.0	999.2	999.2	999.3	999.3	999.4	999.4	999.4	999.4	999.4	999.4	999.4	999.5	999.5	999.5	999.5	999.5	999.5
3	167.0	148.5	141.1	137.1	134.6	132.8	131.6	130.6	129.9	129.2	128.3	127.4	126.4	125.9	125.4	125.0	124.5	124.0	123.5
4	74.14	61.25	56.18	53.44	51.71	50.53	49.66	49.00	48.47	48.05	47.41	46.76	46.10	45.77	45.43	45.09	44.75	44.40	44.05

$\alpha = 0.001$ （续）

n_2 \ n_1	1	2	3	4	5	6	7	8	9	10	12	15	20	24	30	40	60	120	∞
5	47.18	37.12	33.20	31.09	27.75	28.84	28.16	27.64	27.24	26.92	26.42	25.91	25.39	25.14	24.87	24.60	24.33	24.06	23.79
6	35.51	27.00	23.70	21.92	20.81	20.03	19.46	19.03	18.69	18.41	17.99	17.56	17.12	16.89	16.67	16.44	16.21	15.99	15.75
7	29.25	21.69	18.77	17.19	16.21	15.52	15.02	14.63	14.33	14.08	13.71	13.32	12.93	12.73	12.53	12.33	12.12	11.91	11.70
8	25.42	18.49	15.83	14.39	13.49	12.86	12.40	12.04	11.77	11.54	11.19	10.84	10.48	10.30	10.11	9.92	9.73	9.53	9.33
9	22.86	16.39	13.90	12.56	11.71	11.13	10.70	10.37	10.11	9.89	9.57	9.24	8.90	8.72	8.55	8.37	8.19	8.00	7.80
10	21.04	14.91	12.55	11.28	10.48	9.92	9.52	9.20	8.96	8.75	8.45	8.13	7.80	7.64	7.47	7.30	7.12	6.94	6.76
11	19.69	13.81	11.56	10.35	9.58	9.05	8.66	8.35	8.12	7.92	7.63	7.32	7.01	6.85	6.68	6.52	6.35	6.17	6.00
12	18.64	12.97	10.80	9.63	8.89	8.38	8.00	7.71	7.48	7.29	7.00	6.71	6.40	6.25	6.09	5.93	5.76	5.59	5.42
13	17.81	12.31	10.21	9.07	8.35	7.86	7.49	7.21	6.98	6.80	6.52	6.23	5.93	6.78	5.63	5.47	5.30	5.14	4.97
14	17.14	11.78	9.73	8.62	7.92	7.43	7.08	6.80	6.58	6.40	6.13	5.85	5.56	5.41	5.25	5.10	4.94	4.77	4.60
15	16.59	11.34	9.34	8.25	7.57	7.09	6.74	6.47	6.26	6.08	5.81	5.54	5.25	5.10	4.95	4.80	4.64	4.47	4.31
16	16.12	10.97	9.00	7.94	7.27	6.81	6.46	6.19	5.98	5.81	5.55	5.27	4.99	4.85	4.70	4.54	4.39	4.23	4.06
17	15.72	10.36	8.73	7.68	7.02	6.56	6.22	5.96	5.75	5.58	5.32	5.05	4.78	4.63	4.48	4.33	4.18	4.02	3.85
18	15.38	10.39	8.49	7.46	6.81	6.35	6.02	5.76	5.56	5.39	5.13	4.87	4.59	4.45	4.30	4.15	4.00	3.84	3.67
19	15.08	10.16	8.28	7.26	6.62	6.18	5.85	5.59	5.39	5.22	4.97	4.70	4.43	4.29	4.14	3.99	3.84	3.68	3.51
20	14.82	9.95	8.10	7.10	6.46	6.02	5.69	5.44	5.24	5.08	4.82	4.56	4.29	4.15	4.00	3.86	3.70	3.54	3.38
21	14.59	9.77	7.94	6.95	6.32	5.88	5.56	5.31	5.11	4.95	4.70	4.44	4.17	4.03	3.88	3.74	3.58	3.42	3.26
22	14.38	9.61	7.80	6.81	6.19	5.76	5.44	5.19	4.98	4.83	4.58	4.33	4.06	3.92	3.78	3.63	3.48	3.32	3.15
23	14.19	9.47	7.67	6.69	6.08	5.65	5.33	5.09	4.89	4.73	4.48	4.23	3.96	3.82	3.68	3.53	3.38	3.22	3.05
24	14.03	9.34	7.55	6.59	5.98	5.55	5.23	4.99	4.80	4.64	4.39	4.14	3.87	3.74	3.59	3.45	3.29	3.14	2.97
25	13.88	9.22	7.45	6.49	5.88	5.46	5.15	4.91	4.71	4.56	4.31	4.06	3.79	3.66	3.52	3.37	3.22	3.06	2.89
26	13.74	9.12	7.36	6.41	5.80	5.38	5.07	4.83	4.64	4.48	4.24	3.99	3.72	3.59	3.44	3.30	3.15	2.99	2.82
27	13.61	9.02	7.27	6.33	5.73	5.31	5.00	4.76	4.57	4.41	4.17	3.92	3.66	3.52	3.38	3.23	3.08	2.92	2.75
28	13.50	8.93	7.19	6.25	5.66	5.24	4.93	4.69	4.50	4.35	4.11	3.86	3.60	3.46	3.32	3.18	3.02	2.86	2.69
29	13.39	8.85	7.12	6.19	5.59	5.18	4.87	4.64	4.45	4.29	4.05	3.80	3.54	3.41	3.27	3.12	2.97	2.81	2.64
30	13.29	8.77	7.05	6.12	5.53	5.12	4.82	4.58	4.39	14.24	4.00	3.75	3.49	3.36	3.22	3.07	2.92	2.76	2.59
40	12.61	8.25	6.60	5.70	5.13	4.73	4.44	4.21	4.02	3.87	3.64	3.40	3.15	3.01	2.87	2.73	2.57	2.41	2.23
60	11.97	7.76	6.17	5.31	4.76	4.37	4.09	3.87	3.69	3.54	3.31	3.08	2.83	2.69	2.55	2.41	2.25	2.08	1.89
120	11.38	7.32	5.79	4.95	4.42	4.04	3.77	3.55	3.38	3.24	3.02	2.78	2.53	2.40	2.26	2.11	1.95	1.76	1.54
∞	10.83	6.91	5.42	4.62	4.10	3.74	3.47	3.27	3.10	2.96	2.74	2.51	2.27	2.13	1.99	1.84	1.66	1.45	1.00

+：表示要将所列数乘以100。

参考文献

[1] 李国柱．统计学［M］．北京：科学出版社，2004.
[2] 杨汉东．统计基础［M］．北京：中国农业出版社，2005.
[3] 阮红伟．统计学基础［M］．北京：电子工业出版社，2005.
[4] 廖进球，李志强．市场调查与预测［M］．长沙：湖南大学出版社，2009.
[5] 刘登辉，韩千里．市场调查与预测［M］．北京：中国经济出版社，2008 .
[6] 林根祥，柳兴国．市场调查与预测［M］．武汉：武汉理工大学出版社，2007.
[7] 胡穗华．市场调查与预测［M］．广州：中山大学出版社，2006.
[8] 陈友玲．市场调查与预测［M］．北京：机械工业出版社，2009.
[9] 庄贵军．市场调查与预测［M］．北京：北京大学出版社，2007.
[10] 杜家龙．市场调查与预测［M］．北京：高等教育出版社，2009.
[11] 王冲，李冬梅．市场调查与预测［M］．上海：复旦大学出版社，2013.
[12] 叶伟．市场调查与预测［M］．北京：北京理工大学出版社，2011.
[13] 秦宗槐．市场调查与预测［M］．北京：电子工业出版社，2007.
[14] 姚增明，李爱民．市场调查与预测［M］．北京：冶金工业出版社，2012.
[15] 樊智勇．市场调查与预测［M］．大连：大连理工大学出版社，2013.
[16] 孙丽英．市场营销调查与预测［M］．北京：北京理工大学出版社，2012.
[17] 马连福，张慧敏．现代市场调查与预测［M］．4 版．北京：首都经济贸易大学出版社，2012.
[18] 魏炳麒．市场调查与预测［M］．4 版．大连：东北财经大学出版社，2013.
[19] 刘利兰．市场调查与预测［M］．3 版．北京：经济科学出版社，2012.
[20] 李灿．市场调查与预测［M］．北京：清华大学出版社，2012.
[21] 柴庆春．市场调查与预测［M］．2 版．北京：中国人民大学出版社，2011.
[22] 楼红平，涂云海．现代市场调查与预测［M］．北京：人民邮电出版社，2012.
[23] 刘玉玲．市场调查与预测［M］．2 版．北京：科学出版社，2010.
[24] 魏颖，岁磊．市场调查与预测［M］．北京：经济科学出版社，2010.
[25] 袭宝仁，曾祥君．市场调查与预测［M］．北京：航空工业出版社，2012.
[26] 冯亮能，蒋志华．市场调查与预测（统计专业）［M］．北京：高等教育出版社，2002.
[27] 蒋志华．市场调查与预测［M］．北京：中国统计出版社，2009.
[28] 刘文斌，范云志．市场调查与预测［M］．北京：电子工业出版社，2010.
[29] 邓剑平．市场调查与预测：理论实务案例实训［M］．北京：高等教育出版社，2010.
[30] 柯惠新，沈浩．调查研究中的统计分析法［M］．北京：中国传媒大学出版社，2005.
[31] ［美］小卡尔·迈克丹尼尔．当代市场调研［M］．范秀成，等译．北京：机械工业出版社，1999.